Everyday robots

Blaise Mao
Rédacteur en chef

« **B***onjour monsieur, vous allez bien ? Vous avez vu comme j'ai traité rapidement votre message d'hier matin ? Pourtant, j'étais en formation hein… Si on vous écrit pour savoir si vous êtes satisfait de nos services, vous vous souviendrez que je vous ai répondu sans tarder ?* »

Misère. Quand on franchit le seuil de sa banque, on peut s'attendre à pas mal de choses (au choix : la patience, l'agacement, l'anxiété), mais certainement pas à ça : votre conseillère qui vous alpague pour vous supplier de dire *dans un futur proche* du bien des tâches qu'elle a remplies *dans un passé récent*. Alors qu'elle pourrait simplement, tels les poètes disparus du Cercle, *profiter du moment présent*, par exemple en vous demandant ce que vous faites ici et en quoi elle peut vous aider.

Téléconseiller obséquieux

Le lendemain, même topo ou presque, cette fois au téléphone et avec un garagiste. Ou plutôt avec un type que j'imagine en chemisette blanche et micro-casque derrière son écran : « *Cher monsieur, vous avez donc rendez-vous jeudi prochain à 9 h 30. Je vous rappelle que cette conversation est enregistrée, et que d'ici votre rendez-vous vous recevrez très probablement un questionnaire de satisfaction concernant cet appel. Sur ce, monsieur, je vous souhaite une très belle et agréable journée !* » Depuis quand les garagistes sont-ils obséquieux ? Moi qui pensais régler mon problème de calandre en deux-deux grâce à la débrouillardise d'un type en bleu de travail couvert de cambouis, je me retrouve à échanger des politesses avec un téléconseiller servile.

Jamais deux sans trois : un ami me raconte que lors de ses dernières vacances, après avoir refixé la monture de ses lunettes, à la question « *Je vous dois combien ?* », son opticien lui répondit ceci : « *Oh rien du tout ! Juste un avis positif sur Google…* »

Des anecdotes de ce genre, on en a tous à la pelle. Normal, l'affaire n'est pas nouvelle. Cela fait une bonne décennie que la notation étend son empire partout, tout le temps. Et au moins deux de plus que le phénomène a commencé quand, au cœur des années 1990, le « pionnier » Amazon propose à ses clients d'évaluer, sous forme d'étoiles, leur degré de satisfaction envers les produits vendus sur la plateforme. *« La note permet de créer un indicateur de confiance, de résoudre une asymétrie d'information »*, constatent, dans une interview accordée au site Les Numériques, les journalistes Vincent Coquaz et Ismaël Halissat, co-auteurs du livre *La Nouvelle Guerre des étoiles* (Calmann-Lévy, 2020). *Aujourd'hui, ce principe a un peu dérapé pour laisser place à l'évaluation brute »*. Bel euphémisme.

Cabotinage > sincérité

La notation pose plusieurs problèmes. Passons sur la pression psychologique qu'elle fait peser sur les individus les plus fragiles (on s'est juré de ne pas s'attarder ici sur l'excellent épisode « Nosedive » de la série *Black Mirror*, suffisamment éloquent sur ce point). Passons aussi sur l'américanisation des esprits (là-bas, tout travail effectué correctement mérite forcément 5 étoiles) et l'infantilisation des citoyens (qui nous renvoie au temps – « vieux » mais pas « bon » pour autant – où les copies étaient rendues aux élèves par ordre décroissant, de la meilleure à la pire note). Derrière son vernis ludique, le vrai drame de la notation, ou plus exactement du pouvoir de vie et de mort qu'elle confère quasiment à chacun d'entre nous, c'est la disparition du sens réel de nos actions, la victoire du cabotinage sur la sincérité.

Philippe Etchebest, le cuisinier star de l'émission « Top Chef », a déclaré un jour : *« Ma devise, c'est d'abord de se faire plaisir dans tout ce qu'on fait, d'être sincère et déterminé, et d'avoir l'amour du travail bien fait. »* Certes, mais est-ce encore possible quand un client mal luné peut vous rapprocher à tout moment du précipice de la désactivation ? La peur du N+1 semble avoir laissé place à celle de l'ennemi invisible, extérieur, anonyme, dont un simple geste du pouce vers le haut ou le bas, tel Jules César, suffit pour changer le cours du destin de ses semblables. Résultat, même les serveurs parisiens, désormais, vous déposent délicatement votre café-croissant en terrasse accompagné d'un mielleux *« Bonne dégustation ! »* En fait, tout se passe comme si nous avions collectivement oublié cette lapalissade, rappelée dans *L'Équipe* par l'ancien tennisman Mats Wilander à propos de son lointain successeur Novak Djokovic : *« La vie n'est pas un concours de popularité. »*

Protocolisation

« La plupart du temps, on se comporte comme des robots », nous disait en 2017 la philosophe Catherine Malabou. Désormais, on s'exprime aussi comme des robots. Notre vocabulaire se machinise à toute vitesse : on « bugue » sur une difficulté, on passe « en mode itératif » pour répéter sa présentation du lendemain, on « processe » au lieu de réfléchir, on ressent le besoin de « déconnecter » pour retrouver son souffle… Si l'introduction du vocabulaire technique dans la langue française n'est pas nouvelle, la nature et le contexte d'usage des termes « machiniques » qu'on utilise aujourd'hui *« soulignent une dévitalisation*

de nos corps et décrivent des états d'inertie non désirables et non recherchés», constatait en novembre 2020 la linguiste Julie Neveux.

Autrement dit, les relations entre humains se protocolisent à grande vitesse. À tel point que la question la plus vertigineuse de notre temps, finalement, ne semble pas tant de savoir si l'IA dépassera un jour l'intelligence humaine, mais plutôt de comprendre jusqu'où nous, humains, sommes prêts à robotiser nos comportements *(voir notre dossier page 150)*.

Sur ce, chers lecteurs, il me reste à vous souhaiter une très bonne lecture, et surtout la plus belle des journées – en espérant que vous avez pris autant plaisir à découvrir cet éditorial que son auteur en a pris à le rédiger. Merci ! ●

Sommaire

Dossier

Pop culture : la lessiveuse nostalgique

Revivals, *remakes*, rééditions… Jamais la pop culture n'a semblé autant en panne d'inspiration. De Marvel à *Star Wars* en passant par *Harry Potter*, toutes les grandes franchises culturelles jouent la carte de la rétromania. Comment expliquer cette complaisance nostalgique ? Faut-il blâmer les scénaristes ou les fans ? Et d'ailleurs, est-ce si grave ?

p. 20

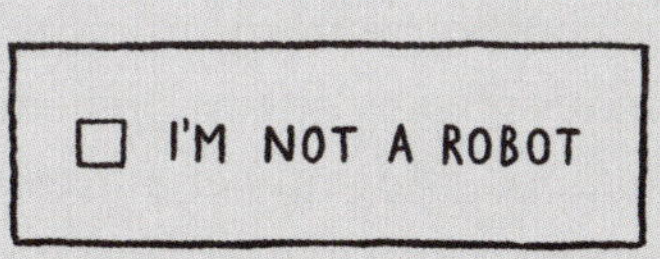

Dossier

Face à l'IA, comment prouver qu'on est humain ?

Demain, une écrasante majorité des textes et images mis en ligne sur Internet seront générés par ou via des intelligences artificielles. Dans ce contexte, comment prouver qu'on est humain et que le contenu qu'on publie est authentique et pas *fake* ? Et quelles méthodes utiliser pour se repérer et se comprendre entre « vrais » humains ?

p. 140

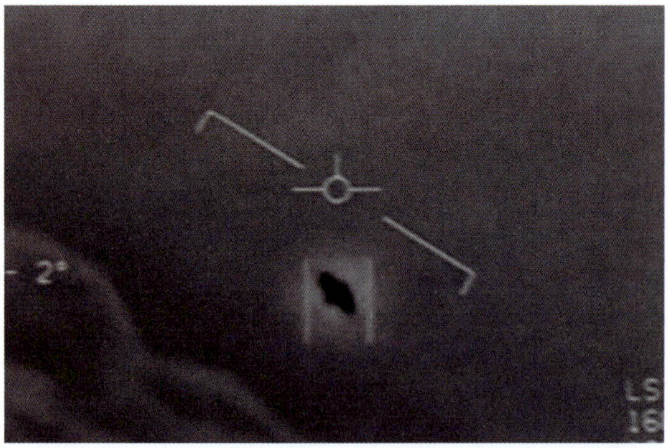

La première réunion publique de la Nasa sur les ovnis

Les ovnis, pour les Américains, c'est du sérieux. C'est en tout cas le message que l'on peut retenir de la première conférence sur les *« phénomènes anormaux non identifiés »* organisée le 31 mai 2023 par la Nasa. Sur les quelque 800 phénomènes aériens identifiés à ce jour par le ministère de la Défense américain, 366 ont été rapportés depuis 2021. Cela dit, après enquête, l'écrasante majorité de ces ovnis correspondent à des drones ou des ballons atmosphériques, seulement 2 à 5 % d'entre eux étant *« vraiment anormaux »*, d'après Sean Kirkpatrick, directeur du « Bureau de résolution des anomalies tout domaine » (AARO), nouvelle agence gouvernementale créée en 2022. *« Nous avons besoin de données de haute qualité »*, a déclaré David Spergel, l'astrophysicien qui dirige les travaux sur ce sujet sensible, qui concerne à la fois la sécurité nationale et celle du trafic aérien. ●

7 des 8 limites planétaires déjà dépassées

D'après une étude publiée le 31 mai 2023 dans la revue *Nature* par une équipe internationale de 40 scientifiques, nous avons déjà dépassé 7 des 8 limites à respecter afin de préserver l'équilibre du système terrestre. Mesurer le seuil au-delà duquel la résilience et la stabilité de ce même système ne sont plus assurées n'est plus suffisant pour étudier les périmètres de l'impact humain sur son milieu, assurent les auteurs de l'étude, qui proposent que les « limites planétaires » soient désormais établies en fonction des seuils à partir desquels le dérèglement climatique abîme le vivant. Dénaturalisation des surfaces habitées, taux d'azote et de phosphore dans l'environnement, qualité de nos eaux de surface… Ces indicateurs, qui s'ajoutent à la classique mesure du réchauffement des températures, permettent de préciser les fenêtres de tir qu'il nous reste pour améliorer la situation *« très grave »* dans laquelle se trouve la Terre. ●

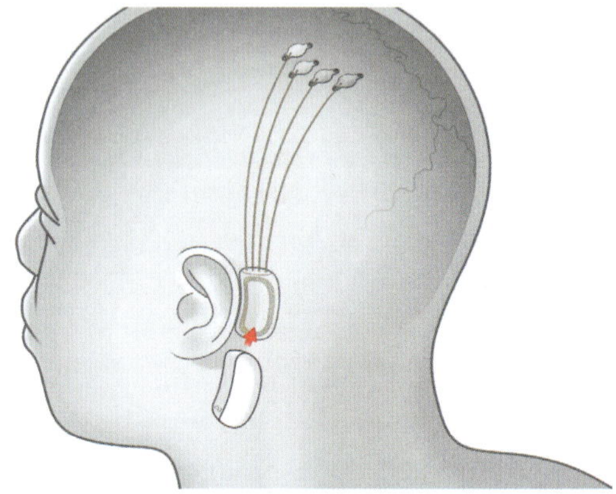

Neuralink : essais cliniques autorisés sur des humains

En mai 2023, les autorités de santé américaines ont donné leur accord à Neuralink, la start-up biotechnologique créée par Elon Musk, pour effectuer des essais cliniques de son implant cérébral sur des humains. Cet implant, censé permettre de communiquer avec des ordinateurs directement par la pensée, promet notamment de traiter certaines maladies neurologiques. Cette autorisation est surprenante compte tenu du nombre d'animaux morts durant les phases de test précédentes (1 500 moutons, cochons, rongeurs et autres singes n'auraient pas survécu aux expérimentations menées depuis 2018). Par ailleurs, en 2022, la Food and Drug Administration (FDA) avait rejeté une première demande d'essais sur les humains émise par Neuralink. Malgré les risques encourus, on ne doute pas que le patron de Tesla et Twitter a dû voir affluer des hordes de volontaires prêts à jouer les cobayes… ●

La pénurie de peinture rose à cause du film *Barbie*

L'info était trop « grosse » pour être vraie. Début juin 2023, soit un mois et demi avant la sortie sur les écrans de *Barbie*, plusieurs titres de presse n'ont pas hésité à affirmer que la production du film réalisé par Greta Gerwig avait *« provoqué une pénurie de peinture rose »* à l'échelle mondiale. Sauf que cette anecdote provient d'une interview de la *production designer* du film, Sarah Greenwood, dans laquelle celle-ci explique simplement que *« la construction des décors a provoqué une chasse internationale à la teinte rose fluo de la marque Rosco »*. Comprendre : la prétendue *« pénurie »* n'a concerné que cette marque ultra spécialisée… et n'en est donc pas vraiment une. Auprès de *Libération*, la société Leroy Merlin confirme ainsi qu'aucun mouvement particulier n'a été constaté sur ses propres stocks de peinture rose. Ou quand l'emballement médiatique vire au coup de pub gratuit. ●

Les pétitions alertant sur les dangers de l'IA

« Nous appelons tous les laboratoires d'intelligence artificielle à suspendre immédiatement leur développement. » C'est sur un ton alarmant que plus de 1 000 universitaires et entrepreneurs (dont le milliardaire Elon Musk et le cofondateur d'Apple Steve Wozniak) appelaient, le 29 mars dernier, à un meilleur contrôle de l'IA. Rebelote deux mois plus tard avec une nouvelle pétition de grande ampleur, cette fois portée par l'ONG américaine Center for AI Safety. Dans ce texte publié le 30 mai 2023, l'IA est carrément comparée *« aux autres risques de grande ampleur comme les pandémies ou la guerre nucléaire »*. En filigrane, Sam Altman, PDG d'OpenAI et créateur de ChatGPT, plaide notamment pour faire vérifier les autorisations des grands logiciels d'IA par une structure qui serait *« inspirée de l'Agence internationale de l'énergie atomique »*. Le traité de non-prolifération est encore loin… ●

La polémique après la remise de la Palme d'Or à Cannes

Il n'a fallu que quelques minutes à la ministre de la Culture Rima Abdul-Malak pour s'indigner (sur Twitter) du discours engagé de Justine Triet. Le 27 mai 2023, la réalisatrice a choisi de dénoncer les menaces qui pèsent sur l'exception culturelle française au moment de recevoir la Palme d'or cannoise pour son film *Anatomie d'une chute*. Piquée au vif, la ministre s'est dite *« estomaquée par ce discours si injuste »*, assurant que *« ce film n'aurait pu voir le jour sans notre modèle français de financement du cinéma »*. Certes. Sauf que le secteur s'inquiète, depuis plusieurs années déjà, d'une remise en cause de ce même modèle, certains rapports récents évoquant ouvertement l'idée de prioriser les films *« mieux vus et mieux vendus »*. À l'automne 2022, des centaines de professionnels s'étaient d'ailleurs réunis en assemblée pour exiger l'ouverture d'*« États généraux du cinéma français »*. Le gouvernement était alors resté silencieux. ●

L'homme et la femme parfaits… selon les IA

Si vous aimez les stéréotypes, demandez à une intelligence artificielle de générer une image et vous serez servi. Le groupe de sensibilisation sur les troubles alimentaires The Bulimia Project l'a constaté en mai 2023, après avoir demandé à Dall-E 2, Stable Diffusion et Midjourney de générer des corps masculins et féminins « parfaits » aux yeux des normes établies par les publications sur les réseaux sociaux. Résultat : l'écrasante majorité de ces images promeuvent des corps hyper sexualisés, érigeant les hommes en *« versions photoshopées de bodybuilders »* et les femmes en mannequins retouchés à outrance. Pectoraux saillants, mâchoire anguleuse et barbe parfaitement coupée pour les hommes ; taille de guêpe, poitrine développée et longs cheveux blonds pour les femmes… 40 % des images générées par les IA sollicitées représentent carrément des corps *« irréalistes »*, selon l'organisation américaine. Un constat inquiétant quand on connaît les effets délétères que peuvent avoir les réseaux sociaux sur la santé mentale des jeunes. •

New York noyée dans un ciel orange

Des buildings émergeant à grand-peine d'une purée de pois couleur orange. Voilà à quoi ressemblait New York le 6 juin 2023. Ce phénomène s'explique par l'épaisse fumée générée au cours des jours précédents par les incendies qui ont ravagé le Québec, à 800 kilomètres de là. Ces images spectaculaires, qui rappelaient à s'y méprendre une scène du film *Blade Runner 2049*, ont fait le tour des réseaux sociaux. Bien qu'esthétique, cet air chargé en particules fines est particulièrement dangereux pour la santé. D'après le site gouvernemental airnow.gov, l'indice de qualité de l'air de New York a même atteint ce jour-là 413 sur une échelle allant de 0 à 500, un seuil pas observé depuis plus de deux décennies. De quoi convaincre les autorités américaines de lancer le « code rouge » de la qualité de l'air, enjoignant les habitants à rester chez eux.

Signe d'espoir

Dette réduite pour l'Équateur contre la protection des Galapagos

Le 9 mai 2023, l'Équateur a obtenu une réduction de sa dette. En échange, le pays s'engage à financer des mesures de protection des îles Galapagos, pour un montant total de 450 millions de dollars sur dix-huit ans. Havre du requin-marteau, de l'iguane marin et de la tortue géante, l'archipel constitue l'une des réserves de biodiversité les plus riches de la planète. Cette transaction « dette contre nature » apparaît comme *« le plus grand échange en faveur de la protection de l'environnement jamais réalisé »*, selon la Banque interaméricaine de développement (BID). Le gouvernement équatorien, en charge du pilotage de ce programme de préservation écologique, devra s'assurer que les engagements pris sont bien mis en œuvre. Cette conversion de la dette en mesures de protection de l'environnement doit maintenant faire ses preuves, tant sur le plan économique qu'écologique. À noter qu'elle ne représente qu'un outil parmi tous ceux qui pourraient être utilisés pour lutter contre le dérèglement climatique et l'effondrement de la biodiversité. •

Signe de fin de civilisation

Le Rhode Island bientôt capitale du transhumanisme ?

« Millionnaires partisans de la vie éternelle cherchent État où s'établir durablement ». Au printemps 2023, plus de 780 individus se sont rassemblés dans la communauté éphémère de Zuzalu, au Monténégro. Pour la plupart magnats ou entrepreneurs dans le secteur des biotech, ces festivaliers pas comme les autres partagent une même ambition : ralentir, voire stopper le processus de vieillissement de leurs cellules pour, *in fine*, ne pas mourir. Ces « longévistes » ont passé deux mois à consolider leur projet, sous le patronage du jeune informaticien russo-canadien Vitalik Buterin, cofondateur de la cryptomonnaie Ethereum. Tous aspirent à la création d'un nouvel État où implémenter au plus vite leur projet de vie éternelle sans trop de contraintes. Le Rhode Island, sur la côte est des États-Unis, est notamment ciblé pour sa proximité avec la ville de Boston, épicentre de la recherche et du marché des biotechnologies. Il s'agirait, dans un premier temps, d'influencer la population locale pour faire reconnaître leur démarche philosophico-scientifique, puis de faire passer des lois autorisant leurs cures de jouvence expérimentales. •

Bonjour à…

Vision Pro, le casque Apple à 3 499 dollars

Lundi 5 juin, Apple a dévoilé Visio Pro, son casque de réalité virtuelle et augmentée, qui sera disponible en 2024 au prix de 3 500 dollars (soit environ 3 250 euros). L'entreprise le présente comme un tournant majeur dans l'histoire technologique, comparable à ceux pris par le passé avec l'arrivée de l'ordinateur Macintosh (1984) ou de l'iPhone (2007). Ressemblant à un masque de ski, Vision Pro permet de visualiser à l'écran ce que filme le casque via des caméras, et de choisir le degré d'immersion souhaité dans le paysage qui s'affiche. Apple espère ainsi « augmenter » l'expérience de projection de vidéos ou la visualisation de photos, mais aussi contribuer à de nouveaux usages en matière de création numérique. En revanche, la batterie du Vision Pro n'est autonome que durant deux heures. Sa présentation, très attendue, n'a pas agité les marchés, le cours de Bourse d'Apple baissant même le lendemain, à -0,7 %. Il faut dire que ce casque arrive au moment où la perspective du métavers a pris du plomb dans l'aile, plusieurs grands acteurs de la tech – Meta, le premier – ayant fait le choix ces derniers mois de concentrer leurs investissements dans l'intelligence artificielle. ●

Au revoir à...

À Greystones, pas de portables pour les jeunes

C'est une première en Europe. Les parents de Greystones, une ville côtière irlandaise au nord de Dublin, ont décidé d'interdire les téléphones portables aux enfants jusqu'à leur entrée au lycée. Jugeant que la restriction des smartphones à l'école ne suffisait pas à endiguer les effets néfastes causés par le temps passé sur les réseaux sociaux – et plus largement sur les écrans eux-mêmes, – les associations de parents d'élèves de 8 écoles ont acté que tous les jeunes de moins de 12 ans n'auraient désormais plus accès à aucun portable, que ce soit à la maison, à l'école ou ailleurs en ville. L'objectif: endiguer une addiction aux écrans qui commence de plus en plus tôt et limiter l'exposition aux contenus réservés aux adultes. De telles interdictions sont encore rares, en dehors de pays comme l'Inde ou le Japon, qui ont déjà mené quelques expérimentations à des échelles locales. S'il fonctionne, ce pacte, qui repose sur le volontariat, pourrait bien inspirer d'autres pays, dont la France, qui tentent tant bien que mal de limiter la présence des téléphones portables dans les enceintes scolaires. •

ABBA
BLADE RUNNER
THE MANDALORIAN
AVENGERS
LES GARDIENS DE LA GALAXIE

pop culture

la lessiveuse nostalgique

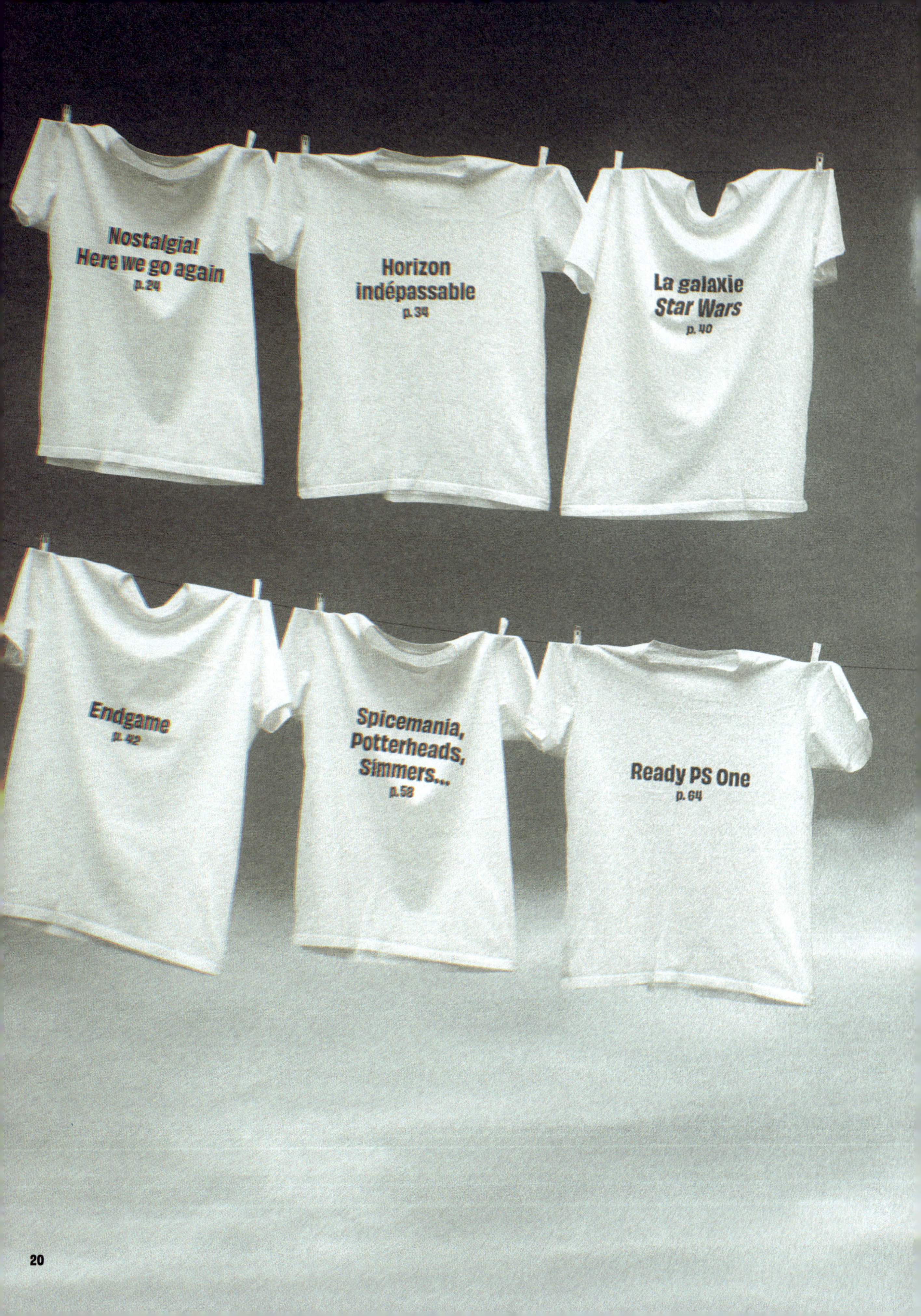
Nostalgia! Here we go again
p. 24
Horizon indépassable
p. 34
La galaxie *Star Wars*
p. 40
Endgame
p. 42
Spicemania, Potterheads, Simmers…
p. 58
Ready PS One
p. 64

Pourquoi la fiction regarde dans le rétro

Make Nostalgia Great Again

Dossier coordonné par
Blaise Mao
et Élisa Thévenet
Texte
Blaise Mao
Illustration du dossier
The Shelf Company

« Le futur est devenu minable, une version minable du passé. » En 2012, lorsque nous l'avions rencontré chez lui, à Londres, autour d'une tasse de thé, Will Self n'y était pas allé par quatre chemins : le capitalisme a volé notre capacité à fantasmer l'avenir, nous disait en substance l'enfant terrible des lettres britanniques. Au même moment, son compatriote Simon Reynolds, critique musical, publiait un essai dont le propos était bien résumé par son sous-titre éloquent : *Rétromania. Comment la culture pop recycle son passé pour s'inventer un futur* (Le Mot et le Reste, 2012).

Toujours pas de voitures volantes

Une décennie plus tard, il est tentant de penser que la situation n'a pas vraiment évolué. Du moins pas dans le bon sens. Les imaginaires du futur semblent toujours en panne. Des artistes, des designers et des auteurs de science-fiction tentent bien de les « désincarcérer », mais leur audience et leur empreinte sont trop confidentielles. Qui, aujourd'hui, fantasme la téléportation quantique, la fusion nucléaire ou les promesses des neurosciences comme on rêvait hier de vaisseaux spatiaux ou de voitures volantes ?

Incapables de nous projeter dans le futur, coincés dans le présent, on se complaît dans la nostalgie du passé. Ode aux années 1980, la série *Stranger Things* fait (re)découvrir Kate Bush et Metallica aux *millennials*. Après sept tomes, et autant de films, la saga Harry Potter sera complétée à l'horizon 2025 d'une série en forme de *reboot* dont la diffusion, d'après Warner, devrait s'étendre sur au moins dix ans. Même les marques s'y mettent, la tendance au rétromarketing se traduisant par la résurrection de produits et de slogans culte des *nineties (voir page 76)*. Bref, la pop culture, du moins dans son acception et ses incarnations occidentales, semble aujourd'hui enfermée dans la lessiveuse nostalgique.

À qui la faute ? Aux scénaristes, écrasés par la pression des plateformes, ou bien aux fans, qui n'ont jamais eu autant de pouvoir *(voir page 52)* ? Faut-il blâmer plutôt les réseaux sociaux qui, à force de repousser nos archives personnelles, nous transforment en artisans zélés de notre imaginaire du passé *(voir page 80)* ?

Nowstalgie ou Newstalgie ?

Désigner des coupables serait trop simple. D'autant que la nostalgie – qu'on confond trop souvent avec sa sœur badante, la mélancolie – n'a pas que des effets pervers. Plonger dans le souvenir d'époques lointaines aurait des vertus pour la santé mentale. Mieux : regarder dans le rétroviseur est peut-être la meilleure manière de se projeter dans le futur. Certes, Simon Reynolds a raison de dire qu'*« avec Internet, nous sommes tous devenus des archivistes » (voir page 84)*. Mais archiver, c'est anticiper. Et certaines pratiques technologiques (faire un selfie ou se filmer avec une caméra GO Pro par exemple) sont autant de manières de s'extraire du présent et de le figer dans une forme d'anticipation de sa valeur nostalgique à venir, estime l'universitaire argentin Ezequiel Korin qui, dans un article publié en 2016 sur le site Academia, parle de *« nowstalgia »* pour qualifier ce phénomène. Un terme à ne pas confondre avec la *newstalgia*, tendance consistant à mêler les codes du passé pour proposer une esthétique futuriste totalement anachronique, et qui connaît son petit succès sur les réseaux sociaux. Autant de signaux faibles qui laissent pensent que la nostalgie, après avoir eu longtemps mauvaise presse, est peut-être en voie de réhabilitation.

À propos de l'identité graphique de ce dossier...

Nous avons fait le choix d'illustrer ce dossier en créant une série de visuels détournant les codes typographiques d'univers emblématiques de la pop culture. Au fil des pages, vous reconnaîtrez sûrement le style des affiches originales des œuvres suivantes, « adaptées » par les soins de la direction artistique du magazine (The Shelf Company) : *Mamma Mia !* (2008, p.24), *Blade Runner* (1982, p.34), *Avengers : Endgame* (2019, p.42), *Ce que veulent les femmes* (2000, p.52), *Les Gardiens de la Galaxie* (2014, p.58), *Ready Player One* (2018, p.64), le spot de pub Tropico (1991, p.76), *Je suis une légende* (2007, p.80), *Mourir peut attendre* (2021, p.88). ●

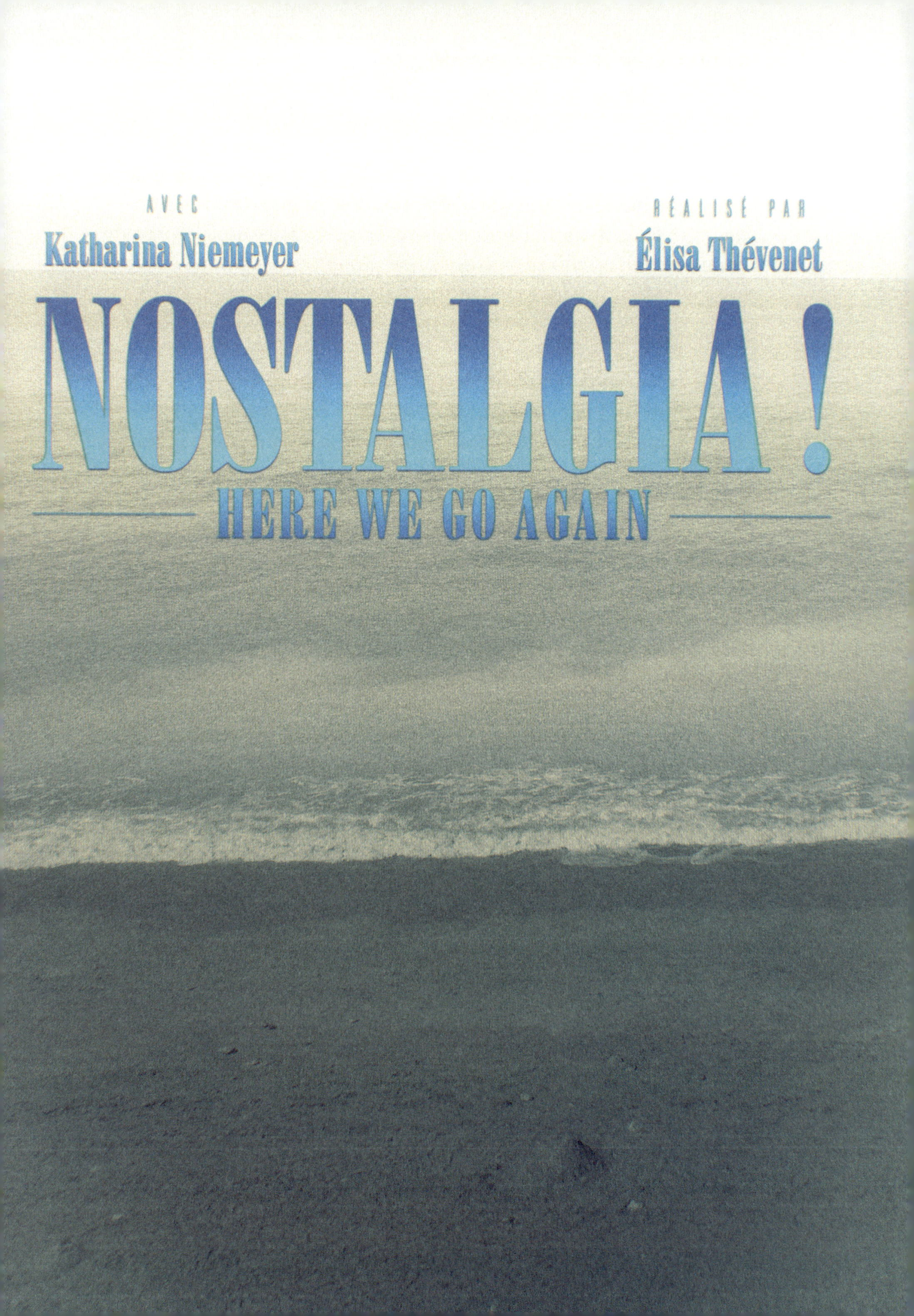
AVEC
Katharina Niemeyer
RÉALISÉ PAR
Élisa Thévenet
NOSTALGIA !
HERE WE GO AGAIN

La pop culture tourne en rond. L'industrie musicale relance le vinyle, Hollywood ne jure que par le *remake* et les maisons d'édition publient des *fanfictions*. L'affaire semble entendue, et pourtant… La nostalgie, paradoxalement, pourrait réveiller nos désirs de futur, nous dit Katharina Niemeyer, professeure en théorie des médias.

Été 2022. Trente-sept ans après sa sortie, « Running up that hill » est la chanson la plus streamée de la plateforme Spotify. En cause : *Stranger Things*, la série à l'esthétique *eighties* qui a fait découvrir à toute une génération d'adolescents Kate Bush et le *walkman*. Quelques semaines après la diffusion de la saison 4, le titre de la chanteuse britannique est même ressorti en CD. Difficile de nier l'évidence : nos imaginaires patinent et la nostalgie fait figure de coupable idéal.

Mais si on prenait le problème dans le mauvais sens ? Et s'il fallait plutôt se demander à quelle question répondent nos élans nostalgiques ? Katharina Niemeyer est professeure en théorie des médias et directrice du centre de recherche Cultures-Arts-Sociétés à l'université du Québec à Montréal. Coauteure de *Nostalgies contemporaines. Médias, cultures et technologies* (Presses universitaires du Septentrion, 2021), elle s'interroge : en équilibre entre les espaces-temps, et si la nostalgie dessinait à pas feutrés d'autres futurs ?

USBEK & RICA Quand la nostalgie apparaît dans le dictionnaire, elle est associée à la douleur de l'exil ; aujourd'hui, on la relie plutôt au temps qui passe. Comment s'est opérée cette bascule ?

KATHARINA NIEMEYER Le sentiment nostalgique existait depuis longtemps, mais le mot a été créé au XVIIe siècle par Johannes Hofer. Dans sa thèse de médecine, il rapproche les termes *nostos*, qui signifie « le retour à la maison » en grec, et *algia*, qui désigne la souffrance. Il étudiait les mercenaires suisses qui développaient des hallucinations, et même des troubles gastro-intestinaux, à cause de l'éloignement. Hofer, qui s'intéressait à l'enchevêtrement entre le mental et le corps, s'est rendu compte que les soldats malades guérissaient en entendant leur langue natale ou la musique de leur pays. À l'époque, mélancolie et nostalgie se confondent dans le discours médical. Si la mélancolie a plus tard été rapprochée de la dépression, la nostalgie s'est, elle, associée aux phénomènes médiatiques au tournant du XXe siècle. Mais c'est surtout après la Seconde Guerre mondiale qu'elle s'est véritablement infiltrée dans la culture populaire, qu'elle a commencé à être marchandisée. À partir des années 1960 et de l'essor de la société de consommation, on associe progressivement – dans le langage courant – la nostalgie au temps qui passe plutôt qu'à l'éloignement spatial, notamment dans les discours politiques et publicitaires qui vantent « le bon vieux temps ».

U&R Elle s'est développée dans les années 1960 mais s'est imposée dans les années 2000. Faut-il blâmer Internet ?

K.N. Le Web 2.0. nous promettait un village global, un espace plus inclusif, une démocratisation des pouvoirs… Or cette utopie ne s'est pas totalement réalisée. Alors on a vu apparaître de plus en plus de contenus nostalgiques sur les réseaux sociaux au cours des années 2000. Une réelle esthétique s'est imposée dans les productions culturelles avec des œuvres comme *Mad Men*, *The Artist*, etc., et les industries médiatiques sont aussi devenues nostalgiques de leur propre passé *(voir p. 84)*.

U&R Internet a également marqué une révolution technologique…

K.N. Évidemment. Les périodes de rupture – de progrès ou de crise – favorisent le réflexe nostalgique. Aujourd'hui, on est nostalgique de l'analogique et des premiers temps du Web, on represse des vinyles pour recréer de la matérialité, on se repartage les premiers GIF animés. Ce ne sont pas juste les contenus qui nous manquent, c'est aussi l'usage, le rituel, le geste, le vivre ensemble associés à ces objets. Notre expérience même du monde a changé. Tout s'est accéléré : on prend des photos en permanence, on *binge-watche*, on *speed-watche*… Les contenus postés sont plus malléables, ils s'autonourrissent à travers des *mèmes*. Les samples existaient avant Internet, mais le Web a permis l'accélération de ce phénomène de réactualisation. On accède désormais très facilement au passé médiatique, puisque beaucoup d'archives ont été numérisées. Plus besoin de cassette pour enregistrer MTV, on clique juste sur YouTube. Et souvent, on n'a même pas besoin de cliquer puisque les algorithmes se chargent de nous suggérer des contenus.

U&R Cette digitalisation n'entraîne-t-elle pas nécessairement une homogénéisation ?

K.N. Absolument, certains contenus du passé sont accessibles, mais beaucoup n'ont pas (encore) été numérisés, les vinyles en Afrique et en Amérique du Sud par exemple. Heureusement il y a des gens et des organismes qui se battent pour les sauvegarder, pour garder une trace de cultures matérielles non occidentales. Prenez le funk soviétique *underground* des années 1970 : vous trouverez peu de morceaux sur YouTube, mais grâce à quelques passionnés, on peut en écouter dans certains recoins d'Internet.

U&R Depuis quelques années, on parle d'une pop culture « doudou » qui se contenterait d'être rassurante, réconfortante. Comment expliquer ce phénomène ?

K.N. Avec l'arrivée du Web 2.0, l'organisation de communautés engagées en ligne est devenue plus facile, et on a vu émerger des regroupements de fans plus larges autour de *Zelda* ou de *Donjons et Dragons*. Aujourd'hui, ces groupes permettent la survivance de certaines productions culturelles. Ce sont parfois les fans, plus que les auteurs ou les producteurs, qui maintiennent ces univers en vie *(voir p. 54)*. Du côté des usages, la pandémie a intensifié ce réflexe « doudou » ponctuel, elle a favorisé l'expression et surtout la pratique de la nostalgie. On s'est réfugiés dans nos séries préférées pour apaiser un mal du temps, une nostalgie plus profonde liée à la stagnation du présent.

U&R Le *Larousse* parle de « regret attendri » dans sa définition. La nostalgie suppose une certaine douceur, mais s'agit-il pour autant d'une émotion positive ?

K.N. Je n'aime pas trop cette opposition entre positif et négatif. Le moteur de la nostalgie c'est le déchirement, donc elle a un côté sombre. Mais elle peut aussi être constructive dans les moments de deuil et de doute. La nostalgie est un pansement sur un temps qui va trop vite, elle adoucit les souffrances du présent, et peut aider à surmonter les crises, à vivre avec notre finitude. Elle devient destructrice quand elle est instrumentalisée par la politique, quand elle ouvre la porte à un passé faussement idéalisé, à un pseudo-âge d'or. Cette nostalgie fabriquée, on la retrouve dans le slogan « Make America great again » de Donald Trump.

U&R Artificielle ou naturelle, la nostalgie est devenue centrale. Preuve qu'elle nous aide à transcender le quotidien. Qu'essayons-nous de surmonter ?

K.N. Les industries médiatiques font le deuil de ce qu'elles ont été. Et nous, celui de notre double finitude – celle de nos propres vies et celle de la Terre. Depuis plus de cinquante ans, scientifiques et universitaires nous mettent en garde et la conscientisation commence enfin à se faire, on comprend que la finitude menace aussi les plantes et les animaux autour de nous. On contemple la fin de notre façon de vivre, on fait le deuil du monde d'avant, d'avant la technologie et le dérèglement climatique. En cela, la nostalgie est indissociable de la solastalgie *[un mal du pays sans exil, une souffrance face à la nature modifiée et aux paysages détruits sous nos yeux par le changement climatique, nldr]*. Face à cette prise de conscience, la nostalgie peut nous apaiser individuellement et collectivement.

U&R Dans votre essai sur la nostalgie, on peut lire : *« En évoquant le passé, la pensée nostalgique sert de tremplin pour se projeter dans un futur "différent"*

« La nostalgie dessine un autre espace-temps, un horizon qui permet d'imaginer des futurs. »

Katharina Niemeyer, professeure en théorie des médias

***auquel elle peut contribuer activement. »* Loin d'être uniquement passéiste, la nostalgie pourrait donc consolider notre désir d'action ?**

K.N. Oui, la nostalgie n'est pas du tout passive, ce n'est pas juste quelque chose dont on souffre joyeusement, elle a toujours ouvert des portes, des lieux et des temporalités imaginaires. « Nostalgiser », ce n'est pas simplement se souvenir, c'est une pratique. On peut être nostalgique d'une époque ou d'un monde qu'on n'a pas connu. C'est l'un des pouvoirs de la littérature et du cinéma. La nostalgie dessine un autre espace-temps, un horizon qui permet d'imaginer des futurs.

U&R Théoriquement, mais dans les faits, la pop culture recycle de vieux tubes, *reboote* ses franchises et se perd en *prequels*, *sequels* et autres *remakes* (*voir p. 52*). N'est-ce pas justement le signe qu'elle est en panne ?

K.N. Quelle culture est en panne ? Ce qui est une panne pour les uns est une porte ouverte pour les autres. Cela laisse de la place pour des imaginaires qui peinent à exister. Cette question de l'invisibilisation me semble essentielle. Il y a beaucoup de créations, d'énergie, de contre-cultures qui n'arrivent pas à être vues et entendues. À l'époque où les choses se massifient, elles se font réabsorber par une forme de marchandisation ou écraser par la prédominance de grandes plateformes comme Netflix. J'enseigne à la faculté de communication de l'université du Québec à des futurs professionnels des médias, et avec mes collègues nous essayons de trouver des réflexions critiques et d'agir concrètement pour contourner l'impasse provoquée par cette homogénéisation. On fait face à un enjeu de « découvrabilité » : il est difficile de mettre les créations alternatives qui émergent en concurrence avec les grands joueurs des industries médiatiques, mais elles existent. Et comme on utilise souvent les mêmes outils pour créer (commercialisés par les mêmes grandes entreprises comme Apple ou Microsoft), il semble difficile de forger de nouvelles techniques et esthétiques, mais ça ne signifie pas qu'aucune contre-culture n'émerge. Tous les débats qu'on a aujourd'hui sur la diversité, sur l'inclusion des personnes en situation de handicap, l'accessibilité des contenus ou l'écoresponsabilité dessinent un autre regard. Il faut tracer un chemin vers la décolonisation épistémique et créative pour imaginer d'autres récits. ●

Bienvenue au musée de la nostalgie

Usbek & Rica a profité d'une rencontre avec quelques lecteurs pour leur demander quelles pièces mériteraient, selon eux, de figurer en bonne place dans un musée de la nostalgie.

Texte
Étienne de Metz

Le walkman
Walkman est le nom d'une marque de baladeurs conçus par Sony en 1979. Devenu générique, le terme désigne l'ancêtre du MP3 et s'impose comme l'un des symboles de la jeunesse de la fin du XXe siècle.

La K7 audio
Brevetée par l'ingénieur néerlandais Lou Ottens et mise sur le marché par Philips en 1963, la Compact Cassette (abrégée K7 en français) connaît son apogée au tournant de la décennie 1990.

La Game Boy
Zelda, Mario, Tetris… Ces univers vidéoludiques cultes ont tous eu leur version sur Game Boy. Lancée par Nintendo en 1989, la console à piles s'est vendue à plus d'un million d'exemplaires l'année de sa sortie en France.

Le synthétiseur Korg
Korg est une société japonaise d'instruments de musique. Avec les synthétiseurs qu'il commercialise à partir des années 1970, le fabricant devient la marque de référence en matière de claviers.

Les baskets Nike Total 90
Basket de foot par excellence, la Nike Total envahit les terrains – et les cours de récréation – à l'aube des années 2000, après avoir chaussé des champions comme Paul Scholes ou, plus tard, Fernando Torres et Andres Iniesta.

La compilation CD spécial slows

Pas besoin d'être Sophie Marceau pour danser le slow. La sarabande des années 1970 est un incontournable de chaque boum, et ce jusqu'au milieu des années 1990.

Le téléphone Socotel

Conçu en 1963 en France par le Centre national d'études des télécommunications, le modèle S63 de l'iconique téléphone en bakélite est reconnaissable à son cadran, son câble entortillé et sa couleur orange vif.

La télévision sans télécommande

La première télécommande télé sans fil est inventée en 1986. Avant cette date, les ménages devaient changer de chaîne manuellement, en utilisant les boutons intégrés au poste.

La Citroën 2 CV

On l'appelle parfois « deuche », « deudeuche » ou « deux pattes »... La Citroën 2 CV est sortie du garage en 1948, avant de devenir l'une des dix voitures françaises les plus vendues de l'histoire.

Les cartes de catch

Sur des cartes en carton, des types bodybuildés en justaucorps : les decks de l'American Wrestling Rampage cartonnent au début des années 1990, au même titre que ceux des joueurs NBA.

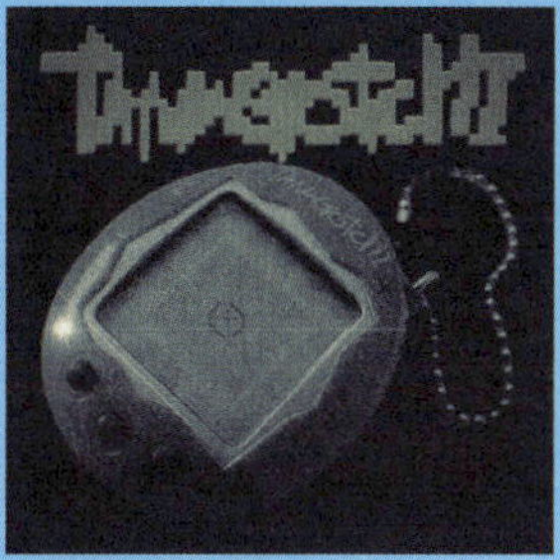

Le Tamagotchi

Le Tamagotchi est un animal de compagnie virtuel. Il s'agit d'une invention japonaise datant de 1996, dont le nom vient de l'association des mots *tamago* (œuf) et *watch* (montre).

Le poste de radio noir

Son grésillement caractéristique évoque l'odeur des tartines et du café : jusqu'au virage numérique de la radio, c'est le gros poste noir à longue antenne qui crachotait les fréquences FM chaque matin. ●

Goûts musicaux : et si tout se jouait avant 15 ans ?

La bande-son de notre adolescence constitue une matrice musicale dont on ne sort plus vraiment une fois devenu adulte. Un phénomène qui s'explique par la plasticité du cerveau et l'intensité des expériences de vie qui caractérisent cet âge si particulier.

Texte
Laurent-David Samama

« La musique excitante est souvent celle qu'on écoute jeune. [...] *Quand on a 30 ans, les choses deviennent moins vitales. On collectionne les disques, parfois même on passe au jazz... »* Ainsi s'exprimait Joseph Mount dans une interview publiée en novembre 2019 dans les pages du magazine *Rock&Folk*. La formule du leader de Metronomy nous a mis la puce à l'oreille : et si en matière de goûts musicaux – et plus largement de sensibilité esthétique – tout se jouait très jeune, avant même que ne débutent véritablement l'adolescence et ses explorations ?

Tom ter Bogt valide l'intuition. Pour ce psychologue et professeur de musique pop à l'université d'Utrecht, aux Pays-Bas, qui mène des recherches sur l'évolution de la culture et des goûts musicaux de la jeune génération, il existe un consensus scientifique sur le fait que *« nos goûts musicaux sont déjà partiellement formés à 14 ans et arrivent à maturité à 22 ans »*. Et l'universitaire de préciser sa pensée dans une interview accordée en avril 2023 au média Vice : *« Entre 14 et 22 ans, la musique est la bande-son de tout ce que vous vivez, et Dieu sait qu'on vit alors un tas de choses : on s'éloigne de ses parents, on passe plus de temps avec ses amis, et la plupart d'entre nous nouent des relations amoureuses et découvrent leur sexualité. Ce sont des étapes de vie très importantes et la musique y trouve parfaitement sa place. Énormément de chansons ont d'ailleurs pour thème le fait d'être jeune, de tomber amoureux et d'être déçu par quelqu'un... »*

10 ans, le début de l'autonomie

Grand nom de la critique rock (*Rolling Stone*, *Rock&Folk*, *Libération*), désormais directeur de la chaîne TV5Monde, Yves Bigot a son avis sur la question. Sitôt qu'il nous reçoit, il s'empresse de rappeler cette phrase prononcée en son temps par John Lennon : *« Je suis peut-être comme les gens de ma génération : je n'aime que ce que j'ai connu avant mes 20 ans. »* Bien sûr, tempère le journaliste, la limite d'âge fluctue d'un individu à l'autre, mais on saisit l'idée : tout se jouerait tôt, quand le cerveau est encore malléable et les goûts relativement indéfinis. Yves Bigot, justement, se remémore un double choc fondateur : Bob Dylan, puis les Beatles. *« La découverte de Dylan me fait tout de suite bifurquer*, raconte Bigot, des étoiles dans les yeux. *J'ai 10 ans, on est en 1965. Quand j'entends "Like a Rolling Stone", je comprends que ça va changer ma vie. Même chose avec "Girl" des Beatles sur l'album* Rubber Soul. *Je m'en souviens encore ! Je revois même le cadre : le morceau passait en boucle au Monoprix de Saint-Tropez, où j'allais faire les courses pour ma mère... »*

Psychiatre de l'enfant et de l'adolescent à Paris, Benjamin Sadoun confirme que les goûts – en particulier musicaux – commencent à se former au moment de la préadolescence : *« Je ne pense pas pour autant que "tout se joue tôt", mais "tout commence tôt", c'est une certitude. Ça s'affine ensuite, avec le temps, jusqu'au début de l'âge adulte. »*

Parents influenceurs

La nuance introduite par le psychiatre a son importance. Une étude menée en 2018 par Deezer prouve que 84 % des parents français estiment que leurs enfants réagissent positivement à leurs musiques favorites jusqu'à l'âge de 10 ans. L'analyse, réalisée en collaboration avec le département de musique de l'université d'York, en Angleterre, précise que l'âge idéal pour influencer les futurs goûts musicaux de ses enfants se situe entre 8 et 10 ans. Qualifiées de *« période d'or »*, ces deux années permettraient de façonner le (bon) goût des mélomanes en herbe. Pour y parvenir, *« diffuser de la musique dans la voiture parce que les enfants ne peuvent pas s'échapper »* (sic) ou *« les faire danser et chanter avec soi »* apparaissent comme des stratégies *old school*, mais efficaces.

Passé l'âge de 10 ans, en revanche, l'influence parentale décline et celle des pairs – c'est-à-dire des amis et des camarades d'école – prend le dessus. Seulement 12 % des parents d'adolescents indiquent que leurs rejetons réagissent positivement à leurs morceaux préférés.

Dans un article publié lui aussi en 2018, Seth Stephens-Davidowitz, journaliste et *data analyst* au *New York Times*, remarque que *« l'adage selon lequel on ne quitte jamais vraiment le collège et le lycée se vérifie en matière d'esthétique musicale »*. Pour le prouver, il a compilé des données et dégagé une tendance lourde : *« Pour les hommes, la période clé pour former ses goûts d'adulte en matière de musique serait comprise entre 13 et 16 ans. Pour les femmes, entre 11 et 14 ans. »* Des chiffres qui, sans surprise, coïncident avec la fin de la puberté, observe le journaliste américain.

Pour illustrer son propos, Seth Stephens-Davidowitz cite un exemple générationnel éloquent. À l'époque de son enquête, en 2018, « Creep » de Radiohead était la 164e chanson la plus populaire sur la plateforme Spotify chez les personnes âgées de 38 ans, mais ne figurait pas dans le top 300 des auditeurs de 28 ans et 48 ans. Et ceux qui écoutaient le plus cette chanson avaient 14 ans ou pas loin lors de sa sortie en 1993. CQFD.

« Choc esthétique »

Autant de données qui ne suffisent pas pour rationaliser ce moment où survient l'épiphanie ; l'écoute, pour la toute première fois, d'un morceau ou d'une chanson qui va subitement entraîner un profond bouleversement intérieur. Pour qualifier ce phénomène, Yves Bigot évoque un *« choc esthétique »* : *« Un tel moment dépasse la découverte culturelle. On parle d'une matière vivante, brûlante, inspirante, qui change votre monde ! Le rock*, se souvient le journaliste, *c'était pour ainsi dire la seule chose dans mon environnement qui me donnait le sentiment qu'il y avait un truc plus grand que la vie, mieux que la vie. Comme si on déchirait le rideau du quotidien, de l'enfance, pour m'emmener vers autre chose. Comme si j'accédais soudain à un autre monde, plus adulte. »* La plasticité du cerveau humain, particulièrement forte entre 10 et 15 ans, y est sûrement pour quelque chose : *« Contrairement à l'adulte, l'enfant et l'adolescent prennent moins de recul face à une situation. La notion de choc esthétique est donc plus "brute" chez l'enfant »*, constate le psychiatre Benjamin Sadoun.

Dans le cas d'Yves Bigot, ce choc sera si déterminant que dans tout ce qu'il écoutera par la suite il cherchera *« les mêmes bases, les mêmes thèmes, les mêmes valeurs que celles de Dylan ou des Beatles »*. Une démarche quasi obsessionnelle, forcément frustrante, mais qui ne l'empêchera pas de s'ouvrir à de nouveaux artistes et de garder l'esprit curieux. *« On peut évidemment toujours découvrir de nouvelles choses*, certifie Tom ter Bogt. *Cela dit, ces nouveautés seront inévitablement liées d'une manière ou d'une autre à la musique que vous aimiez au cours de votre adolescence. »* Pour illustrer son propos, l'universitaire néerlandais se penche d'ailleurs sur sa propre évolution personnelle : *« J'aimais beaucoup le disco et la dance, et quand l'EDM* [electronic dance music, *ndlr*] *a fait son apparition, j'ai tout de suite été séduit. J'aimais aussi la soul, ce qui se traduit aujourd'hui par mon amour pour le R&B et le hip-hop. Et quand j'entends un bon groupe de rock indépendant, ça me rappelle la new wave des années 1970… »* ●

AVEC
ALAIN MUSSET
YANNICK RUMPALA
LES FUTURS RÊVENT-ILS DE
MOUTONS
ÉLECTRIQUES
RÉALISÉ PAR
THIBAULT PRÉVOST

Plus de quarante ans après sa sortie, la ville du futur imaginée par Ridley Scott en 1982 dans son film *Blade Runner* continue de servir de patron à notre imaginaire collectif. Répliquée jusqu'à la neutralisation totale, transformée en décor vintage, elle reste pourtant presciente.

Los Angeles, novembre 2019. Une ville futuriste, incommensurable, se dévoile lentement à l'écran. Dans la nuit électrique, des gerbes de flammes se détachent d'un océan de gratte-ciel. Des véhicules volants entrent dans le champ en vrombissant. Le temps de quelques nappes de clavier signées Vangelis, la caméra s'approche d'un ziggurat high-tech aux proportions homériques. Ces quelques tableaux conjurés à la volée forment l'incipit de l'un des imaginaires les plus célèbres de l'histoire du cinéma : celui du film *Blade Runner* de Ridley Scott, sorti en salles en 1982, librement adapté du roman de l'incontournable Philip K. Dick, *Les androïdes rêvent-ils de moutons électriques ?*, paru en 1968.

« Ville insoutenable »

Avec leur conurbation assemblée entre maquettes géantes et *matte painting*, le réalisateur, son *concept artist* Syd Mead et le grand mage des effets spéciaux Douglas Trumbull formalisent la vision de la dystopie malthusienne du XXIe siècle, que le réalisateur résumera par l'aphorisme suivant : *« Hong Kong un jour particulièrement pourri. »* Une esthétique de film noir des années 1940 dans un futur proche technologique et pourrissant. Une mégalopole forcément tentaculaire, aussi large que haute, où il fait constamment nuit et où il pleut à verse trois cents jours par an, *« une parabole de la ville insoutenable »*, décrit le géographe et spécialiste des sociétés urbaines Alain Musset, auteur du livre *Station Metropolis direction Coruscant* (Le Bélial, 2019). *C'est un miroir, à la fois déformant et informant. Déformant car aucune ville n'est arrivée à ce point-là, mais informant car elle nous montre tous les problèmes qu'on peut y rencontrer: surpopulation, pollution, délinquance, conflits ethniques…* »

Si le succès commercial n'est pas immédiatement au rendez-vous, le film se diffuse graduellement en VHS, au point de devenir le fétiche de toute une génération de créateurs. *Ghost in the Shell*, *Matrix*, *Akira*, *Transmetropolitan*, *Johnny Mnemonic*, *Passé virtuel*, *Deus Ex*, *Strange Days*, *Le Cinquième Élément*, *Dark City*, *Judge Dredd*… La liste des rejetons filmiques de *Blade Runner* est interminable. Quarante ans après sa sortie, la fresque postmoderne de Ridley Scott s'est cimentée dans l'imaginaire collectif comme le gabarit visuel et culturel du futur. Un horizon indépassable?

Dénaturation mercantile

En tout cas, le public ne s'en lasse (toujours) pas. La preuve avec *Blade Runner 2049*, sorti en 2017, où Denis Villeneuve et Ryan Gosling tentent comme ils peuvent de concilier leur actualisation de l'univers d'origine avec la déférence exigée au matériau source. La même année, *Ghost in the Shell* a droit à son *reboot* américain, copieusement blanchi. De son côté, Netflix produit coup sur coup *Altered Carbon* (2018) et *Love, Death and Robots* (2019), deux empilements de *tropes* cyberpunk qui sentent le recyclé. Et ce n'est pas fini: le tournage de *Blade Runner 2099*, une mini-série inspirée de l'univers de Ridley Scott et produite par Amazon, vient d'être repoussée au printemps 2024 à cause de la grève des scénaristes d'Hollywood.

Comment ne pas mentionner, enfin, *Cyberpunk 2077*, sorti en 2020 et conçu par le studio polonais CD Projekt RED? Itération vidéoludique d'un jeu de rôle de 1988, ce jeu vidéo, qui propose de se balader dans Night City pour y croiser toutes sortes de marginaux à implants, incarne pour certains le pire de la tendance cyberpunk contemporaine: la neutralisation de la radicalité politique du récit au profit d'une esthétisation vintage mercantile. Un monde qui ne s'interroge jamais sur le pourquoi de ses architectures de pouvoir, satisfait de considérer la domination du secteur privé comme axiomatique. Résultat: 20 millions de copies écoulées (malgré des bugs à gogo) et des produits dérivés en pagaille. De quoi contraindre le créateur du RPG Mike Pondsmith à rappeler publiquement les bases: *« Le cyberpunk est un avertissement, pas une inspiration. »*

Le message s'est perdu en chemin: le punk est passé en quarante ans de bande-son des bastons londoniennes à exposition de prêt-à-porter dans l'épicentre bourgeois du Bon Marché parisien. Le cauchemar imaginé par Dick, Scott, mais aussi William Gibson et quelques autres semble aujourd'hui vidé de sa substance, sclérosé par la nostalgie – que la théoricienne culturelle Svetlana Boym définit comme *« un effet secondaire de la téléologie du progrès »*. Dernier exemple en date: le jeu indépendant *Stray*, sorti en 2022, dont le personnage principal est un chat de gouttière, encensé par la critique pour son univers visuel *so* cyberpunk... en oubliant au passage qu'il s'inspire de la « cité murée » chinoise de Kowloon, insalubre au possible, détruite en 1993. Derrière l'esthétique de la déliquescence, plus aucune trace de critique matérialiste. Une belle occasion manquée quand on sait que *« selon le sociologue et urbaniste Mike Davis, la forme urbaine qui sera la plus répandue dans l'avenir sera le bidonville »*, pointe Alain Musset. D'autres œuvres cyberpunk contemporaines parviennent pourtant à concilier esthétique et propos – à l'instar de l'*Elysium* de Neill Blomkamp, qui transpose les favelas bien réelles de Mexico City dans le Los Angeles de 2154.

Régal pour collapsologues

Tournée en ridicule dès le début des années 1990 par la revue américaine *Mondo 2000* ou par l'auteur de science-fiction Neal Stephenson dans son jubilatoire *Samouraï virtuel*, la grille de lecture futuriste proposée par *Blade Runner* reste-t-elle pertinente au-delà du choc esthétique ?

Fondamentalement postmoderne, désillusionné par l'échec de la lutte des classes et la victoire de l'individu consommateur, le cyberpunk naît en plein élan de financiarisation du capitalisme, alors que Reagan et Thatcher démolissent les services publics. *« Derrière l'angoisse de la montée des multinationales japonaises »*, précise Yannick Rumpala, maître de conférences à l'université de Nice et auteur de *Cyberpunk's not dead* (Le Bélial, 2021), se joue *« la remise en cause de l'hégémonie culturelle étasunienne »*. D'après l'universitaire, le cyberpunk devient ainsi *« la métaphorisation d'une hybridation culturelle »* de l'époque.

À quel point le monde a-t-il changé de visage depuis ? Esthétiquement, le pouvoir politico-financier s'incarne aussi bien dans la verticalité des tours de verre et d'acier de la Défense que sur les campus californiens ronds et verdoyants de Google ou Apple. Même si, pour Yannick Rumpala, *« une partie de l'imaginaire des ultra-riches – celui de Trump, par exemple – se situe encore dans la verticalité, sur laquelle la puissance est indexée »*. La bulle spéculative japonaise, qui explose au début des années 1990, a enterré les angoisses de « japonisation » du mode de vie américain. Les interfaces informatiques, loin d'adopter l'approche radicalement biomécanique du cyberpunk, ont tout misé sur l'écran et font la chasse aux câbles et aux orifices. Le transhumanisme et la réalité virtuelle n'intéressent personne. Quant aux voitures volantes, elles restent un fantasme pour millionnaires adulescents.

Si l'esthétique de *Blade Runner* peut sembler aussi datée que le *male gaze* qui imprègne l'écriture et la mise en scène de ses personnages féminins, le film offre néanmoins *« une prémonition de ce que nous sommes devenus dans un monde globalisé »*, affirme Alain Musset. « Blade Runner *est résolument pessimiste. Il y a une esthétique du pourrissement qui est voulue dès le départ, même dans le roman* [de Philip K. Dick]. *C'est un monde agonisant, une ville-cadavre qu'on autopsie »*, constate le géographe. Dès les premiers plans, *« on est sur une esthétique, avec ces torchères, qui dénonce un système productiviste. On a bouffé le monde, et on va en crever »*. À l'heure où l'angoisse écologique devient suffocante, *« les collapsologues peuvent se régaler avec ça ! »*.

Plus que jamais, souligne à son tour Yannick Rumpala, *« la double mise en scène de l'artificialisation extrême, à la fois interne (celle des humains) et externe (celle des environnements et des milieux) »*, résonne en 2023. Enfin, en pleine panique ontologique autour de l'intelligence artificielle ChatGPT, *« le film a inauguré une série de questions philosophiques qui sont celles qui nous travaillent actuellement : qu'est-ce que la conscience, la mémoire ? Quelle est la frontière entre réel et faux ? »* rappelle Yannick Rumpala. Il est d'autant plus difficile de remiser Deckard et ses ruelles poisseuses au grenier de nos souvenirs que, le 7 juin 2023, en raison d'incendies au Canada, Manhattan s'est réveillé enveloppée dans une brume orange rappelant *Blade Runner 2049*, une conséquence visuelle saisissante et bien réelle du changement climatique prédite par Denis Villeneuve.

Cyberpunk *« optimiste »*

Il le faudra bien, pourtant, car dans le cyberpunk plus qu'ailleurs, l'esthétique fait le politique. Mais une vision aussi totale de l'avenir ne s'invente pas tous les jours. *« Notre monde est devenu si complexe qu'on n'arrive pas à tout y mettre ; c'est pourquoi les imaginaires complotistes sont aussi prégnants »*, estime Yannick Rumpala, qui fait remarquer que *« produire du nouveau, c'est très très dur. Chez Gibson, il y a une quantité de fulgurances impressionnante »*. Le cyberpunk serait-il à la science-fiction ce que le hip-hop est à la musique : le dernier courant radical de l'époque ? Pas impossible, tant les tentatives de dépassement stylistiques et métaphysiques, comme celles de Spike Jonze (*Her*), Alex Garland (*Ex Machina*) ou Sam Esmail (*Mr. Robot*) semblent relever de l'exploit. *« La série* Mr. Robot *est une véritable actualisation, qui évite le vernis "SF à voitures volantes" mais garde l'aspect hacking et la ségrégation sociale »*, note le chercheur.

Ces dernières années, les sous-genres du cyberpunk estampillés « optimistes » ont proliféré, comme le *solarpunk*, le *hopepunk* (courants caractéristiques de l'anthologie multimédia lancée en 2018 par le site américain The Verge), ou encore l'*afrocyberpunk* de Michael Roch (*Tè Mawon*, La Volte, 2022) et l'anticipation zadiste d'Alain Damasio (*Les Furtifs*, 2019). Est-ce pour autant la voie à suivre pour s'extirper enfin du marasme des années 1980 ? *« Le* solarpunk, *inspiré par l'Art nouveau, montre notre incapacité à produire une esthétique et une politique complètement nouvelles. Comme si, pour aller vers le futur, il fallait aller vers le passé… On tourne en boucle dans des imaginaires dont on n'arrive pas à sortir »*, constate Yannick Rumpala, qui suggère de *« produire des œuvres collectives ; le jeu vidéo est peut-être un univers où il peut se passer des choses »*. Histoire de panthéoniser pour de bon Rick Deckard et ses réplicants, et de passer à autre chose. ●

«*BLADE RUNNER* A INAUGURÉ UNE SÉRIE DE QUESTIONS PHILOSOPHIQUES QUI SONT CELLES QUI NOUS TRAVAILLENT ACTUELLEMENT : QU'EST-CE QUE LA CONSCIENCE, LA MÉMOIRE? QUELLE EST LA FRONTIÈRE ENTRE RÉEL ET FAUX?»

Yannick Rumpala, auteur de *Cyberpunk's not dead* (Le Bélial, 2021)

La galaxie *Star Wars*

De toutes les franchises de la pop culture, *Star Wars* est celle qui incarne le mieux la diffusion d'un même univers sur une multitude de supports. Sans aller jusque sur le terrain des *fanfictions* et du *merchandising*, nous avons reconstitué ici les principales œuvres de la saga créées depuis la sortie du premier film de George Lucas en 1977.

Texte
Émilie Écharoux

La Guerre des étoiles (Un nouvel espoir)
George Lucas,
1977

Star Wars, Marvel Comics n° 1
Scénario : Roy Thomas,
Dessin : Howard Chaykin,
Couleurs : Marie Severin,
1977

Au temps de la guerre des étoiles (Star Wars Holiday Special)
Steve Binder,
1978

L'Empire contre-attaque
George Lucas,
1980

Star Wars
pour Atari 2600, Parker,
1982

Le Retour du Jedi
George Lucas,
1983

L'Aventure des Ewoks
John Korty,
1984

Republic Commando
Karen Traviss,
2006

La Revanche des Sith
George Lucas,
2005

Star Wars: Battlefront
Pandemic Studios, Beenox, Mikoishi,
2004

Star Wars: Clone Wars
Genndy Tartakovsky, George Lucas, Henry Gilroy,
2003

L'Attaque des clones
George Lucas,
2002

Vent de trahison
James Luceno,
2001

Star Wars Celebration
Première édition, États-Unis,
1999

Star Wars Episode I: Racer
Aspyr, Lucasfilm Games, Pax Softnica,
1999

Solo: A Star Wars Story
Ron Howard,
2018

L'Ascension de Skywalker
J. J. Abrams,
2019

Le Mandalorian
Jon Favreau,
2019

Star Wars Jedi: Fallen Order
Développeur : Respawn Entertainment,
Éditeur : Electronic Arts,
2019

Film · Série · Roman · Dessin animé · BD · Manga · Jeu vidéo · Événement

Star Wars: Rogue Squadron
(Nintendo 64)
Factor 5, Lucasfilm Games,
1999

Star Wars
Toshiki Kudo,
1999

La Menace fantôme
George Lucas,
1999

Star Wars, Étoiles perdues
Yusaku Komiyama,
2017

Les Derniers Jedi
J. J. Abrams,
2017

Rogue One: A Star Wars Story
Gareth Edwards,
2016

La Nouvelle Rébellion
Kristine Kathryn Rusch,
1996

Ahsoka
Jon Favreau et Dave Filoni,
2023

Skywalker passe à l'attaque
Panini Comics
John Cassaday et Jason Aaron,
2015

Star Wars : Dark Forces
Lucasfilm Games,
1995

Star Wars, la Haute République, un équilibre fragile
Dessinateur : Mizuki Sakakibara, Scénaristes : Shina Shinya et Justina Ireland,
2021

Star Wars Squadrons
en VR, Développeur : Motive Studios, Éditeur : EA,
2020

Le Réveil de la Force
J. J. Abrams,
2015

Le Mariage de la princesse
Dave Wolverton,
1994

Star Wars : La Guerre des clones
Dave Filoni,
2008

Star Wars: In Concert
précédemment appelé *Star Wars: A Musical Journey*,
orchestre symphonique,
Londres,
2009

Star Wars Rebels
Dave Filoni, Carrie Beck, Athena Portillo, Simon Kinberg, Greg Weisman,
2014

Star Wars: X-Wing
Lucasfilm Games, Totally Games,
1993

La Bataille d'Endor
Ken Wheat,
1985

La Croisade noire du Jedi fou
Timothy Zahn, Kevin J. Anderson, Rebecca Moestra,
1991

Star Wars
pour Gameboy, NMS Software Ubisoft,
1991

Réalisé par
PABLO MAILLÉ
MARVEL
END GAME
AVEC
Jean-Christophe DETRAIN
Richard MÈMETEAU
Océane ZERBINI
PREMIÈRE ASSISTANTE
Élisa THÉVENET

Machine à produire des *blockbusters*, joyau de Disney, les studios Marvel ont industrialisé les résurrections miracles et les *come-back* d'anciennes gloires. Franchise la plus rentable d'Hollywood, le Marvel Cinematic Universe (MCU) incarne l'emprise de la nostalgie sur la pop culture. Mais 15 ans et 31 films après le triomphe d'*Iron Man*, l'empire des super-héros risque de ployer sous le poids de sa propre mémoire.

À Hollywood, c'est LE secret le mieux gardé du moment. En ce début d'année 2021, le tournage du très attendu *Spider-Man: No Way Home*, troisième opus de la franchise Marvel portée par Tom Holland, entame sa dernière ligne droite dans les rues rectilignes d'Atlanta. La présence sur le plateau de Tobey Maguire et Andrew Garfield, interprètes de l'homme-araignée dans ses deux précédentes déclinaisons (celles de Sam Raimi au début des années 2000 et de Marc Webb au début des années 2010), n'a été communiquée à personne. Pas de photo, pas d'info : officiellement, rien ne doit fuiter.

Dix mois plus tard, les fans exultent en découvrant les trois visages de la saga réunis sur grand écran. Le succès est fulgurant : 1,9 milliard de dollars de recettes dans le monde, le septième plus gros score du box-office à ce jour. Il faut dire que les innombrables références aux mèmes, dialogues et autres développements tirés des long-métrages passés achèvent de réchauffer la madeleine de Proust. *Spider-Man: No Way Home* résume à lui seul la stratégie Marvel : une dévotion absolue à ses racines comics, un sens inné du *fan service* et une approche presque « méta » de la nostalgie.

Revisiter sa propre mythologie

Retour en arrière. Dès les années 1960, Stan Lee, le scénariste phare de Marvel, imagine, avec ses acolytes Jack Kirby et Steve Ditko, des centaines d'intrigues super-héroïques dans des bandes dessinées de plus en plus populaires. Spider-Man, Iron Man, Les Quatre Fantastiques... En seulement quelques années, ces personnages s'impriment dans la rétine du grand public. La petite société Marvel Comics devient alors un véritable groupe industriel multimédia, dont les premières adaptations cinématographiques – confiées à la 20th Century Studios et à Columbia Pictures et Sony (Marvel ayant cédé certains de ses droits d'exploitation pour éviter la faillite à la fin des années 1990) – font l'objet d'un enthousiasme encore modéré. Après deux trilogies (*X-Men* et *Spider-Man*) portées sur grand écran au début des années 2000, la donne change définitivement avec *Iron Man* (2008), premier film intégralement produit par les studios Marvel et premier jalon de ce qui deviendra le MCU – le « Marvel Cinematic Universe ». Trente-deux films, neuf séries et deux moyens-métrages plus tard, le studio est désormais passé maître dans l'art de revisiter sa propre mythologie. Dès 2014 et la sortie de *Captain America : Le Soldat de l'hiver*, on apprend ainsi l'existence d'une nouvelle version de l'ordre fasciste HYDRA, que Steve Rogers croyait pourtant avoir vaincu dans le premier épisode. Encore plus déstabilisant, l'antagoniste du long-métrage n'est autre que Bucky, son ami d'enfance laissé pour mort en pleine Seconde Guerre mondiale.

Simples clins d'œil ou vrais ressorts nostalgiques ? Peut-être les deux à la fois. *« Marvel a une écriture mythologique, pas romanesque. Ils ont toujours repris les mêmes histoires pour les adapter à l'ère du temps, ils n'inventent pas de nouveaux drames »*, analyse Richard Mèmeteau, professeur de philosophie, auteur du livre *Pop culture* (La Découverte, 2014). Un

« Marvel a une écriture mythologique, pas romanesque. Ils ont toujours repris les mêmes histoires pour les adapter à l'ère du temps. »

Richard Mèmeteau, auteur du livre *Pop culture* (La Découverte, 2014)

jeu de variation qu'incarnent parfaitement les déclinaisons de Spider-Man : *« Peter perd toujours son oncle. En revanche, est-ce qu'il est Blanc ou Noir ? Où est-ce qu'il vit ? Est-ce qu'il est en marge de la société ? Ça dépend de l'époque. »* Les multiples résurrections de Loki, le frère adoptif de Thor, seraient donc consubstantielles à l'approche narrative de Marvel ? Pas seulement. *« Dans le MCU, la nostalgie et le fan service font souvent bon ménage »*, tempère Océane Zerbini animatrice du podcast The Lemon Adaptation Club et fan de la première heure. Loki est surtout *« un chouchou du public »*.

Pirouettes nostalgiques

Marvel a vite compris l'intérêt commercial de la carte « nostalgie ». Les spectateurs du MCU sont avant tout les fans de Stan Lee. *« La saga tout entière s'est bâtie sur la nostalgie des lecteurs des comics*, confirme Jean-Christophe Detrain, auteur de *Dans les coulisses du Marvel Cinematic Universe* (Third, 2017). *Pendant longtemps, aucun studio n'a été capable de recréer sur grand écran la magie de cet univers. Les amateurs de super-héros avaient énormément d'attentes. »* Au premier rang desquels Kevin Feige lui-même, producteur et *showrunner* de l'ensemble de l'édifice *(interview à lire page 48)*. Enfant, il créait ses propres *fanfictions* et passait des heures à transformer les scripts des exemplaires qui l'avaient déçu. *« La manière qu'il a d'approcher les choses est celle d'un fan, pas d'un businessman ni d'un producteur*, confirmait en 2019 au *Figaro* l'interprète de Thor, Chris Hemsworth. *Il fait des histoires qu'il va lui-même apprécier. »*

À la sortie d'*Avengers: Endgame* au printemps 2019, Marvel est à son apogée. Débauche d'effets spéciaux et de références aux 21 long-métrages du MCU, le film referme les trois premières « phases » de la saga (l'équivalent des saisons dans les séries). Un adieu épique et ultra référencé. *« Les bandes-annonces jouent sur la notion de nostalgie, avec des extraits et des flash-backs issus d'autres films Marvel, qui renvoient immanquablement aux souvenirs des fans qui ont suivi le MCU depuis le début »*, note la communicante Alexandra Henrard, qui a consacré son mémoire à l'impact de la stratégie de marque du géant américain dans le succès d'*Avengers: Endgame*. *« C'est un film qui embrasse et trouve une place à la nostalgie que nous avons développée pour tous les films que nous avons faits »*, explique Kevin Feige. Une promesse assumée jusque dans le *storytelling* du film lui-même : pour ressusciter la moitié de la population qui a été annihilée par Thanos à la fin du dernier volet, les héros survivants doivent revisiter leur passé. L'occasion de rejouer certaines scènes mythiques des opus précédents. *« Le mode de narration expose sa nostalgie comme telle et dynamite le quatrième mur »*, décrypte Richard Mèmeteau. Une mise en abyme gagnante : l'épilogue des Vengeurs a réalisé le meilleur résultat au box-office de l'histoire (avant d'être détrôné par *Avatar*, rediffusé dans les salles chinoises en 2021).

L'aventure du multivers

Avec sa machine à remonter dans le temps, *Avengers: Endgame* semble pousser le procédé à son paroxysme. C'était compter sans le nouveau concept phare de la « *Saga du Multivers* » : les univers parallèles. Un procédé qui ouvre la porte à d'innombrables affrontements cosmiques et rencontres impromptues entre différentes versions d'un seul et même personnage. « *Le multivers questionne la fragilité des histoires qui s'effondrent. C'est une mise en abyme du récit lui-même* », défend Richard Mèmeteau, qui souligne le caractère inédit de l'entreprise cinématographique. Dans ce nouveau chapitre, l'idée n'est plus seulement de jouer sur les univers partagés, mais aussi d'exploiter le plein potentiel de ses franchises. Entre ses héros récemment retrouvés – notamment grâce au rachat par Disney (maison mère de Marvel depuis 2009) du catalogue de la 21st Century Fox détentrice des droits des *X-Men* – et ses anciennes gloires oubliées, Marvel est à la tête d'un catalogue de 7 000 personnages. Une grande famille dont le MCU compte bien profiter quitte à risquer la cohérence de l'ensemble.

Le stratagème est-il efficace ? Exceptions faites des licences *Spider-Man* et *Doctor Strange*, les recettes générées par les films Marvel les plus récents affichent des résultats en demi-teinte. *Black Widow*, *Shang-Chi* et *Les Éternels* n'ont pas dépassé les 500 millions de dollars, une première depuis *Captain America* sorti il y a douze ans. Et si on est loin de l'accident industriel – Marvel a réalisé 28 milliards de chiffre d'affaires depuis le premier *Iron Man* en 2008 –, on s'éloigne tout de même des scores d'antan. « *Pas plus d'un mois ou deux ne passe désormais sans qu'une nouvelle histoire Marvel n'arrive sur le marché* », ironise le *Guardian*, qui s'interroge sur un éventuel « épuisement » de la formule. Cette année, le MCU accueille trois nouveaux films et deux séries. Et le quotidien britannique d'ajouter : « *Comment ces récits peuvent-ils encore attirer dans un contexte où ils ne semblent conçus que pour suivre le rythme effréné des publications des comics dont ils sont issus ?* »

« Nouvelles propositions formelles »

À bien y regarder, ce cynisme marketing n'empêche pas la créativité. Première série à inaugurer la verticale de la plateforme Disney+ au début de l'année 2021, *WandaVision* propose un détournement malin des codes de la sitcom. Dans cette série audacieuse, chaque épisode est associé à une décennie, en partant des années 1950. La scénariste Jac Schaeffer expérimente : dans l'affrontement final entre deux versions d'un même personnage, elle cite l'expérience de pensée du bateau de Thésée : si on remplace, au fil des années, toutes les parties d'un navire, s'agit-il toujours du même navire ? Marvel verse aussi dans la philo : « *La série finit par nous dire que le mieux à faire est de laisser mourir nos personnages préférés, surtout après un grand traumatisme*», décortique Océane Zerbini. «*J'aime bien que ces héros supposés immortels soient confrontés à leurs limites. Dans certains films, on rencontre des héros déprimés, en plein burn-out*», renchérit Richard Mèmeteau. La nostalgie déteint même sur les personnages du catalogue.

Avant de s'appeler Marvel, Timely Publications (dirigé par Martin Goodman) n'avait qu'un mot d'ordre: publier ce qui se vend. Et si on associe aujourd'hui la marque aux super-héros, l'éditeur américain a pourtant exploré d'autres styles, des comics humoristiques aux histoires d'horreur, en passant par la romance. Un éclectisme qui infuse les projets plus confidentiels du MCU. Jean-Christophe Detrain devine ainsi dans le récent *Werewolf by Night* (2022) la volonté du géant du divertissement d'explorer «*de nouvelles propositions formelles*». Réalisé (en noir et blanc!) par Michael Giacchino, le moyen-métrage raconte l'histoire d'un groupe secret de chasseurs de monstres. Dépourvu des habituelles références maison, il rend hommage au cinéma d'horreur des années 1930 et 1940. «*Tout comme* Shang-Chi *a introduit le genre du film asiatique de baston en 2021 et* She-Hulk *celui de la sitcom méta en 2022*», complète le producteur du podcast Les Clairvoyants, consacré au MCU.

Suffisant pour garantir un futur dépourvu de nostalgie bas du front? Le 22 février 2023, un internaute postait sur Twitter la conclusion douce-amère du premier *Captain America*, sorti en 2011. Résultat: 38 millions de vues, et des milliers de réactions mélancoliques: «*Les premiers films du MCU me manquent*», «*Ça, c'était la belle époque de Marvel*»... Cruel dilemme: à trop jouer la carte du souvenir, Marvel risque de lasser le grand public; mais à trop se diversifier, son univers pourrait perdre la cohérence qui faisait sa force. Un casse-tête qui ne semble pas effrayer le PDG des studios Marvel. Dans une interview accordée à *Entertainment Weekly* cette année, Kevin Feige annonçait: «*Les comics sont là depuis plus de quatre-vingts ans, je veux que les studios Marvel durent aussi longtemps, si ce n'est plus.*» Quatre-vingts ans... En quinze ans, le MCU a produit 32 long-métrages. À ce rythme-là, dans soixante ans, nous aurons survécu à... 128 films. «*La fin fait partie du voyage*», philosophait Tony Stark dans *Avengers: Endgame*. À méditer. ■

« *Être un* nerd *est devenu une compétence précieuse* »

Le succès d'Iron Man, c'est lui. La réhabilitation de Captain America aussi. Fan de comics, Kevin Feige ressuscite depuis la fin des années 2000 les super-héros défraîchis de l'univers Marvel. À la tête du Marvel Cinematic Universe (MCU), il a industrialisé la nostalgie et construit l'une des plus grandes épopées cinématographiques modernes. Entretien exclusif avec l'homme qui murmure à l'oreille des super-héros.

Propos recueillis par
Élisa Thévenet

1999. Sur le plateau du tout premier *X-Men*, le casting s'impatiente. Un jeune assistant de production de la 20th Century Fox vient de renvoyer pour la troisième fois Hugh Jackman dans sa loge. La styliste craque: *« Voilà ! »*, lance-t-elle, exaspérée, une bombe de laque à la main. La coiffure de l'interprète de Wolverine est démesurée, mais l'assistant d'à peine 26 ans est enfin satisfait: *« C'est à ça que doit ressembler Wolverine ! »* Mordu de comics, Kevin Feige ne tolère aucune approximation.

Vingt-quatre ans plus tard, le *fanboy* est devenu PDG des studios Marvel. Producteur le plus puissant d'Hollywood, le quinquagénaire compte trente-deux films Marvel à son actif, dont quatre figurent parmi les dix plus grands succès de l'histoire du cinéma. Casquette invariablement vissée sur la tête – il en possède plus d'une centaine –, Kevin Feige fuit les médias. Le faiseur de super-héros est un homme de l'ombre. Allergique à la promo et férocement mutique lorsqu'il s'agit d'évoquer l'avenir du MCU, il avait accepté en 2019 de revenir sur son parcours à la sortie d'*Avengers: Endgame*, point d'orgue d'un rêve d'ado à 356 millions de dollars. *Usbek & Rica* accueille dans ses pages cet entretien inédit, réalisé un soir d'août dans le quartier de Soho, à Londres, et exhumé dans un élan de nostalgie.

USBEK & RICA *Avengers: Endgame* conclut une aventure de plus de douze ans. Êtes-vous nostalgique de ces années d'exploration ?

KEVIN FEIGE J'ai tendance à être facilement nostalgique, et c'est aussi ce dont parle *Endgame*. C'est un film qui embrasse la nostalgie et trouve une place à celle que nous avons développée pour tous les films que nous avons réalisés. Mais j'ai dépassé ce moment, je suis entré dans l'excitation de la nouveauté [*avec les phases 4, 5 et 6 lancées par* Black Widow, *ndlr*]. On commence quelque chose d'autre, qui reste enraciné dans tout ce que nous avons construit, mais qui prend une autre direction.

U&R Le premier cycle de Marvel se termine sur une boucle temporelle, un phénomène qui vous obsède depuis la sortie de *Retour vers le futur 2*. Faut-il y voir une influence ?

K.F. C'est sans aucun doute le film qui a le plus influencé *Endgame*. Je l'ai vu sept fois au cinéma à sa sortie en 1989. Il m'a poussé à réfléchir au paradoxe temporel, à la notion de chronologie alternative. Au lycée, je griffonnais sur mes cahiers le graphique de Doc Brown, avec toutes les trajectoires temporelles alternatives de 1985…

U&R On retrouve tout au long de votre carrière les effets de boucle mis en scène dans ce film…

K.F. J'ai vécu quelques moments assez surréalistes. J'ai commencé dans l'univers Marvel en travaillant sur le premier film des *X-Men* [*produit par la 20th Century Fox qui en possédait les droits d'exploitation, ndlr*], et maintenant que Disney a racheté Fox, Marvel remet la main sur la franchise. C'est assez incroyable ! Plus largement, enfant, les deux choses que je préférais au monde, c'était aller au cinéma et aller une fois par an à Disneyland avec ma famille. Aujourd'hui, les deux font partie de ma vie !

U&R Vous jouez un rôle central dans la construction éditoriale du MCU, c'est assez inhabituel pour un producteur. Vous n'avez jamais pensé à passer de l'autre côté de la caméra ?

K.F. Tous les étudiants qui intègrent une école de cinéma pensent qu'ils veulent devenir réalisateurs [*Kevin Feige a étudié à la USC School of Cinematic Arts pour suivre les traces de George Lucas et Ron Howard, ndlr*]. Mais ce que je voulais vraiment, c'était avoir un rôle créatif, avoir de l'impact sur les films. Certains producteurs s'assurent que les trains arrivent à l'heure, que l'argent est toujours là quand on en a besoin – et c'est essentiel –, mais ça ne m'intéresse pas. La seule chose qui m'intéresse, c'est la partie créative.

U&R Lors d'un discours à l'université de Californie du Sud en 2014, vous avez confié : *« J'ai la chance de vivre à une époque où le fait d'être légèrement anormal et socialement dysfonctionnel peut vous aider à faire carrière. »* Qu'entendez-vous par là ?

K.F. J'aurais pu sortir diplômé et entrer dans une industrie qui produisait massivement des films sur le sport ou inspirés par l'opéra. J'aurais pu travailler très dur, mais ça ne me serait pas venu naturellement. J'ai beaucoup de chance : les films que j'aime sont ceux que le grand public veut voir. Ça aurait pu ne pas être le cas, et ce ne sera pas forcément toujours le cas. Mais aujourd'hui, le fait d'être un *nerd* tout ce qu'il y a de plus classique – je tenais un journal pendant l'été 1989 dans lequel je notais tous les films que je voyais, combien de fois je les voyais, la qualité du son, etc. –, le fait d'être obsédé par la science-fiction et de pouvoir nommer tous les aliens de la Cantina [*le bar de* Star Wars, *ndlr*], a fini par devenir une compétence précieuse.

U&R L'équipe des Avengers est née dans les comics de Stan Lee et Jack Kirby en 1963, mais c'est sous votre impulsion que ses membres sont devenus des icônes de la pop culture. Si vous pouviez déjeuner avec l'un des héros du MCU, qui inviteriez-vous ?

K.F. La réponse la plus évidente, c'est Tony Stark. Il serait même vexé que je ne le lui propose pas, nous avons vécu tellement de choses ensemble entre le tout premier film [Iron Man, *ndlr*] et le tout dernier [Endgame, *ndlr*]. Mais ce serait vraiment très intéressant de se poser avec Nébula pour écouter son histoire. J'aime beaucoup l'évolution de ce personnage, c'était un méchant très unidimensionnel au début du premier opus des *Gardiens de la Galaxie*, puis on a découvert les sources de sa colère, on l'a vu évoluer dans *Infinity War*. La scène avec Tony Stark au début de *Endgame*, dans laquelle ils jouent avec des morceaux de papier, est sans doute l'une de mes préférées, parce qu'elle est si inattendue...

U&R On ne peut pas se quitter sans évoquer Stan Lee, le scénariste phare de Marvel... On dit qu'il vous surnommait Fearless Feige. L'êtes-vous vraiment, intrépide ?

K.F. C'est vrai, il m'a laissé un jour un message que j'ai gardé pendant des années qui commençait par : *« Hey, Fearless Feige, Stan Lee here. »* Je n'en croyais pas mes oreilles, Stan Lee m'avait donné un surnom. Est-ce que je n'ai peur de rien ? Non, au contraire, je suis perclus d'inquiétudes, mais je les laisse très rarement influencer mes décisions. Chez Marvel, on aime dire que parfois, le plus grand risque, c'est de n'en prendre aucun. Lorsqu'on a casté Robert Downey Jr dans le rôle d'Iron Man, beaucoup de gens nous ont dit : *« Euh... vous êtes sûrs ? »* Mais on le trouvait génial, on était sûrs qu'il porterait le film. Ce qu'on n'avait pas anticipé, c'est qu'il porterait tout un univers pour nous...

Excelsior ! ●

Petit lexique de la pop nostalgie

Dans la pop culture, la nostalgie est une histoire de forme autant que de fond. Au-delà des récits, elle s'exprime surtout à travers le recours à une poignée de formats emblématiques qui se sont imposés à Hollywood et dans les librairies. Voici un petit lexique pour y voir plus clair dans cet univers très jargonnant.

Texte
Pablo Maillé

REMAKE

Définition : Nouvelle version d'une œuvre littéraire ou cinématographique. Sur grand écran, on considère généralement que la première adaptation d'un livre est la version originale, et que les suivantes sont des *remakes*. Mais un film peut aussi être lui-même le *remake* d'un film original. Pour cela, il doit se rapprocher de sa source d'inspiration en matière d'intrigue, de personnages et de format, avec quelques ajustements en fonction des contextes – notamment lorsqu'il s'agit du *remake* d'un film étranger.
Exemples : *L'homme qui en savait trop* (1956) d'Alfred Hitchcock est le *remake* de son propre *L'homme qui en savait trop* (1934) / *Suspiria* de Luca Guadagnino (2018) est un *remake* du *Suspiria* de Dario Argento (1977).

REBOOT

Définition : « Redémarrage » d'une œuvre déjà établie. Seule différence avec le *remake* : le *reboot* assume de reprendre à zéro une intrigue et un univers qui ont déjà été installés par le passé. En cela, le terme est théoriquement réservé aux franchises qui se sont étendues pendant plusieurs années au-delà d'un seul film et ont créé une véritable continuité entre elles. Une continuité que le *reboot* vient donc rompre et remplacer en faveur d'un nouveau *statu quo*.
Exemples : *Man of Steel* (2013) est un reboot de la précédente franchise *Superman* (1978-2006) / *Ninja Turtles* (2014) est un reboot des *Tortues Ninja* (1990-1993).

PREQUEL

Définition : Au Québec, on parle plutôt de « présuite » ou d'« antépisode ». Soit une œuvre dont l'histoire précède celle d'un film ou d'un roman antérieurement créé, le plus souvent afin de raconter l'origine des personnages et des événements de l'œuvre originale. À noter qu'on parle de « *midquel* » lorsque l'intrigue se déroule au milieu d'une autre œuvre, et d'« interquel » lorsque l'intrigue se situe entre deux autres œuvres.
Exemples : *Gargantua* (1534) de Rabelais est un *prequel* de *Pantagruel* (1532) du même Rabelais / Le film *Twin Peaks: Fire Walk With Me* (1992) est un *prequel* de la série *Twin Peaks* (1990-1991).

SEQUEL

Définition: En français, on appelle ça une suite, tout simplement. Littérature, jeux vidéo, cinéma, télévision, peu importe le support, le *sequel* est une œuvre se déroulant dans le même univers de fiction que celle à laquelle elle se rattache. Elle raconte une histoire ayant lieu – plus ou moins – après celle qui est narrée dans la création initiale.
Exemples: Le jeu vidéo Tomb Raider II (1997) est le *sequel* de Tomb Raider (1996) / Le roman d'Alexandre Dumas *Vingt ans après* (1845) est le *sequel* de ses *Trois Mousquetaires* (1844) / La bande dessinée *La Serpe d'or* (1962) est la suite d'*Astérix le Gaulois* (1959).

LEGACYQUEL

Définition: Mot-valise qui rassemble *« legacy »*, pour « héritage », et *« sequel »*, pour « suite ». Le terme a été créé il y a quelques années par le journaliste spécialisé Matt Singer. Selon *Télérama*, ces films viennent compléter une saga en général ancienne, *« tout en jouant sur la nostalgie que celle-ci provoque afin de connecter les publics jeunes et anciens et de capitaliser sur de grands noms dont le succès commercial et d'estime est déjà bien installé »*.
Exemples: La nouvelle trilogie *Star Wars* (2015-2019) est un *legacyquel* de la trilogie *Star Wars* originale (1977-1983) / La saga *Creed* (2015-2023) est un *legacyquel* de la saga *Rocky* (1976-2006).

SPIN-OFF

Définition: Œuvre de fiction centrée sur un ou plusieurs personnages, généralement secondaires, liés à une œuvre préexistante, évoluant dans le même univers. Le format du *spin-off* se distingue par la profondeur qu'il permet de donner à certaines intrigues laissées de côté ou inexpliquées dans une œuvre originale, surtout si celle-ci est d'une grande ampleur. À noter qu'un *spin-off* peut aussi être appelé un *« sidequel »* lorsqu'il se produit dans le même laps de temps que l'originale (en japonais, on parle même de *« gaiden »*, qui se traduit par « histoire parallèle »).
Exemples: La série *Better Call Saul* (2015-2022) est un *spin-off* de *Breaking Bad* (2008-2013) / Le roman *La Ballade du serpent et de l'oiseau chanteur* (2020) est un *spin-off* de la trilogie *Hunger Games* (2008-2010).

CROSSOVER

Définition: On parle de *« crossover »* quand deux ou plusieurs univers fusionnent en un seul contenu, souvent événementialisé par ses producteurs. Potentiellement épique, mais aussi contraignant (dans la mesure où les codes de deux univers distincts doivent être respectés), le *crossover* est particulièrement utilisé dans les comics et les séries.
Exemples: Le film *Godzilla vs Kong* (2021) / Le téléfilm *Derrick contre Superman* (1992).

Face à la multiplication de ces formats empreints de nostalgie, l'agence américaine Day One a utilisé, dans son cahier de prospective *Predictionary* paru au début de l'année 2023, le terme « fratigue ». Ce néologisme désigne une forme plus ou moins prononcée de lassitude face à la surabondance de contenus dérivés d'un produit original, notamment au cinéma. *Star Wars VII*, *Top Gun* 2, *Fast & Furious* 7... Ressenti par un nombre croissant de spectateurs aux quatre coins du monde, ce sentiment de trop-plein serait à même de bientôt faire s'effondrer les édifices bâtis à coups de *spin-off*, *reboots* et *crossovers* par les grands studios. Et Day One d'envisager carrément l'avènement d'une future *« ère de l'austérité »* au sein d'Hollywood. À suivre... ●

réalisé par Éric Senabre

Ce que veulent les fans

Mélanie Bourdaa

Jennifer Cardenas

Nathalie Heinich

Henry Jenkins

Gabriel Segré

Pour les créateurs, les fans sont-ils vraiment une bénédiction ? La ferveur des plus extrêmes, démultipliée par la puissance d'Internet, ne finit-elle pas par en faire les fossoyeurs inconscients de nouveaux univers ?

« Le fan est la part d'ombre de l'admirateur, son double négatif et obscur », écrit l'universitaire Gabriel Segré dans le Publictionnaire, « dictionnaire encyclopédique et critique des publics », une œuvre collective accessible en ligne. Pour le socio-anthropologue de Paris-Nanterre, spécialiste des mythes profanes et de la figure du fan, ce dernier se caractérise *« à la fois par l'excès (trop enthousiaste, trop passionné, trop excessif, trop exalté, trop immature, trop investi, trop affectif, trop adorateur, trop dévoué) et le manque de distance, de réserve, de modération, de maturité, d'équilibre »*. Fichtre ! Voilà un cadrage qui ne donne guère envie de revendiquer une telle étiquette.

Un peu plus loin, l'auteur rappelle les repères historiques proposés par la sociologue Nathalie Heinich, spécialiste de la figure moderne de l'artiste. Ainsi, le terme « fan » aurait connu son véritable envol à la fin des années 1950 (et plus certainement autour de 1958), après avoir été utilisé dans sa forme non contractée (fanatique, ou l'anglo-saxon *fanatic*) tout au long du XIXe siècle à travers le journalisme sportif (eh oui) puis les arts. Le mot, dans son sens premier, signifie « serviteur du temple », et il ne s'est à vrai dire jamais départi de son origine mystique. Si l'on parle toujours de fanatiques religieux (*« dominés par une foi aveugle et intolérante »*, précise le dictionnaire), la passion pour une œuvre ou un artiste, quand elle relève du fanatisme, renvoie au fond aux mêmes excès, quelque part entre exclusivité et dévotion extrêmes. Le temple est toujours là ; il a seulement changé de forme.

Conservateurs ou réactionnaires ?

La passion du fan, aujourd'hui, ne se cristallise plus seulement autour d'une personne. On peut être fan d'un film, d'une série, d'un livre, d'une marque ou même d'un objet. Quel que soit le sujet dont le fan s'empare, son rôle de « gardien du temple » demeure : il est là pour veiller à l'intégrité du culte. Et comme avec les religions, s'il n'est pas impossible de délaisser un culte pour un autre, il est beaucoup plus rare de chercher à bousculer les dogmes, les croyances, la structure et les horizons, comme l'histoire s'est appliquée à nous le démontrer. En clair, une fois que l'objet du culte est plus ou moins délimité, les fans veillent à ce que plus rien ne vienne le modifier ou le ternir. Dans sa thèse intitulée « To Affinity and Beyond: A Qualitative Exploration of Fandom Learning, Empathy, and Reactionary Fandom Culture », la sociologue texane Jennifer Cardenas consacre justement de nombreuses pages à décrire le tournant extrême que le *fandom* a pris au cours des dernières années – un phénomène qui, sans être majoritaire, est loin d'être marginal.

On pourrait croire les créateurs d'imaginaires placés sur un piédestal mais, en réalité, seules leurs œuvres le sont. Une fois qu'un « canon » est en place, il devient compliqué d'y revenir – sous peine de s'aliéner ses propres fans. C'est le cauchemar décrit par Stephen King dans *Misery*, où un romancier est séquestré par une admiratrice démente qui, d'abord énamourée, se transforme en harpie meurtrière quand elle découvre quel sort il a réservé à son

Une fois que l'objet du culte est plus ou moins délimité, les fans veillent à ce que plus rien ne vienne le modifier ou le ternir.

héroïne favorite. Le thème du roman n'est pas tant l'idolâtrie que la réappropriation d'un contenu par le public… et la fureur que celui-ci peut éprouver s'il se sent floué.

Impression de vase clos

Plus proche de nous, il suffit de taper « *Game of Thrones* + fans + furieux » dans Google pour contempler un florilège des réactions au moment de la diffusion du très décrié dernier épisode de la série. Les exemples de ce type ne manquent pas, entre conclusions reniées (*Lost*) ou précisions jugées a posteriori hérétiques (J. K. Rowling, la créatrice de la saga *Harry Potter*, avait créé la polémique en déclarant que Dumbledore était homosexuel). Même déifiés, il semble que les créateurs, une fois les fondations posées, soient priés de rendre les clés aux simples mortels. Comme si, dans une large mesure, le reste ne les regardait plus. En 2018, le réalisateur Christopher McQuarrie, dans un entretien accordé en 2018 au site Collider, avait choisi de porter sur le phénomène un regard plus attendri que critique : « Star Wars *ou les films Marvel* […] *viennent de la jeunesse* [des fans]. *C'est la même chose que les histoires de feu de camp et, dans certains cas, c'est le tissu même de leur enfance. C'est quelque chose qu'ils ont à cœur de protéger.* »

Cette fidélité extrême est une arme à double tranchant. Pour les créateurs, elle est indéniablement un encouragement à poursuivre l'exploration d'un imaginaire, et la promesse – sinon l'assurance – d'un succès commercial *(voir notre enquête sur Marvel p. 43)*. Mais dans le même temps, elle limite indirectement les velléités de chercher d'autres voies. L'aura exceptionnelle que certains mondes ou personnages ont dans l'imaginaire collectif, provoque une impression de vase clos, où vivoterait un nombre finalement assez limité de thèmes et d'univers. Dracula, Sherlock Holmes, Cthulhu, Godzilla, James Bond, *Dune*, *Star Wars*, *Star Trek*, Marvel, Bruce Lee, DC… Sans les fans, on se contenterait probablement des œuvres originelles (on a vécu plutôt bien avec une seule trilogie *Star Wars* pendant seize ans). Aujourd'hui, la seule existence de *fandoms* colossaux justifie que l'on continue à revenir encore et encore aux mêmes motifs, invisibilisant d'autres propositions.

Le paradoxe des *fanfictions*

On a beaucoup loué le phénomène de « convergence » et de « culture participative » théorisé par l'essayiste américain Henry Jenkins (notamment dans son livre *By Any Media Necessary: The New Youth Activism*, NYU Press, 2016), grâce auquel les fans ne sont plus des consommateurs passifs, mais de véritables acteurs de leurs imaginaires favoris, qu'ils prolongent de multiples manières : réseaux, wikis, promotions, actions… et bien entendu créations originales – les fameuses *fanfictions*. Pour le coup, la liberté de celles-ci offre un paradoxal contraste avec le conservatisme affiché par ailleurs : il y a une réappropriation à un degré extrême qui, dans certains cas, n'hésite pas à bousculer les règles. Pourquoi ? Parce que ces *fanfics* sont conscientes de leur propre nature ;

elles sont « hors canon », en marge de la source officielle, et peuvent donc prendre toutes les libertés. Mais alors, comment définir ce qu'est *la* source officielle ? Pourquoi, finalement, le *James Bond* cuvée 2022, poussé par une équipe qui n'a plus rien à voir avec celle des premiers films (et encore moins avec les romans de Fleming), serait-il plus *canonique* que ce qu'un fan assidu aurait pu imaginer ?

Dans sa thèse sur les fans d'*Harry Potter* (« La cristallisation communautaire des fans de la saga *Harry Potter* : rapports de force et enjeux de pouvoir au sein du *fandom* des *Potterheads* »), Maureen Simon-Dou expose les relations compliquées que le *fandom* entretient avec les représentants de l'industrie culturelle ; une relation hiérarchique, qui se défend de l'être. Implicitement, il ressort de cette étude que la légitimité à officialiser un prolongement d'univers réside entre les mains de ceux qui ont le pouvoir de diffuser une œuvre et ses dérivés avec le plus d'impact. Même lue dix millions de fois, une *fanfiction* ne pèsera jamais lourd face à un blockbuster hollywoodien.

Les *fanfictions*, au fond, ne font qu'enfoncer le clou en démultipliant de manière exponentielle la portée d'une œuvre ou d'un univers. Et même si, après tout, chacun a bien le droit d'écrire ou de créer ce qu'il veut, on peut considérer qu'*Harry Potter* n'avait peut-être pas besoin de 834 000 *fanfictions* (chiffre avancé par le site fanfictions.net), et que certaines plumes prometteuses auraient davantage bénéficié au monde en proposant des créations originales.

Les fans au pouvoir

Dans une interview vidéo accordée à Times Radio, l'acteur et scénariste britannique Mark Gatiss (*Sherlock*, *Doctor Who*) s'émouvait il y a quelques mois du « *sentiment de droit* » développé par certains fans. « *La nostalgie est devenue une arme* », déclarait-t-il alors à propos du *reboot* de *Doctor Who* auquel il avait contribué. Toutefois, il prenait soin d'ajouter que l'image de fans hystériques révoltés par les choix de tel ou tel créateur était une déformation de pensée (dont il avait lui-même fait les frais) très largement suscitée par la fréquentation trop assidue d'Internet. « *La plupart des gens ne font que regarder*, précise-t-il, *ces exemples sont loin de représenter la majorité.* » Un avis très largement partagé par Mélanie Bourdaa, chercheuse à l'université de Bordeaux-Montaigne, dans un article publié en 2020 par la revue *Effeuillage* : « *Le terme fan contient encore un aspect péjoratif qui est amplement véhiculé par les médias de masse. La mise en avant quasi systématique de fangirls hystériques ou de fanboys obsessionnels entretient l'idée que les fans sont des publics illégitimes, hors de contrôle et marginaux.* » Toutefois, on ne parle ici que du public. L'impasse dans laquelle se trouve aujourd'hui l'imaginaire repose aussi, en grande partie, sur la prise de pouvoir que certains fans (ou, disons, ex-fans) ont opéré dans le cadre officiel. Mark Gatiss est un fan. L'acteur Simon Pegg (*Star Trek*, *Mission impossible*) est un fan. Kevin Feige (président de Marvel Studios) est un fan *(voir notre interview p. 48)*. Et il est tout à fait possible de retourner contre eux la petite phrase de

Même lue dix millions de fois, une *fanfiction* ne pèsera jamais lourd face à un *blockbuster* hollywoodien.

Christopher McQuarrie citée plus haut: eux aussi écrivent avec ce qui constitue *« le tissu même de leur enfance »*. Ces auteurs, pour ne citer qu'eux, sont tous de la même génération: nés à la fin des années 1960 ou au début des années 1970, ils ont débarqué dans un monde où une culture populaire se mettait en place dans tous les genres (musique, séries télévisées, cinéma, littérature). Ils ont donc été des fans comme les autres… avant d'accéder au pouvoir suprême. Impossible à ce titre de ne pas évoquer aussi Jon Favreau, l'homme derrière l'avènement de l'univers cinématographique Marvel et des séries *Le Mandalorien* et *Le Livre de Boba Fett*, que les réseaux sociaux ont d'ailleurs épinglé dans un *meme* supposé le représenter en train d'écrire ces mêmes séries… et montrant en fait une photo vintage de deux gamins s'amusant avec leurs jouets *Star Wars*.

L'enfance sans fin

Un dernier exemple? Simon Kinberg, né en 1973, a été le scénariste de *X-Men: l'affrontement final* (2006) et de *X-Men: Dark Phoenix* (2019), qui se focalisent sur l'arc narratif emprunté au comics, celui qui a marqué n'importe quel amateur de Marvel né à cette période (que tous ceux qui repensent à la sortie du *Spécial Strange* n° 33 comme à un des moments les plus difficiles de leur vie lèvent la main).

D'où, sans doute, cette situation d'éternel retour, où les créateurs contemporains peuvent enfin réaliser des *fanfictions* « officielles », avec parfois beaucoup de brio, mais en donnant l'impression qu'ils n'ont pas fait le deuil de leur enfance.

Simon Pegg, consacré roi des *geeks*, porte d'ailleurs un regard très lucide sur la situation: *« Une partie de moi regarde la société telle qu'elle est aujourd'hui et pense qu'on a été infantilisés par nos propres goûts. »* L'acteur et scénariste a apporté une suite passionnante à cette déclaration sur son propre blog, dans un article intitulé « Big mouth strikes again ». Selon lui, sa génération est la première à avoir bénéficié d'une telle *« extension de la jeunesse »*, qui ne nécessitait plus de devenir adulte une fois la majorité atteinte. D'où cette pulsion de revenir, encore et encore, aux mêmes œuvres *« réconfortantes »*. Et l'acteur anglais de conclure en ces termes: *« D'un côté, c'est une chose merveilleuse que de voir ce qui était autrefois des préoccupations marginales devenir mainstream, mais en même temps, ces préoccupations ont également été monétisées et commercialisées et ce qui les rendait précieuses à nos yeux n'est plus toujours la préoccupation première. »*

Que faire alors? Attendre que les quinquas actuels finissent par céder les manettes, en espérant que les générations futures, nourries aux adaptations d'adaptations, en auront légitimement assez et briseront enfin ce cycle infernal? Étrange situation que celle où l'enthousiasme a fini par devenir son propre poison… ●

LES GARDIENS DE LA GALAXIE
VOL.1 POTTERHEADS
VOL.2 SPICEMANIA
FRIENDS VOL.3
DRAGON BALL Z VOL.4
VOL.5 LES SIM'S
RÉALISÉ PAR ÉMILIE ÉCHAROUX, PABLO MAILLÉ, ÉTIENNE DE METZ, MATHILDE SIMON

Les Potterheads, snobs mais inclusifs

Texte
Émilie Écharoux

Qui sont-ils ?

On les croise en meute aux abords du studio Warner Bros. de Londres, sur les quais bondés de la gare de King's Cross, ou affairés à prendre des photos devant le viaduc de Glenfinnan, dans les Highlands. Reconnaissables à leur dialecte ponctué de formules magiques, les Potterheads vouent un culte à la saga *Harry Potter* de J. K. Rowling, dont les sept tomes, écoulés à plus de 600 millions d'exemplaires, ont été adaptés sur grand écran entre 2001 et 2011. De quoi laisser une empreinte indélébile sur toute une génération d'adolescents devenus aujourd'hui parents, qui partagent désormais leur passion avec leur progéniture, entretenant dans la durée la Pottermania.

Spécificités

L'histoire du célèbre sorcier orphelin rassemble autant les filles que les garçons. C'était vrai il y a vingt ans, ça l'est encore aujourd'hui, et c'est suffisamment rare pour être signalé. À noter que les Potterheads lisent *La Gazette du Sorcier*, écoutent et jouent de la musique de sorciers (le wizard rock), ne craignent pas de tester *in real life* les recettes de cuisine créées dans leur saga préférée (on vous conseille la Bièraubeurre) et pratiquent le Quidditch, une variante du basket, mais à califourchon sur un balai.

Dress code

Écharpe aux couleurs d'une des maisons de l'école de magie Poudlard autour du cou (mention spéciale pour Gryffondor et ses couleurs rouge et or), baguette en poche et cape sur le dos, les Potterheads arborent aussi parfois des tatouages, le plus souvent à l'effigie des personnages principaux de la saga (mais certains n'hésitent pas non plus à s'encrer sur la peau la paire de lunettes ou l'indémodable cicatrice d'Harry, voire le symbole des reliques de la mort pour les plus *nerds*).

Rite de passage

Vers ses 12 ans, tout jeune collégien se doit de lire *Harry Potter* afin de terminer la saga au moins avant la fin du lycée. Une façon de vivre chaque année de son adolescence au rythme de la scolarité mouvementée d'Harry, Ron et Hermione. Une fois les années collège passées, c'est tous les hivers, au coin du feu, que les vrais amoureux de la saga se (re)plongent dans l'univers de Poudlard.

Record

Les Potterheads achètent chaque année des millions de statuettes à l'effigie des principaux personnages de la saga. Les objets dérivés estampillés *Harry Potter* constituent ainsi les produits les plus vendus sur le site d'e-commerce Etsy, avec plus de 300 000 ventes enregistrées en moyenne par an.

Réputation

Snobs mais inclusifs, les fans d'*Harry Potter* aiment citer une étude publiée en 2014 dans le *Journal of Applied Social Psychology* où l'on découvre que la lecture de la saga améliorerait considérablement la perception qu'ont les jeunes des groupes stigmatisés tels que les immigrés, les homosexuels ou les réfugiés.

Controverse

Une partie des Potterheads se sont affranchis de J. K. Rowling, critiquée pour avoir tenu des propos jugés transphobes. Malgré les divisions autour de leur mère spirituelle, les fans s'épanouissent en laissant libre cours à leur imagination dans des fanfictions leur permettant de repousser le point final de la saga. Avec plus de 834 000 fanfictions dénombrées à ce jour, la Pottermania ne semble pas sur le point de s'essouffler. ●

Les fans des Spice Girls, en bande pailletée

Texte
Mathilde Simon

Qui sont-ils ?

La spicemania traverse les générations depuis 1996 et la sortie de *Spice*, premier album du *girls band*. Éternels adolescents, les fans de la première heure entretiennent leur passion grâce à la mode (en témoignent les listes de fringues clinquantes qu'ils enregistrent sur Vinted). Difficilement avouable dans les *nineties*, beaucoup moins à l'ère de TikTok : énormément de garçons savent parfaitement reproduire les chorégraphies emblématiques des icônes de la pop britannique.

Spécificités

Il est rare de croiser une fan des Spice Girls seule ; rien ne la fait plus vibrer que d'être entourée de sa bande d'amies. Son moment préféré pour sentir l'énergie de la sororité et du *girl power* ? Sans conteste les soirs de week-end, quand elle sort les matelas supplémentaires pour improviser une soirée pyjama et mater une énième fois *Spice World*, le film où la bande des cinq plonge sa *fan base* dans les coulisses d'une vie de star.

Dress code

Justaucorps pailleté, couleurs flashy, accessoires en tout genre… L'armoire est sans conteste l'espace où s'exprime le mieux la créativité des fans de Geri, Victoria, Emma, Mel B et Mel C. Le *crop top* est le bienvenu, surtout s'il est porté avec un pantalon taille basse et des bottines (très) compensées. Souvent, des macarons sont maintenus par des chouchous fluorescents brillant presque autant que la couche de *gloss* qui encadre un sourire à toute épreuve.

Rite de passage

Quand deux admiratrices des Spice Girls se croisent, deux questions se posent, littéralement : 1) Quelle est ta « Spice » préférée ? 2) Quel surnom et quel profil aurais-tu choisis si tu avais été sélectionnée lors du fameux casting de 1994 à l'origine de la constitution du groupe ?

Record

La spicemania repose largement sur le *merchandising*. Et pour cause : les pop stars anglaises ont signé du temps de leur splendeur quantité de contrats de sponsoring et d'objets à leur effigie. Difficile de trouver une vidéo d'époque des filles sans un Pepsi à la main ou une Chupa Chups collée aux lèvres.

Réputation

Tapageuses, bordéliques, les fans des Spice Girls sont impossibles à louper. La bonne humeur les suit partout. Pour intégrer leur cercle, mieux vaut maîtriser certaines *private jokes* réservées aux initiés. L'effet de groupe les empêche parfois de faire preuve de lucidité. Comme leurs idoles qui, un jour de 1997 dans une boîte de Bali, ont dansé en compagnie de rugbymen amateurs leur version du Ka Mate (un *haka* réservé aux hommes dans la culture maorie).

Controverse

Féministes, les Spice Girls ? Pendant vingt ans, les filles épicées se sont vu reprocher – par les tabloïds anglais notamment – leurs moindres faits et gestes. Mais les fans de la Gen Z sont plus tolérantes : la solidarité féminine passe avant tout, donc hors de question de descendre une comparse (même couverte de paillettes). ●

Les fans de *Friends*, sympas mais excessifs

Texte
Pablo Maillé

Qui sont-ils ?

En France, fin 2022, on les a vus se ruer porte de Versailles où se tenait « The Friends Experience », exposition immersive permettant aux visiteurs de redécouvrir les décors de la série. Laquelle fut diffusée entre 1994 et 2004 sur NBC (236 épisodes de 22 minutes) écrite par le duo Marta Kauffman/David Crane. Le pitch ? Simplissime : le quotidien de six amis new-yorkais approchant doucement la trentaine.

Spécificités

La légende raconte que Kim Nam-joon, le leader du groupe de K-pop BTS, a appris l'anglais uniquement grâce au visionnage de *Friends* durant son adolescence. Populaire sur tous les continents, la série au générique culte (« I'll be there for you » des Rembrandts) réussit à rassembler grâce à ses thématiques universelles (rencontres et déceptions amoureuses, désillusions professionnelles, fâcheries et réconciliations entre amis), sans pour autant renier son identité de sitcom *made in USA* (en témoignent les rires enregistrés du public).

Dress code

Dans un épisode culte, Ross décide de porter un pantalon en cuir pour un *date*… mais celui-ci rétrécit à cause de la chaleur, contraignant l'intéressé à sortir des toilettes son froc plié en boule à la main. Sinon, le *dress code* est typiquement *nineties* : T-shirt blanc *casual*, pull ample, jean taille haute. À noter que Jennifer Aniston (Rachel dans la série) est devenue une icône du mouvement #FreeTheNipple car elle apparaît sans soutien-gorge dans la plupart des épisodes.

Rite de passage

Avec dix saisons au compteur, la série n'est pas adaptée au *binge-watching*. Les *Friends addicts*, après un premier visionnage exhaustif, ont plutôt l'habitude de s'enfiler quelques épisodes en cas de coup de mou – si possible entourés de leurs proches, histoire de leur transmettre le virus.

Record

Les six principaux acteurs de la série sont parvenus à négocier 1 million de dollars par épisode (et par tête) lors des deux ultimes saisons. *« Soyons honnêtes, c'est assez ridicule, c'est exagéré ! »*, a reconnu en 2014 Marta Kauffman. Sans rire…

Réputation

Sympas mais excessifs, les fans de *Friends* n'hésitent pas à vous faire passer pour un loser absolu tant que vous n'avez pas rejoint leur clan. Mais pour combien de temps encore ? La *« réunion »* des stars de la série, diffusée en mai 2021, donnait franchement l'impression d'assister à un ultime baroud d'honneur nostalgique.

Controverse

Outre ses blagues tendancieuses, voire lourdingues *(voir p. 74)*, *Friends* s'inscrit sans le revendiquer dans l'héritage d'une série moins renommée. *Living Single*, diffusée au début des années 1990, raconte elle aussi la vie de six amis de Brooklyn. La différence ? Tous les acteurs sont noirs. Pour réhabiliter ce patrimoine oublié, le rappeur Jay-Z a sorti en 2017 un clip (« Moonlight ») où des acteurs afro-américains parodient l'univers de *Friends* dans les décors de la série. ●

Les fans de *Dragon Ball*, loyaux et musclés

Texte
Émilie Écharoux

Qui sont-ils ?

Les fans du manga *Dragon Ball*, arrivé en France en 1993, célèbrent chaque 9 mai leur *shonen* préféré, qui a ouvert la voie à tant d'autres, à commencer par *Naruto* et *Bleach*. Riche en concours de *fan art*, de *cosplay* et de *mèmes*, cette fête nationale de niche met à l'honneur les 42 tomes dessinés par Akira Toriyama, les 804 épisodes de l'animé et les 19 films dérivés du manga.

Spécificités

Force, résilience, loyauté. Tels sont les grands préceptes des fans de Son Goku et Broly. Majoritairement masculin, le *fandom* de *Dragon Ball* (*DB* pour les intimes) laisse peu de place aux femmes, dont les représentations sont désespérément sexistes. Quelques épisodes suffisent pour cerner la perversité d'un personnage comme Tortue Géniale, un papi à l'attirance malsaine pour les très jeunes femmes. Une culture toxique largement rejetée aujourd'hui par la communauté, en particulier les *fangirls* qui tentent d'affirmer leur place dans cet univers plein de testostérone.

Dress code

Si vous les croisez à la Japan Expo (rendez-vous incontournable des fans de manga) les aficionados de DB se remarquent : casquette aux couleurs de Vegeta, T-shirt orange à l'effigie de Kamé Sennin ou – pour les plus audacieux – cosplay complet de Freezer (tyran galactique violet aux cornes acérées).

Rite de passage

Passage obligé sur la route des mangas d'aventure, *Dragon Ball* se pose en œuvre pionnière du genre *shonen* (qui cible les garçons), comportant plusieurs scènes de combat d'anthologie. Tout bon fan de *DB* se doit d'avoir lu tous les tomes de la série, vu toutes ses adaptations et, surtout, conseillé avec insistance sa lecture aux personnes attirées par le manga. Les plus chevronnés se lancent aussi dans la collection des figurines des différents personnages.

Fun Fact

Avec *Naruto* et *One Piece*, *Dragon Ball* est le manga qui a le plus inspiré les rappeurs français. D'Hicham à Jul en passant par Alpha Wann, Nekfeu ou PNL, ils sont nombreux à faire référence dans leurs textes ou leurs interviews à cette incarnation animée de la persévérance.

Réputation

Souvent perçus comme des *otakus*, des *geeks* qui n'auraient pas grandi, les fans de *DB* sont pourtant loin d'être des clichés sur pattes. Une étude dirigée par des chercheurs de l'université de Cadix, en Espagne, est venue le « prouver » en 2018, assurant que les *aficionados* de l'œuvre de Toriyama sont plus optimistes dans leur vision du monde, plus curieux, plus ambitieux professionnellement, et nouent plus facilement des amitiés avec des personnes qui partagent leurs intérêts.

Clash

Si divisions il y a entre fans (elles sont rares), elles concernent leurs préférences pour telle ou telle ère particulière de *Dragon Ball*. Car au-delà de *Dragon Ball Z*, dont la diffusion dans l'émission « Le Club Dorothée » a séduit des millions de jeunes téléspectateurs durant les *nineties*, le petit écran a proposé par la suite *Dragon Ball Super*, *Dragon Ball GT*, *Dragon Ball Z Kai* et *Super Dragon Ball Heroes*. De quoi donner aux fans le tournis – et surtout des tas de raisons de se chamailler. ●

Les Simmers, à la poursuite du diamant vert

Texte
Étienne de Metz

Qui sont-ils ?

Âgés de 7 à 77 ans, les Simmers (surnom des vétérans du jeu vidéo Les Sims) ont les yeux pixélisés à force de rester scotchés devant leur écran pour arpenter les quartiers virtuels de Veronaville ou Montsimpa. Plus de 60 % d'entre eux sont des joueuses, selon le magazine *Old School Gamer*. Vingt-trois ans après sa sortie, quatre volets et des dizaines d'extensions plus tard, le jeu de simulation conçu par Electronic Arts a toujours autant de succès. Les fans partagent leurs conseils sur une multitude de forums et de chaînes YouTube, comme celle de la renommée The English Simmer (côté francophone, on peut citer Kapands et Pixia).

Spécificités

Le Simmer n'a pas d'attributs physiques marquants, mais il porte parfois une casquette ou un T-shirt représentant le prisme vert (ou diamant) qui symbolise le personnage incarné par le joueur. Il lui arrive de proférer quelques bribes de *simlish*, le parler de son univers vidéoludique préféré. Ce langage, inventé par le créateur du jeu Will Wright, est un charabia mêlant un peu de français, d'anglais, d'ukrainien, de latin et de navajo. Preuve du rayonnement du *simlish*, des artistes comme Lily Allen ou Depeche Mode ont repris leurs propres chansons dans la langue des Sims.

Rite de passage

Le vrai fan des Sims connaît par cœur tout un chapelet de codes pour tricher (parmi lesquels les incontournables *« motherlode »* et *« testingcheatsenabled true »*). Spécificités du jeu ouvert, ils permettent de renflouer son porte-monnaie ou de court-circuiter certaines interactions sociales en trois clics. Rien que pour Les Sims 4, les fans hardcore dénombrent au moins 130 codes…

Record

Depuis la sortie du premier opus du jeu en 2000, les quelque 70 millions de Simmers recensés à travers le monde auraient créé plus de 1,6 milliard de Sims. Aujourd'hui, les plus jeunes prennent le relais, jusque sur TikTok où le hashtag #Sims cumule plus de 11,4 milliards de mentions.

Réputation

Les Sims permettent à tous ceux qui rêvent de contrôler le monde de mettre le pied à l'étrier. On y construit des maisons à décorer, on y crée des personnages à manipuler comme des pantins… Cette maison de poupée 2.0 permet aussi aux Simmers d'expérimenter une vie parallèle et de pouvoir mettre en scène leurs fantasmes dans l'anonymat le plus total. Certains *geeks* reproduisent ainsi des schémas sociaux simulant ceux de leur quotidien, quand d'autres envoient au contraire valdinguer tous les codes éducatifs hérités de leur enfance.

Diversité

En 2022, Les Sims ont proposé de nouvelles options, fluidifiant les identités sexuelles et de genre des avatars. De quoi explorer des normes différentes de celles préétablies. Pour donner une meilleure place aux avatars noirs, la communauté des Black Simmers a créé des contenus (on parle de *mods*) n'existant pas dans l'univers originel afin de rendre accessibles des coiffures, des vêtements ou un maquillage adaptés à d'autres couleurs de peau. ●

READY
PS
ONE
PRESS START
RÉALISÉ PAR
ÉLISA THÉVENET

Et si on adaptait *Elden Ring* aux graphismes de la Super Nintendo ? Ou plutôt si on transposait *Resident Evil 4* sur Game Boy Advance ? Insolite, le *demake* séduit une communauté confidentielle de joueurs fans de *retrogaming*. Plongée au cœur d'une pratique qui porte en elle l'ADN des contre-cultures.

« *Sang pâle...* » Je me réveille sur une table d'opération. Il fait sombre, très sombre, l'image est tremblotante et les bruitages rudimentaires. Sur mon écran, l'inventaire ressemble à celui des premiers *Tomb Raider*, mais l'esthétique victorienne et le fusil à pompe me rappellent furieusement *Bloodborne*, sorti en 2015 sur Playstation 4. J'avance. Plus aucun doute : je marche dans les rues de Yharnam, la ville gothique du RPG *dark fantasy* des studios FromSoftware. Pourtant, mes mouvements sont saccadés et les gerbes de sang de mes ennemis franchement pixellisées. « *Back to the future* », dirait Doc Brown. « *Si Bloodborne était sorti sur PlayStation 1* », répond la démo sur laquelle je m'arrache les cheveux depuis plus d'une heure. Car si les graphismes sont en basse résolution, la difficulté, elle, n'a rien à envier à son grand-frère modélisé sur PS4.

« *Quand* Bloodborne *est sorti, j'ai tout de suite accroché. C'est un jeu qui exige qu'on anticipe toujours plusieurs coups d'avance, il faut savoir lire son ennemi. Alors quand je suis tombée, en 2017, sur des compiles de* demake, *ça m'a vraiment inspirée. J'ai grandi avec les jeux vidéo, donc l'idée de prendre des jeux actuels et de les adapter aux anciennes consoles m'a tout de suite plu* », explique Lilith Walther, la développeuse derrière le projet *Bloodborne PSX*, sorti en janvier 2022, après treize mois de travail. La relecture basse def du premier chapitre de l'univers lovecraftien a séduit plus de 200 000 joueurs en seulement 72 heures. Un succès colossal qui a inspiré à sa créatrice un nouveau défi : adapter *Bloodborne* au *gameplay* de Mario Kart.

« Pratique de niche »

Demake (anglicisme) : « *Reprise d'un jeu vidéo moderne sur une plateforme plus ancienne* », fixe la définition de Wiktionary – le mot ne figure évidemment dans aucun dictionnaire papier. Le phénomène est intimement lié au Web 2.0. Ici, on parle en *bits*, on code sur Unity et on chine ses jeux indé sur itch.io. Pourtant, la tendance se démocratise. En quelques clics, on découvre même tout un catalogue : *Elden Ring* et *BioShock* version Super Nintendo, *Resident Evil 4* et *La Légende de Zelda* sur Game Boy Advance, *God of War*, *Cyberpunk 1997* ou *Uncharted* sur PS1, *Guitar Hero* sur NES... Si la plupart des titres sont de courts extraits animés, certaines versions – souvent nées lors de *game jams*, des hackathons vidéoludiques – proposent quelques heures de jeu. Et le public accroche : l'extrait du *demake* d'*Elden Ring* ? 1,8 million de vues sur YouTube. Celui de *God of War* ? 2,1 millions. Au cours des dernières années, des chaînes YouTube, à l'instar de 98Demake (239 000 abonnés) ou 64 bits (314 000), se sont spécialisées dans la production de ces détournements. « *Mais ça reste une pratique de niche qui s'adresse à un public très connaisseur* », tempère Yannick Rochat, professeur assistant en études vidéoludiques à l'université de Lausanne.

Comme les mastodontes d'Hollywood, les géants du jeu vidéo enchaînent les *remakes* et exploitent leurs licences stars *ad nauseam*. La saga *Assassin's creed* (Ubisoft) compte ainsi 13 jeux et 11 séries dérivées. Sur petit ou grand écran, mais aussi sur PC gamer, le constat est le même : la nostalgie rapporte. Deux jours après sa sortie, en mars 2023, le *remake* de *Resident Evil 4* s'était déjà écoulé à 3 millions d'exemplaires. Le *demake* semble tout simplement prolonger cet élan nostalgique. Mais pas seulement, répondent les joueurs et les chercheurs : *« Certes, il y a le plaisir de retrouver les sensations de vieilles consoles, mais c'est une pratique qui montre surtout que le photoréalisme n'est pas une fatalité »*, détaille Thomas Morisset, maître de conférences en philosophie à l'université Côte d'Azur. *La beauté n'est pas uniquement visuelle. Des formes de jeux qui ont trente ans ne sont pas nécessairement culturellement dépassées. »*

À l'ère des imposants triple A aux accents de films interactifs, cette question revêt toute son importance : *« Le* demake *est une résistance à l'obsolescence culturelle, véritable moteur de l'industrie du jeu vidéo. Ce n'est pas parce qu'on fait des progrès en matière de graphisme que le jeu est meilleur »*, note Pierre-Yves Hurel, chercheur en sciences du jeu vidéo et post-doctorant à l'université de Lausanne.

« Aucun but commercial »

La critique sonne politique. Sans surprise, le *demake* s'enracine dans la culture participative du Web. Il rappelle que les jeux vidéo se sont en partie construits grâce au partage de connaissances, de ressources et à la gratuité. La communauté – *« le public*, corrige l'universitaire lausannois, *il y a une multitude de petites scènes dans le jeu vidéo amateur plutôt qu'une communauté cohérente »* – est profondément liée à la culture et à l'éthique des hackers. Pour créer un *demake* de *Zelda*, il faut nécessairement s'approprier et détourner les marqueurs du jeu Nintendo.

Depuis 1980, près de 500 programmes et éditeurs de niveaux ont ainsi vu le jour pour permettre aux internautes de créer leurs propres maquettes. Une évolution technologique qui a ouvert les portes à de nombreux autodidactes. *« Il faut le voir comme la guitare ou le tricot le dimanche. Il n'y a aucun but commercial derrière »*, précise Pierre-Yves Hurel. Esthétique à contre-courant, terreau contestataire, réseau de créateurs : le *demake* porte en lui toutes les caractéristiques d'une contre-culture.

> « Le photoréalisme n'est pas une fatalité. La beauté n'est pas uniquement visuelle. »
>
> **Thomas Morisset, maître de conférences en philosophie à l'université Côte d'Azur**

Au-delà d'une lecture politique du phénomène, le *demake* est un exercice de style, l'expression d'une vision d'auteur. *« On revient au sens du jeu, à la mécanique, on réfléchit à l'action du joueur »*, détaille Yannick Rochat. Une démarche rétro-spéculative, un voyage dans le temps qui force la créativité. Les *demakes* sont des chimères, ils hybrident l'approche graphique d'un jeu, la gestion des déplacements d'un autre et l'inventaire d'un troisième.

Revenons à *Bloodborne*. Le gameplay de la version originale du jeu, sur PS4, est nerveux, les niveaux labyrinthiques et les décors fouillés. Comment retranscrire cette patte avec une caméra rigide et des textures approximatives ? « *Comme à l'époque, on n'avait pas de joystick pour gérer la vue, ils ont mélangé la caméra fixe de* Tomb Raider, *la caméra angle de* Resident Evil *et la vue du dessus de* Metal Gear », s'enthousiasme Jérémy, étudiant en *web design*.

Célébration du game design

Lorsque le jeune homme découvre le *demake*, le coup de cœur est immédiat. Lui qui a fait ses classes sur les consoles des années 2010 se plaît à dénicher les clins d'œil glissés par les développeurs à l'histoire du jeu vidéo. « *On célèbre le* game design, *c'est en partie une leçon d'histoire*, confirment les créateurs de la chaîne 64bits. *Si certains mécanismes de jeu ont l'air super modernes, ils ont mijoté dans la NES ou la SNES.* » Au fil des années, l'expérience de jeu s'est accélérée. Fini les enchaînements de clics pour s'équiper d'une arme et les trajectoires approximatives des personnages. Le maître mot ? Fluidité. Et si les processeurs sont passés de 33,9 MHz pour la PlayStation 1 à 3,5 GHz pour la dernière-née de Sony, l'expérience du joueur a-t-elle nécessairement gagné en intensité ? « *Je me sentais plus investi, plus immergé, plus en symbiose avec mon personnage, même s'il ne ressemblait à rien* », confie Jérémy à propos de *Bloodborne PSX*.

Et l'industrie vidéoludique dans tout cela ? Elle regarde la tendance avec méfiance. De nombreuses démos sont étouffées par les armadas d'avocats qui protègent les grands studios. Les matériaux utilisés leur appartiennent, donc ils peuvent interdire en un claquement de doigts ces adaptations et détournements de leurs jeux. Avec son *Mario Maker* – qui permet de créer des niveaux dans l'univers du plombier moustachu – et la récente intégration dans *Super Mario Odyssey* (2017) d'une version 8 *bits* de certains passages, Nintendo fait figure d'exception. La majorité des studios préfèrent délaisser le potentiel commercial de la pratique. Certes, le *demake* gagne chaque jour de nouveaux adeptes, mais il s'inscrit surtout à rebours d'une vision du jeu vidéo tournée vers les graphismes et la vitesse. En décortiquant le *gameplay*, il révèle les failles de certains géants du secteur. « *Le jeu doit rester amusant quand on enlève les gros effets graphiques* », confirment les créateurs de la chaîne 64bits. Alors oui, *Bloodborne PSX* a l'air d'appartenir à un autre temps, un temps où les textures étaient en papier mâché et les portes s'ouvraient avec des clés, mais il souffle un vent de fraîcheur sur une industrie qui s'empâte. Le *demake* pose une question essentielle : quelle promesse proposent aujourd'hui les géants du jeu vidéo ? Celle de machines plus performantes. Oui, mais pour quelle expérience de jeu ? ●

Pourquoi la Gen Z se réfugie-t-elle dans la littérature *cosy* ?

Sur TikTok, les ouvrages de *cosy fantasy*, qui se caractérisent par leur absence de péripéties, cartonnent auprès des adolescents. Comment expliquer le succès de cette littérature *feel good* ? Et si cette quête de réconfort traduisait moins les angoisses d'une génération flippée qu'une volonté très politique de redéfinir les codes de la littérature ?

Texte
Émilie Écharoux

Sur TikTok, elles cumulent à l'unisson plus de 20 millions de vues. Elles sont dédiées aux pouvoirs des plantes ou aux écoles de sorcières débonnaires. Réunies sous les hashtags #cozybooktok, #cozyfantasy et #cozyreader, les vidéos de recommandation d'ouvrages appartenant à l'imaginaire de la *fantasy* font un carton sur le réseau social préféré des 12-18 ans. Depuis le début de l'année 2023, les mêmes livres à l'atmosphère réconfortante y tournent en boucle, de *La Société très secrète des sorcières irrégulières* (Hodderscape, 2022, pas encore traduit en français) de la Britannique Sangu Mandanna à l'*Encyclopédie des fées d'Emily Wilde* (Del Rey, 2023) de la Canadienne Heather Fawcett. Leur point commun ? Des histoires aux intrigues simples, où la violence occupe une place minime, voire inexistante, et où la principale préoccupation du récit est le développement des personnages.

Autre exemple emblématique de cette nouvelle vague de succès littéraires, le roman *Légendes & Lattes* (Ynnis, 2023), de l'Américain Travis Baldree, s'est vendu à plus de 200 000 exemplaires en quelques mois seulement. En cours de traduction dans 13 langues, ce récit enchanteur met en scène Viv, une orc mercenaire qui, après des années d'aventures, raccroche son épée pour ouvrir le premier café de la ville, en compagnie de la succube Tandri. Loin des péripéties trépidantes dont la *fantasy* raffole d'ordinaire, cette tranche de vie imaginaire au manque d'action criant est l'un des ouvrages pionniers d'une nouvelle tendance, celle des *cosy stories*.

Un monde plus *« aimable »*

« Les récits de fantasy cosy *dans la veine de* Légendes & Lattes *sont en pleine expansion sur BookTok »*, constate Caity, influenceuse littéraire originaire de Melbourne, en Australie. Lectrice biberonnée à la fiction, à la romance, au fantastique et à la poésie, Caity, plus connue sous le pseudo @caityreads sur TikTok, a trouvé dans la fantasy une échappatoire rafraîchissante, loin des récits postapocalyptiques et autres dystopies devenus les stars indétrônables des rayons science-fiction des librairies.

Pour cette étudiante en littérature, les romans *cosy* sont même devenus essentiels à son bien-être : *« Nous vivons une période de plus en plus instable, avec une accumulation de crises qui se produisent simultanément aux niveaux national et mondial ; et je pense que cela a généré beaucoup d'impuissance chez les jeunes générations, la Gen Z en particulier*, avance cette bouquineuse chevronnée, tout juste âgée de 22 ans. *Face à un sentiment accru d'anxiété, la* cosy fantasy *offre du réconfort, du calme et une évasion sans pareille.* »

Le carton de la *cosy fantasy* s'explique aussi par le désir, chez beaucoup de jeunes lecteurs, d'une littérature plus inclusive, où les personnages « différents » ne seraient plus cantonnés dans des rôles marginaux et caricaturaux. *« Les œuvres canoniques de* fantasy, *celles qui génèrent encore aujourd'hui beaucoup de nostalgie, sont souvent celles d'hommes blancs, hétérosexuels, ayant vécu et écrit au début du* XXe *siècle*, souligne Manon Berthier, doctorante en littérature contemporaine. *En* fantasy *comme ailleurs, avec les lectures qui peuvent être qualifiées de* cosy, *il y a cette idée de proposer un nouveau canon davantage adapté aux envies de lecture du* XXIe *siècle.* »

Pouvoir de l'escapisme

La *cosy fantasy* n'est pas la seule représentante de ce qu'il convient d'appeler la « littérature de réconfort ». Elle s'inscrit notamment dans le sillage du courant de SF dit *hopepunk*, qui revendique un monde *« meilleur »* et plus *« aimable »*, selon les mots d'Alexandra Rowland, sa figure tutélaire : *« Le* hopepunk *affirme que la bonté et la douceur ne sont pas synonymes de faiblesse, et que dans ce monde de cynisme brutal et de nihilisme, la gentillesse est un acte politique, un acte de rébellion »*, écrivait la romancière américaine dans un post publié en 2017 sur Tumblr. Une intention qui séduit les plus jeunes lecteurs. *Un psaume pour les recyclés sauvages* (L'Atalante, 2022) de l'autrice californienne Becky Chambers, qui met en scène les tribulations de moines et de robots, connaît ainsi un sacré succès sur TikTok. Et ce malgré un parti pris stylistique et narratif particulièrement audacieux, avec une intrigue dénuée de rebondissements.

Avec la *cosy fantasy* et le *hopepunk*, plus besoin d'aventures rocambolesques pour s'évader : la joie et le rêve apparaissent comme des ferments suffisants pour exprimer une forme de rébellion apaisée. *« La notion d'échappatoire – en anglais on parle d'*escapism *– a longtemps été associée aux littératures de l'imaginaire, souvent au prisme du refus de grandir*, décrypte Manon Berthier. *Aujourd'hui, des auteurs et autrices revendiquent le pouvoir philosophique, psychologique et politique de cet escapisme.* »

Bonheur par procuration

La littérature de réconfort présente aussi un versant plus *mainstream* et moins politique. Il s'incarne dans les romans *feel good* d'écrivaines comme Virginie Grimaldi ou Aurélie Valogne, qui cartonnent depuis une bonne décennie dans les librairies françaises en mettant en mots des histoires de résilience. Un succès dans lequel se reflète le refus de la confrontation avec soi-même, selon Alain Jammy Schmidt, psychothérapeute et « bibliothérapeute » : « [Les lecteurs] *préfèrent s'identifier aux héros qui, eux, trouvent la force de devenir meilleurs*, défendait le chercheur dans les colonnes du magazine *Psychologies* en 2016. *En fait, ils rêvent d'être heureux sans tenter de l'être réellement. Or, si les livres possèdent une dimension thérapeutique,* [c'est] *parce qu'ils nous ouvrent les yeux sur nous-mêmes.* »

Aurélie Valognes, Sangu Mandanna et Becky Chambers, même combat ? Sans aller jusque-là, la grande famille que constitue aujourd'hui la littérature de réconfort semble moins exprimer la nécessité de bâtir un refuge face au péril de notre temps qu'une forme de résistance mentale et culturelle pour tenter de rendre ce dernier plus désirable. ●

« *Les* soap operas, *c'est de l'éducation populaire* »

Considérer *Les Feux de l'amour* ou *Plus belle la vie* comme des feuilletons féministes ne va pas de soi. Pourtant, les *soap operas* favorisent l'émancipation des téléspectatrices, nous disent l'historienne des médias Delphine Chedaleux, autrice de l'essai *Du savon et des larmes* (Amsterdam, 2022), et la journaliste Jennifer Padjemi, qui a notamment publié *Féminismes et pop culture* (Stock, 2021).

Propos recueillis par
Pauline Ferrari

USBEK & RICA Que recouvre exactement le format *soap opera* ?

DELPHINE CHEDALEUX Le terme a été inventé à la fin des années 1930 par des journalistes qui se moquaient des feuilletons qui, à l'époque radiophonique, étaient diffusés l'après-midi à destination des femmes au foyer. Ils ont appelé ça *« soap opera »*, car ces programmes étaient financés par des entreprises de cosmétiques et de produits ménagers. Au départ, les soaps étaient donc des véhicules publicitaires à destination des femmes au foyer. Quand on parle de *soap*, on parle de feuilletons sentimentaux sans fin qui explorent la sphère privée à partir d'un point de vue féminin.

JENNIFER PADJEMI Aujourd'hui, quand on parle de *soap*, il y a une dimension péjorative, quelque chose de l'ordre du féminin au sens de « moins bonne qualité », l'idée que ce n'est pas de la télévision « prestige ». On a oublié d'où ça venait. Une série comme *Beverly Hills*, où il y a des entremêlements d'histoires, des rebondissements d'intrigues, des *cliffhangers*, du *drama* à outrance, ça s'inspire du *soap* !

D.C. Dans les années 1980, les séries américaines en *prime time* y ont puisé tout un tas de techniques narratives. Certaines chercheuses, comme Elana Levine, vont jusqu'à affirmer que la télévision américaine a prospéré en grande partie grâce au succès économique des *soap operas*.

J.P. Quand *Succession*, qui est l'incarnation contemporaine de la série qualitative, a commencé à être diffusée, plein de gens ont dit : *« Mais vous savez que c'est* Les Feux de l'amour *version moderne ? »* J'ai osé la comparer à *Scandal*, une série écrite par Shonda Rhimes, avec des effets dramatiques rocambolesques, mais un fond politique très intéressant, une belle évolution des personnages et un rapport à la famille très proche de ce que *Succession* a proposé. Mais comme c'est centré sur une histoire d'amour, on considère que c'est de moins bonne qualité.

U&R On a tendance à penser que ces œuvres sont extrêmement stéréotypées, notamment sur les questions de genre…

D.C. C'est un format qui repose sur le stéréotype, avec notamment l'idée que l'épanouissement individuel ne peut advenir qu'au sein du mariage, de la famille, du couple hétérosexuel et de la maternité pour les femmes. Néanmoins, tout cela n'est jamais idéalisé :

tout est sujet au drame et au malheur. C'est toute l'ambivalence du *soap*: il repose sur le couple et la famille hétéro, sur l'idée que les femmes doivent s'épanouir dans ce cadre, et en même temps sur l'idée que le couple, la famille et la maternité sont des lieux de malheur.

J.P. La base des *soaps*, qu'on peut comparer aux *telenovelas* qui présentent les mêmes procédés narratifs, c'est aussi la mise en avant de modèles féminins différents. Au sein de normes très conventionnelles, des femmes s'en sortent en venant d'un milieu pauvre ou après avoir longtemps subi une relation abusive... L'existence même de personnages féminins qui ne sont pas jeunes, qui ont une vie sexuelle et familiale, est à noter. Même dans le *soap* le plus *cheap*, on trouvera quelque chose de féministe à analyser.

D.C. La diversité des personnages féminins y est incomparable par rapport aux autres formats audiovisuels, du moins jusqu'à une période très récente. Dans *Plus belle la vie*, Princesse Cruella est un personnage de grand-mère qui fait du téléphone rose en tant que dominatrice... C'est exceptionnel dans le paysage audiovisuel !

U&R Les *soaps operas* ont-ils des vertus cathartiques, voire éducatives ?

D.C. Dès les années 1940, on parle dans les *soaps* de choses très concrètes qui touchent la vie intime et familiale : divorces, maladies, alcoolisme, fausses couches... C'est également l'un des premiers espaces où l'on évoque l'avortement à la télévision américaine, dans les années 1960. Donc il y a clairement une dimension éducative, qu'on doit notamment à des femmes scénaristes comme Irna Phillips ou Agnes Nixon, qui introduisaient des thématiques sociales dans une veine relativement progressiste.

J.P. Ces formats ne coûtent pas très cher à produire, pour un succès d'audience souvent incroyable. On peut donc se permettre des choses plus facilement. C'est un lieu d'éducation populaire qui touche un public ayant besoin d'aller plus loin, tout en étant chez soi. L'audience aide clairement les scénaristes. Par exemple, pour la saison 2 de *Grey's Anatomy*, on a refusé à Shonda Rhimes de mettre en scène un avortement, et pour la saison 8, c'est elle qui a imposé son choix parce que le nombre de téléspectateurs, entre-temps, avait triplé ! La cible féminine est celle qui rapporte le plus d'argent, et les industries sont obligées aussi de s'aligner avec ce qui fait le plus vendre.

D.C. Cela dit, la production de représentations est toujours le fruit de négociations avec les financeurs. Irna Phillips a dû batailler avec ses producteurs pour imposer certaines thématiques. C'est ce qui donne le côté très ambivalent des *soaps*, qui sont financés par des instances privées et des industriels soucieux de ne pas perdre un public féminin qu'ils imaginent en général conservateur.

U&R Les *soap operas* ont-ils évolué avec leur temps, notamment en s'emparant des sujets d'actualité ?

D.C. Cela a toujours été le cas. Dans *Ici tout commence*, on traite de thématiques qui donnent lieu à des formes de panique morale sur les plateaux télévisés. Il est question de non-binarité, d'écologie, de harcèlement, d'agressions sexuelles... Avec aussi certaines limites. Par exemple, quand j'ai regardé la série pour écrire mon livre, il n'y était pas question de racisme. C'est un lieu où se discutent certaines questions d'actualité brûlante, mais celles-ci sont traitées de façon assez tranquille et relativement progressiste. Une des caractéristiques du *soap* est également de déployer un ensemble de points de vue sur un même thème.

J.P. Les séries n'ont plus vraiment le choix de traiter ou non certains sujets comme les questions de genre, de sexualité, de race... Ce qui est intéressant, c'est que quand un sujet d'actualité fait la une, la marge pour pouvoir en parler est assez courte. Ça permet de suivre l'air du temps. La saison 17 de *Grey's Anatomy* était centrée sur la Covid pour parler des difficultés

«Les soaps ont toujours montré des féminités méprisées parce que pas assez classiques ou trop discrètes.»

Jennifer Padjemi, autrice du livre *Féminismes et pop culture* (Stock, 2021)

des soignants, mais aussi de celles des patients, car beaucoup de *fake news* circulaient à l'époque sur le port du masque. Les scénaristes ont décidé de plonger le personnage principal, Meredith, dans le coma pendant toute la saison à cause du Covid. C'était un parti pris fort pour dire aux téléspectateurs: ce personnage, que vous suivez depuis vingt ans, est malade, et ça pourrait être quelqu'un de votre entourage. Cela dit, au-delà des *soaps*, toutes les séries anglo-saxonnes ont décidé de couvrir les questions raciales après le mouvement Black Lives Matter de 2020. Il y a eu une volonté de contrebalancer des années de silence sur ces questions.

U&R Delphine, dans votre livre, vous présentez les *soap operas* comme une *« subculture féminine »*. Jennifer, vous vous intéressez aux liens entre féminisme et pop culture... Peut-on considérer les *soaps* comme une sous-culture féministe ?

D.C. Je parle de *« subculture féminine »* pour faire référence à ce concept de la sociologie britannique qui désigne les cultures « dominées » et la façon dont elles peuvent être vectrices de valorisation. À partir d'un format à la fois très ambivalent, très stéréotypé et explorant plein de thématiques liées aux rapports de genre, il se crée tout un tas de sociabilités, d'appropriations personnelles et collectives, au sein desquelles les spectatrices peuvent prendre conscience d'elles-mêmes. C'est le sens de toutes les enquêtes ethnographiques menées aux États-Unis dans les années 1980. Le *soap* était vu par les féministes de l'époque comme aliénant, mais ces recherches ont montré que c'était aussi un espace de sociabilité en non-mixité qui permettait à des femmes de sortir de l'isolement du foyer, de la sphère domestique, et de discuter entre elles de thèmes liés à la sexualité, aux rapports de genre, à la famille, au mariage, etc. En somme, une forme de prise de conscience collective de la situation des femmes en régime patriarcal.

J.P. J'irai un peu plus loin que féminine ou féministe, je dirais « populaire ». Les *soaps* ont toujours montré des féminités méprisées parce que pas assez classiques ou trop discrètes. Ça n'a pas été un espace de sous-culture parce que c'était la culture tout court ! C'est quelque chose que ces industries ont compris : l'audience féminine devient presque un prétexte pour se dire féministe. Or, une audience féminine ne veut pas forcément dire féministe, il faut faire attention à ne pas mêler les deux notions. Il peut y avoir dans ces programmes des valeurs ou des idées féministes, sans même qu'elles ne soient présentées comme telles, mais ça ne veut pas dire pour autant que le but est de changer la condition sociale des femmes. ●

J'ai vu *Friends* avec trente ans de retard

Souvent présentée comme la meilleure de tous les temps, la série créée par David Crane et Marta Kauffman est aussi critiquée pour sa « blanchitude » et son humour « gênant ». Ça fait quoi de découvrir aujourd'hui la sitcom culte des *nineties* quand on a 29 ans ? La journaliste Constance Vilanova a tenté l'expérience.

Texte
Constance Vilanova

Si j'avais gagné un euro chaque fois que j'ai fait semblant de comprendre une référence à *Friends*, je serais milliardaire. Tous ces *« comme quand Ross embrasse la mère de Chandler »* et autres *« ce gars est moins bon comédien que Joey »* auxquels j'acquiesçais avec un sourire gêné… J'ai attendu de passer le cap des 29 ans pour engloutir en quelques mois les dix saisons de la sitcom diffusée entre 1994 et 2004. 86 heures. Alors, non, je n'ai pas vécu dans une grotte : j'avais picoré quelques épisodes ici et là. J'ai aussi de vagues souvenirs de mes grands frères et sœurs qui s'échangeaient des VHS estampillées des fameuses sept lettres séparées de points colorés. Mais j'étais passée à côté du scénario, de l'intrigue, de l'évolution des personnages. Avant de lancer le pilote, je me suis demandé si j'allais accrocher. Ça ressemble à quoi *Friends* à l'ère post #MeToo ? Ça donne quoi une série des *nineties* alors que le sujet de la représentation des minorités à l'écran se pose ?

Un vent de progressisme

En préambule à cette dissection, rassurez-vous : j'ai pris mon pied. J'ai ri devant la ringardise de Ross. J'ai pleuré à chaudes larmes quand Monica dit au revoir à sa coloc adorée Rachel pour s'installer avec Chandler. J'ai frétillé devant les deux mecs ultra gaulés avec qui Phoebe sort en simultané. J'ai eu envie de revenir dix ans en arrière, à l'ère bénie du quotidien en bande, de la recherche de jobs plus merdiques les uns que les autres et des bilans de lendemains de soirées bien arrosées. Reconnaissons d'abord qu'un vent de progressisme souffle dès la première saison diffusée pourtant il y a vingt-neuf ans. L'épouse de Ross, Carol, le quitte pour une femme. Phoebe propose de porter l'enfant (ou plutôt les enfants) de son frère et de sa compagne. Les héros parlent tous de sexe, sans tabou. Bonus : le plaisir féminin a sa place et ça, ça dépote.

Voilà, amis de *Friends* : c'est dit. Maintenant, abordons les sujets qui fâchent. Car oui, entre deux éclats de rire, l'œuvre signée David Crane et Marta Kauffman a fait mal à mon féminisme. Les stéréotypes y règnent. Premier coup de gueule : la relation entre Monica et Richard, incarné par Tom Selleck (*Magnum*) lors de la saison 2. Remise en contexte : Monica Geller, 25 ans au moment des faits, se rend chez son ophtalmo qui n'est autre que Richard Burke (la cinquantaine minimum), un ami d'enfance de son père qui l'a vue naître. Elle, irrésistiblement attirée, lui, sous le charme de la jeunette : une idylle se dessine. Mais l'amourette me dérange. La démesurée différence d'âge n'est presque jamais soulevée. Les copines de la jeune femme trouvent le docteur Burke incroyablement sexy. Chandler et Joey érigent le quinquagénaire en modèle, voire en « père cool »… Pour rappel, la société condamne les femmes à « mal vieillir ». Elle les conditionne à considérer qu'un homme qui prend de l'âge gagne en pouvoir, en légitimité, en séduction, tandis qu'elles doivent se tartiner le visage de crème anti-âge à peine la vingtaine passée, se tuer au sport pour éviter les signes du temps et cacher leurs mèches blanches à grands coups de teinture. Romantiser un couple qu'un quart de siècle sépare, même en 1995, ça pose problème. Heureusement, la reine Monica s'entiche du roi Chandler et quitte son moustachu, qu'elle aurait vu s'affaisser.

J'ai laissé échapper quelques soupirs face à l'expression de la masculinité angoissée du triumvirat masculin.

Furieusement blanc

Restons sur le cas Monica Geller. Avant de faire un petit 34, la sœur cadette de Ross a perdu beaucoup de poids. Et chaque flash-back sur les années lycée des personnages est l'occasion de la grimer en « grosse », d'enchaîner les blagues lourdingues sur le sujet, qui irriguent les 236 épisodes. Sans répit. Une paresse scénaristique.

J'ai aussi laissé s'échapper quelques soupirs face à l'expression de la masculinité angoissée du triumvirat masculin. Ross crie au scandale quand son fils débarque chez lui avec une poupée, considérée comme un *« jouet pour filles »*. Alors qu'une danseuse australienne s'installe dans la chambre libre de l'appartement de Joey, celui-ci se met à la couture, à la confection de pots-pourris, bref à des activités de gonzesse selon son acolyte Chandler. Tribbiani n'a d'ailleurs de cesse d'objectiver Janine, cette nouvelle coloc, dès qu'il la surprend en train de faire du sport, lui reprochant presque de l'aguicher alors qu'elle fait sécher ses sous-vêtements dans la salle de bains. On passera sur sa fétichisation des rapports lesbiens quand il fantasme (en permanence) des ébats ou des bagarres entre Rachel, Phoebe et Monica. Joey serait qualifié de « bon gros charo » aujourd'hui. Hilarant, mais un brin sexiste. Enfin, deux chiffres : dix saisons et seulement deux personnages « racisés » : Julie (Lauren Tom) et Charlie (Aisha Tyler). Le casting de *Friends* reste furieusement blanc.

« C'était une autre époque... » : l'argument permettrait de tout accepter sous le prisme de *« l'évolution des mœurs »*. Sauf que les blagues grossophobes, homophobes et le manque de représentation dans la série ont offensé et choqueront les spectateurs gros, LGBTQIA+, racisés d'hier et d'aujourd'hui. En réponse aux accusations de *whitewashing*, en 2022, Marta Kauffman, la cocréatrice de *Friends*, déclarait ceci : *« C'est douloureux de se regarder dans le miroir. Je suis gênée de ne pas avoir su mieux faire il y a vingt-cinq ans... »* Alors elle a fait don de 4 millions de dollars au département des études africaines et afro-américaines de son université à Boston... Hypocrite ? En tout cas, juste avant *Friends*, il y a eu *Living Single*. Entre 1993 et 1998, cette série racontait le quotidien de six célibataires de Brooklyn, tous noirs. Difficile de croire que les créateurs de *Friends* ne s'en sont pas inspirés, vu les similitudes entre les deux programmes.

Rire différemment

Pour autant, faut-il *cancel Friends* ? Contre toute attente : non. Et la Gen Z l'a très bien compris en continuant à regarder la série. Car oui, la sitcom fascine toujours. Je pense au culte que lui voue l'influenceuse Léna Situations par exemple, qui n'a de cesse d'en parler sur ses réseaux sociaux. Regarder *Friends* en 2023, c'est avoir en tête tous ses manquements, se tenir à l'affût, tout en profitant de ce doudou rassurant. C'est rire différemment : se moquer de la masculinité fragile de Chandler, pouffer devant Ross qui n'arrive pas à concevoir que la nounou de sa fille soit un homme hétéro, se gausser face à la connerie de Chandler et Joey qui sexualisent l'allaitement. *Friends* a ses défauts, c'est certain, mais reste en avance sur son temps. Et de mon côté, je vais enfin pouvoir comprendre les références de mes copines. ●

QUAND C'EST TROP C'EST TROP
RĒTRO
Un texte aux arômes naturels et artificiels de Claire Chalan

Au cimetière des marques, l'heure est aux grandes renaissances : Bonux et son cadeau font leur grand retour, tout comme Minidou, Naf Naf ou Pacific. Depuis la fin de la pandémie, c'est plus que jamais dans les vieux pots qu'ont fait les meilleures confitures… Enquête sur les ressorts du marketing de la nostalgie.

En une bouchée, on se retrouve instantanément téléporté dans la cour de récré, les cartes à la main, négociant âprement avec d'intraitables collectionneurs. Tel un vortex chocolatier, la plaquette de Merveilles du Monde renvoie quarante ans en arrière, au cœur des années 1980. Le lion porte toujours fièrement la crinière, et les cartes d'animaux à collectionner sont fidèles au poste – même si elles sont désormais imprimées sur la boîte, chasse au suremballage oblige. Ne cherchez pas le produit en linéaires, il n'en reste plus : pour son come-back, en mars 2023, 300 000 tablettes se sont arrachées en quinze jours. Nouvelle propriétaire de la marque rachetée à Nestlé, la start-up Krokola pensait écouler ce stock en un mois et demi…

« Certains consommateurs achetaient les tablettes par dix ou par quinze, de peur de manquer », constate Alexandre Kanar, cofondateur de la société. Certains attendaient comme le lait sur le feu le retour de Merveilles du Monde, lancée en 1978 et dont la commercialisation s'était arrêtée en 2006. *« Nous avions envie de relancer la marque, qui initie les enfants à la préservation de l'environnement, une mission importante pour nous*, raconte Amélie Coulombe, cofondatrice de Krokola. *Alors nous avons travaillé avec les communautés de fans. Une pétition pour le retour de Merveilles du Monde avait notamment été signée par plusieurs milliers d'internautes sur Change.org… »*

Le retour des Figolu

Mazette. On a les combats qu'on peut. En 2020, la journaliste de France Inter Fabienne Sintes s'érigeait en pasionaria du retour du Figolu, relayant une pétition lancée en 2015 et qui avait recueilli pas moins de 10 000 signatures. Son tweet réclamant à cor et à cri la renaissance du biscuit à la figue finit par emporter le morceau : le directeur général commercial France de Mondelez finit par lui annoncer la bonne nouvelle en personne : *« Nous avons décidé de relancer Figolu en France. »* Cette victoire a inspiré Kenny Martineau, à l'origine de la pétition Merveilles du Monde : *« Enfant des années 1980, je suis un grand nostalgique. Parmi mes produits préférés, il y avait Figolu et Merveilles du Monde, et je veux que mes enfants, à leur tour, découvrent avec émerveillement, à l'ouverture de la tablette de chocolat, une nouvelle image d'animal à ajouter à leur collection »*, relate le jeune homme, par ailleurs humoriste et streamer sur Twitch.

Plus que jamais, les consommateurs semblent prêts à mouiller la chemise pour sauver les marques de leur enfance. Outre Merveilles du Monde, la lessive Bonux et son fameux cadeau a fait son grand retour, de même que l'adoucissant Minidou… Et l'on murmure chez les professionnels que le furieusement érotique Pacific – comment oublier Stephanie Seymour en maillot de bain jaune arpentant un ponton moite ? – pourrait également retrouver les rayons des grandes surfaces. Le rétromarketing concerne aussi la mode. Naf Naf ressort ses bombers à patchs et combinaison XXL, devenus des produits « iconiques » des années 1980. Quant à la marque K-Way, et sa fameuse banane qu'on était obligé de porter, gamin, elle est remontée des profondeurs des friperies pour devenir, contre toute attente, super branchée.

Sortir du marasme

« On n'a jamais vu autant de marques renaître, toutes catégories confondues, constate Sandra Joly, *senior partner* de l'agence de design Lonsdale, qui a publié au printemps 2023 une étude sur le sujet intitulée « Retrotopia ». En Allemagne, une édition limitée des barres Raider [*ancien nom de Twix, ndlr*] est sur le point d'être commercialisée, et le groupe Heineken va relancer Pelforth, la marque au pélican… Mais il ne s'agit pas seulement de faire renaître des produits, il s'agit aussi dans certains cas de retours purement « culturels ». Dans ses spots les plus récents, la lessive Mir joue sur tous les codes publicitaires des années 1980, tandis que Burger King est revenu à son logo d'origine, avec une approche minimaliste très *flat design*.

Pas besoin de chercher bien loin pour deviner pourquoi, en 2023, le rétromarketing cartonne : il est toujours plus facile, tant en matière de référencement que de communication, de vendre un produit déjà bien connu plutôt qu'un objet non identifié. Et notre époque trouble, incertaine, donne particulièrement envie de rouvrir la boîte à souvenirs. *« Pendant la pandémie, plusieurs études ont montré que la nostalgie partagée permettrait de diminuer cette impression de solitude en renforçant les liens entre individus, et ainsi de surmonter certaines émotions négatives »*, souligne Alexandre Ben Soussan, directeur adjoint du planning stratégique de l'agence de pub BETC. *« La pandémie a été pour beaucoup l'occasion de se reconnecter avec nos aînés, de repartager des photos, des souvenirs, de faire travailler nos mémoires pour sortir du marasme ambiant »*, abonde Loïc Mercier, *chief strategy officer* chez TBWA Paris.

L'amour du kitsch

Éternels grands enfants que nous sommes, toujours à la recherche de nouveaux doudous… Et de nouvelles manières de nous la raconter, aussi. Dans le rétromarketing, François Peretti, planneur stratégique indépendant, voit également une nouvelle forme de snobisme : *« Un seul mot : le kitsch ! Qu'il s'agisse des esthétiques* eighties, nineties, *2000 ou 2010, on observe une véritable polarisation du rétro sur des éléments comme le mulet, le ras de cou, les tatouages tribaux, etc. Sûrement faudrait-il passer le rétromarketing au prisme de ce que Bourdieu écrivait dans* La Distinction*: ce* reboot *du passé sonnerait comme la relecture plus ou moins distanciée par la classe dominante de certains codes. »*

Le sociologue aurait-il été interpellé par cette néo-nostalgie en forme de millefeuille ? Car le rétromarketing ne s'exerce plus sur une seule période mais concerne désormais une multiplicité d'époques, remarque Sacha Lacroix, vice-président de l'agence Rosa Paris, qui cite la célèbre campagne du constructeur automobile Skoda et son slogan « Vous aussi vous étiez moches dans les années 1990 » : *« À l'agence, on a des jeunes issus de la génération Z fascinés par les années 1990, qui en font un mythe incroyable… Les cycles de tendance s'accélèrent et se superposent : on te rend même nostalgique des mois passés, comme quand Spotify t'envoie la liste de tout ce que tu as écouté durant l'année écoulée… »*

Les marketeurs voient même apparaître une tendance encore plus branchée que le rétromarketing classique : la « méta-nostalgie », c'est-à-dire le fait d'être nostalgique… de la nostalgie. François Peretti prédit même le plus grand des succès aux marques qui voudraient s'essayer à ce qu'il appelle le « méta-rétro » : *« Le mouvement consisterait à revenir en arrière, mais directement à la relecture d'une époque. Soit, au lieu de célébrer les années 1980, célébrer leur relecture par les années 2000. Une sorte de* Retour vers le futur *version marketing. »* En attendant, l'accélération folle des phases rétro, voire leur superposition, interroge : est-il raisonnable de parier, d'ici deux ans, sur une célébration de l'esthétique Covid ? ●

Les cinq tendances du rétromarketing

Never grown up

Cette approche consiste à jouer la carte du régressif. *« Façon syndrome de Peter Pan, la nostalgie de l'innocence de l'enfance, souvent idéalisée, permet, en période de crise, de se réfugier dans le confort d'une époque rassurante »*, résume Sandra Joly, *senior partner* chez Lonsdale et auteure de l'étude « Retrotopia ». *Pour les marques, cela se traduit par des postures joyeuses, avec des territoires de marque qui capitalisent sur l'imagination, à l'instar de Milky Way. »*

That 70's show

La nostalgie d'une époque spécifique. Pour les marques, l'esthétisme rétro des années 1970 permet la réactivation de leur potentiel iconique, sur le modèle de ce qu'a réussi Monoprix avec son anniversaire hommage à l'époque Prisunic, ou encore des marques comme Pepsi et Burger King via leur récent *rebranding*.

La néo-tradition

Cette tendance s'incarne à travers le succès des recettes de grands-mères. C'est dans ce désir de retour aux sources que s'inscrivent Merveilles du Monde ou encore Danone lorsque la marque relance la gamme de yaourts 1919, *« inspirée de la recette originale créée par Isaac Carasso dans son pot en porcelaine »*.

Les souvenirs collectifs

On songe ici à Minidou et Bonux, mais aussi Tropico ou Cacolac. « 40 ans sous la pluie et toujours la banane », nous dit K-Way. C'est aussi le retour de slogans cultes comme « Lapeyre, y en a pas deux » – que la marque avait pourtant abandonné en 2017 –, le come-back de Danette « toujours debout », ou encore celui de la chanson vintage pour la purée Mousline.

La pub, objet rétro

Le 2 juin 2023, Thierry Ardisson, ancien créatif (et auteur des slogans Lapeyre et Tropico !), lançait sur France 3 son documentaire *L'Âge d'or de la pub*. *« Dans la récente exposition sur les années 1980 au musée des Arts décoratifs, la publicité elle-même faisait figure d'objet du passé »*, remarque Sacha Lacroix, vice-président de l'agence Rosa Paris. ●

JE
SUIS UNE
LÉGENDE
EMMANUELLE FANTIN
MICHAËL STORA
RÉALISÉ PAR
ÉLISA THÉVENET, CLÉMENCE DE BLASI

Que recherchons-nous en compulsant frénétiquement nos archives personnelles sur Instagram ou Facebook ? Entre espoir et regret se dessine une évidence : nous sommes les artisans zélés de notre imaginaire du passé.

L'Arkéa Arena s'époumone. Sur scène, le groupe de rock canadien Arcade Fire entame la ligne mélodique de « Wake up », titre phare de sa discographie, sorti dix-huit ans plus tôt. Le chanteur peroxydé fend la foule, flanqué de son acolyte volcanique. Dans la fosse de l'enceinte bordelaise, des centaines d'écrans photographient la scène. Une faille temporelle s'ouvre. Le public se dédouble : les deux pieds solidement ancrés dans cette chaude soirée de septembre 2022, il se retrouve propulsé en 2004, quelques semaines après la sortie du premier album du groupe, *Funeral*. Pourtant, au même moment, à travers l'objectif d'un smartphone, il se projette. Il anticipe le plaisir qu'il aura à découvrir ces images à moitié floues, à revivre l'exaltation de cette soirée d'automne.

Passé, présent, futur. Cet imbroglio temporel est au cœur de l'expérience proposée par les réseaux sociaux. En postant des clichés de ce concert, le public virtualise sa nostalgie et organise les conditions de sa future expression. *« La fonction des réseaux sociaux, c'est de nous créer des moments de bonheur digitaux »*, confirme le psychologue et psychanalyste Michaël Stora, expert des mondes numériques.

Curation drastique du passé

En l'espace de vingt ans, Facebook et Instagram ont bouleversé notre rapport à la mémoire. Mais si ces plateformes sont régulièrement étudiées sous l'angle de la mise en scène de soi, elles le sont plus rarement pour leur statut inédit de bibliothèques interactives de souvenirs. *« La photo a toujours été destinée à circuler, à être vue puis revue, prenez le visionnage familial d'albums photo*, rappelle Emmanuelle Fantin, maitresse de conférences en sciences de la communication et de l'information au Celsa-Sorbonne université. *Notre culture médiatique est fondée sur des pratiques de remémoration, de répétition. »*

Mais alors comment les plateformes numériques transforment-elles notre expérience de la nostalgie ? Elles instaurent une discussion dans le temps avec nous-mêmes, répond la recherche. Une version *in real life* du multivers, en somme. *« Consulter mes* [milliers de] *posts me permet de réaliser que j'ai sacrément fait du chemin… »*, traduit Valentine, trentenaire gentiment accro à Instagram.

Malléables et actualisables, ces archives numériques se caractérisent par une extrême plasticité – il suffit d'un clic pour effacer de notre *timeline* le visage d'un ex –, rendant possible la mise en cohérence permanente de soi. Face à la discontinuité du monde, à la pluralité de nos identités, on oppose une curation drastique du passé, la constitution méticuleuse d'une collection idéale de souvenirs. Idéale et idéalisée. « *Les posts laissés sur des réseaux sociaux sont des marqueurs temporels, ils fonctionnent comme des balises et construisent la manière dont on va "narrativiser" nos vies* », précise Emmanuelle Fantin. Si vous êtes inscrits sur Facebook depuis la fin des années 2000, votre *wall* a probablement subi plusieurs remodelages : certaines de vos blagues n'ont pas survécu à l'ère #MeToo, et plusieurs clichés d'anciennes conquêtes n'existent plus que dans les serveurs de la plateforme aux côtés des quelques vidéos qui jurent avec votre nouvelle identité végane.

Shoot de dopamine

Cofondateur de l'Observatoire des mondes numériques en sciences humaines, Michaël Stora s'intéresse de près au rapport que nous nouons avec ces artefacts numériques. « *Regarder nos posts réveille un plaisir un peu autoérotique : il suffit de scroller pour se procurer de la dopamine* », assure-t-il.

Le phénomène n'a pas échappé à Instagram, réseau social de l'image par excellence, qui teste depuis quelques mois sa nouvelle fonctionnalité « souvenirs » permettant aux utilisateurs de republier une ancienne *story*. Une évolution qui s'inscrit dans la stratégie dessinée dès 2015 par Facebook (appartenant également au groupe Meta) avec sa rubrique « On this day » qui suggère les contenus mis en ligne un, deux ou cinq ans plus tôt. Pendant sa phase de test, la fonctionnalité avait attiré plus de 90 millions de personnes. « *Pour les réseaux sociaux* [...], *la nostalgie est à la fois un moyen et un outil pour faire agir l'individu et en retirer des bénéfices* », décrypte Bruno Salgues, directeur d'études à l'Institut Mines-Télécom, dans un article publié en 2019 sur le site The Conversation.

Le marketing émotionnel constituant un levier fondamental de la consommation de masse, les réseaux sociaux l'ont mathématisé. Les ingénieurs de Meta ont défini des critères permettant à la machine de reconnaître les souvenirs négatifs (posts sur un accident, un deuil, etc.) et appris à EdgeRank (leur algorithme de classement et de triage) à sélectionner les photos susceptibles de nous faire sourire. Résultat : nous associons à notre expérience sur Facebook un sentiment de bien-être qui mène à un attachement affectif à la plateforme.

« Technostalgie »

Si Proust vivait au XXIe siècle, sa madeleine serait sans doute une vidéo souvenir suggérée un dimanche soir de déprime par Instagram. Quelle différence, finalement ? L'artificialité et le consentement. « *Du temps où nous faisions encore des albums photo papier, on décidait du meilleur moment pour se remémorer* », note Michaël Stora. « *Aujourd'hui, nous subissons tous une injonction à la nostalgie* », complète Emmanuelle Fantin.

Au-delà de l'évidente détresse que ces souvenirs non sollicités peuvent déclencher – on pense évidemment aux traces numériques laissées par nos proches décédés –, la question de l'artificialisation de nos sentiments nostalgiques pose question. « *La nostalgie forcée peut affecter l'exactitude de nos souvenirs. Lorsqu'on se souvient des images plus que de l'événement lui-même, on mêle les détails de cette expérience première avec ceux du processus de souvenir* », explique la psychologue Krystine Batcho, spécialiste de la nostalgie, dans les colonnes du magazine *The New Statesman*. En externalisant nos mémoires, nous permettons aux outils numériques de les remodeler.

En 2022, nos smartphones auraient immortalisé près de 1 530 milliards de photos. 1 530 milliards

SI DEMAIN FACEBOOK ET INSTAGRAM METTENT LA CLÉ SOUS LA PORTE, LA CONSOMMATION DE XANAX AUGMENTERA SANS DOUTE DANS LE MONDE.

d'images à l'esthétique influencée par les filtres qui ont fait le succès d'un réseau comme Instagram. Grâce à Amaro, Rise, Hudson, Sierra, Lo-Fi, EarlyBird, Sutro, Toaster, Brannan, InkWell, Walden, Hefe, Valencia, Nashville, 1977 ou Kelvin, il est possible de donner du grain à ses clichés, de leur conférer le style Polaroid des années 1970. Cette « technostalgie », ce faux *vintage*, cette rencontre inattendue entre l'iPhone 14 et l'esthétique analogique, confère à nos clichés une valeur testimoniale, une forme d'historicité. Comme une réponse à la standardisation de nos existences, estime le journaliste et essayiste Jean-Laurent Cassely, auteur de *No Fake* (Arkhê, 2019), un livre en forme de *« contre-histoire de notre quête d'authenticité ». « Comme le présent est décevant et le futur bouché,* [...] *nous avons inventé cet espace-temps indéterminé qui vit dans les comptes Instagram food-travel-lifestyle »*, détaille-t-il dans une interview accordée au média l'ADN. Dans nos fils se construit ainsi une réalité parallèle où les cafés fument sur des comptoirs en zinc, et les bols de cerise débordent sur des nappes à carreaux, un tilleul décoloré en arrière-plan...

Du filtre sépia à l'effet Xanax

Si demain Facebook et Instagram mettent la clé sous la porte, la consommation de Xanax augmentera sans doute dans le monde. *« Un nombre croissant de recherches positionne la nostalgie comme une ressource psychologique avec des implications autorégulatrices*, constatent deux chercheurs américains en psychologie, Taylor FioRito et Clay Routledge, dans un article publié en 2020 dans la revue académique *Frontiers. Lorsque des individus s'engagent dans une réflexion nostalgique, ils accèdent à des souvenirs significatifs du passé afin de les aider à aborder l'avenir avec détermination »*, établissent les universitaires. Contre toute attente, le processus de documentation de nos ados serait donc viscéralement tourné vers l'avenir. La nostalgie existe alors dans l'interstice entre le désir et le regret, dans ce petit espace qui permet l'action. *« La nostalgie peut être une source d'inspiration, de joie, de réconfort, et possède assurément des pouvoirs apaisants »*, certifie Emmanuelle Fantin, coautrice de l'ouvrage *Nostalgies contemporaines. Médias, cultures et technologies* (Presses universitaires du Septentrion, 2021).

Les réseaux sociaux nous permettraient-ils de mieux réguler nos émotions ? Peut-être, mais le problème n'est pas là. Si la nostalgie rythme nos trajectoires, c'est parce que notre mémoire apparaît défaillante, qu'elle oscille entre conservation et oubli. Mais comment préserver cette émotion constitutive quand Facebook vous rappelle chaque jour ce que vous n'avez pas eu le temps d'oublier ? La nostalgie repose sur l'étonnement, le sentiment de surprise lié à la redécouverte d'une bribe d'existence enfouie dans nos mémoires mal rangées. Éprouverons-nous la même joie à retrouver ce que nous n'avons jamais vraiment perdu ? ●

« Avec Internet, nous sommes tous devenus des archivistes »

En 2012, le critique musical britannique Simon Reynolds publiait *Rétromania* (Le Mot et le Reste), un essai dans lequel il analysait *« comment la culture pop recycle son passé pour s'inventer un futur »*, entre *revivals*, *remakes*, rééditions nostalgiques et références *vintage*. Une décennie plus tard, son constat n'a pas changé, même s'il est plus nuancé.

Propos recueillis par
Fabien Benoit

USBEK & RICA En 2023, sommes-nous toujours englués dans la *« rétromania »* ?

SIMON REYNOLDS Le phénomène que je décrivais dans mon livre a toujours cours aujourd'hui, mais je me sens moins désespéré qu'à l'époque, car il y a eu quelques innovations musicales à la fin des années 2010, en particulier dans la musique électronique nourrie d'influences africaines et dans le rap avec l'arrivée de l'auto-tune. Mais la rétro culture est toujours là, avec notamment une nostalgie pour le début des années 2000.

Le plus intéressant, à mon sens, c'est la rencontre entre cette rétro culture et des technologies très futuristes – je pense par exemple aux *hologram tours*, ces tournées où des hologrammes de pop stars décédées jouent sur scène. Ça passe aussi par l'intelligence artificielle, dont on se sert pour imiter le passé, comme a pu le faire le groupe Aisis [*détournement du nom du groupe Oasis, ndlr*] en simulant la voix de Liam Gallagher. Autre exemple : cette bande-annonce d'un nouvel épisode imaginaire de *Star Wars* dans le style du cinéaste Wes Anderson, réalisée par une IA. Cette tendance n'est pas surprenante, car l'intelligence artificielle, finalement, agrège des données déjà existantes. Elle réinterprète le passé en quelque sorte. Bientôt, on pourra sûrement compiler toutes les caractéristiques d'un acteur pour le faire rejouer. Il y a d'ailleurs en ce moment un projet de film avec James Dean reposant sur ce principe… C'est l'âge du *fake* de haute volée.

U&R L'intelligence artificielle peut-elle devenir un puissant moteur de créativité, et redéfinir ainsi les règles de certaines disciplines artistiques ?

S.R. L'IA répond à des instructions, ce sont des hommes qui sont aux manettes. J'ai tenté de demander à ChatGPT d'écrire à la manière de grands critiques rock comme Lester Bangs ou Greil Marcus, et le résultat a été un échec total. La musique, c'est quelque chose de physique, d'émotionnel, et je doute que l'IA puisse se hisser jusque-là. Quand j'écoute ce faux groupe avec Liam Gallagher, je me rends vite compte que ce n'est pas lui. C'est creux, il manque cette étincelle qu'il a dans la voix…

U&R La rétromania n'est-elle pas un phénomène essentiellement occidental ?

S.R. On l'observe surtout aux États-Unis et en Europe, mais je crois que cette affaire de nostalgie est liée à la technologie, qui nous permet de revisiter sans cesse les choses. Avec YouTube, je pourrais passer tout mon temps à regarder les programmes que je voyais quand j'étais gamin sur la BBC. Et c'est la même chose partout dans le monde : avec Internet, nous sommes tous devenus des archivistes. Avant, on était obligés de prêter attention au présent, il n'y avait rien à ressortir des cartons. La culture contemporaine était notre horizon.

U&R Quand *Rétromania* a été publié, Instagram venait de sortir et TikTok n'existait pas encore. Quel regard portez-vous sur ces applications ?

S.R. Oui, c'était le début de Spotify et je ne parlais pas beaucoup de streaming. Mais ce que j'avais saisi, c'était l'importance du *deep catalogue*, les ventes énormes que représentaient déjà les anciens albums pour l'industrie musicale, et comment le passé gagnait en ce sens sur le présent. Sur TikTok, les contenus qui circulent viennent souvent du passé. On joue parfois avec eux, on les détourne, on se moque de leur côté kitsch, mais on crée du neuf avec du vieux. On a le sentiment que le présent – ce qui passe à la télé ou les musiques pop du moment – ne permet plus de répondre à la demande de circulation et de nouveauté. Je n'ai pas l'impression que ce soit de la nostalgie, mais plutôt un besoin de publier sans interruption. C'est la même chose sur Instagram, où l'on ressort une vieille affiche de film, une couverture de livre ou d'album qu'on trouve cool.

U&R *« Les jeunes gens ne sont pas censés être nostalgiques car ils n'ont pas vécu assez longtemps pour avoir amassé suffisamment de précieux souvenirs »*, écriviez-vous. Les réseaux sociaux nous poussent-ils à être toujours plus nostalgiques de notre passé, voire de périodes historiques que l'on n'a pas vécues ?

S.R. Facebook est comme ça, oui, il nous invite à nous souvenir de certaines photos ou vidéos, il les met en avant pour que nous nous les remémorions. À cause de mon âge, 60 ans, sur Facebook, je n'ai que des amis qui se souviennent de vieilleries et commémorent l'anniversaire de tel album, tel concert ou la disparition de tel chanteur. C'est un cauchemar… Surtout, les cycles de la rétromania se raccourcissent, ou plutôt s'accélèrent. Avant, on fêtait les dix ans d'un disque, aujourd'hui, ce sont les cinq ans ! C'est ridicule : cinq ans, c'est bien trop court pour avoir une quelconque portée. Cette passion pour la commémoration, pour moi, c'est le vide total.

U&R Dans votre livre, vous faites une analogie entre la culture et l'économie. L'économie ne consisterait plus tant à produire des biens et des services qu'à créer les produits financiers qui en dérivent. La culture, elle, ne produirait plus d'œuvres d'art originales mais des *remakes*. Cette analogie vous semble-t-elle toujours pertinente ?

S.R. Lee Dorsey, qui fut l'un des précurseurs du punk dans les années 1960, s'est fait connaître avec le titre

« AVANT, ON FÊTAIT LES DIX ANS D'UN DISQUE, AUJOURD'HUI CE SONT LES CINQ ANS ! C'EST RIDICULE. »

Simon Reynolds, critique musical

« Working in the Coal Mine », où l'on entend littéralement le son du pic d'un mineur creuser le charbon. Même s'il avait du succès à l'époque, il dirigeait un garage et réparait des voitures. Les membres de Black Sabbath, qui ont participé à la genèse du heavy metal, travaillaient tous à l'usine – Tony Iommi, le guitariste, a même perdu deux bouts de doigt, écrasés sous une presse, ce qui a orienté son style. Ces musiques étaient composées et jouées par des gens qui travaillaient dur, elles étaient éminemment physiques. Quelque chose a changé quand la musique a commencé à être produite grâce à des ordinateurs. En un sens, on est passés de la production à la postproduction dans un moment postmoderniste, de capitalisme tardif. Les raisons qui expliquent la rétromania sont surtout à chercher du côté du numérique et de notre capacité à archiver les choses, à y accéder facilement et gratuitement. La technologie nous permet aussi de pasticher et de détourner plus aisément les éléments.

U&R Contrairement aux années 1960, il semble difficile maintenant d'imaginer un futur radieux, en tout cas meilleur que le présent. Dans quelle mesure cette crise du futur alimente-t-elle la rétromania ?

S.R. Il y a une crise du futur, mais aussi une crise du présent. L'écrivain William Gibson a très bien formulé ce phénomène. Avant, on se demandait comment serait la vie au XXIe siècle et on la fantasmait. Gamin, c'est la question que je me posais en lisant de la science-fiction ou en regardant *2001, L'Odyssée de l'espace*. Il y avait une série qui s'appelait *Cosmos 1999*, et cela nous faisait rêver. C'était magique, le futur serait différent, forcément. Ce que pointe Gibson, c'est que personne à présent ne songe au XXIIe siècle. On avait des images en tête de ce que pourrait être le XXIe siècle, mais on n'en a pas pour le XXIIe siècle, si ce n'est celles de catastrophes, de régimes autoritaires au pouvoir ou de technologies mettant fin aux libertés. Il y a bien le début d'un nouvel engouement autour de l'espace, de la conquête de Mars, mais l'ambiance générale, c'est celle-là. D'ailleurs, si je devais réécrire *Rétromania* aujourd'hui, j'insisterais plus sur la crise de l'attention, sur notre incapacité croissante à faire une seule chose à la fois. On zappe, si bien que les contenus qu'on visionne importent de moins en moins. En ce sens, on peut recycler, faire des *remakes*, détourner, mais finalement, cela n'a plus trop d'importance.

U&R Pensez-vous toujours que nous nous souviendrons des premières années du XXIe siècle davantage pour les innovations technologiques qu'elles ont vu naître que pour leur production culturelle ?

S.R. En ce qui concerne la musique, nous n'avons pas inventé de nouveaux genres, seulement des variations, parfois intéressantes comme dans le hip-hop qui est devenu plus abstrait et expérimental – je pense ici à des artistes comme Migos, Young Thug ou Playboi Carti. Je me suis toujours focalisé sur le son, les genres, mais il y a eu et il y a actuellement des évolutions de « fond » dans le contenu, les paroles et les messages, la subjectivité. Des artistes qui parlent de sexualité, de transsexualité, de culture queer. L'identité et l'attitude évoluent. Un de mes groupes favoris, Dry Cleaning, produit une musique rock assez classique, mais la voix, les paroles et la façon dont elles sont scandées sont tout à fait nouvelles, dans une veine assez dépressive qui parle bien du temps présent. Ça c'est nouveau. Il y a d'autres façons d'innover que le style ou la forme, il y a aussi l'esprit. Des sujets peuvent être évoqués, voilà pourquoi je suis plus optimiste aujourd'hui qu'il y a dix ans. ●

AVEC
JAMES BOND
MOURIR
007
PEUT
ATTENDRE
RÉALISÉ PAR VALENTINE PANCHAUD

Au sein du multivers, il existe un monde où James Bond est un être bien réel. Un monde où une journaliste d'*Usbek & Rica* s'est rendue dans le sud de la France pour rencontrer le retraité le plus dangereux de la planète. Portrait d'un homme qui, plus que n'importe quel autre personnage, incarne l'évolution de la pop culture au cours des cinquante dernières années.

« *James, enchanté !* » lance avec décontraction l'homme en costume de lin blanc qui nous a accueilli au portail. La formule, destinée à nous mettre à l'aise, est presque décevante. Car ce James-là, yeux gris glacier, cheveux blancs impeccablement peignés, carrure d'ancien athlète et souplesse presque surnaturelle pour un homme de son âge (quel âge, d'ailleurs ?), n'est pas n'importe quel « James ». Son nom est Bond. James Bond.

Écrire son nom relève presque de la blague, tant on est loin du premier tome de ses confessions, sorti en 1953. À l'époque, Bond est encore un très jeune agent du renseignement britannique. Coécrit avec un officier plus âgé – un certain Ian Fleming –, le volume devient un best-seller grâce à une vision *in vivo* de l'espionnage assez inédite. Onze autres volumes suivront, avec d'autant plus de succès que le cinéma s'en empare dès les années 1960 pour des adaptations parfois fidèles, parfois à demi délirantes. Pendant ce temps, James Bond, le *vrai* James Bond, est toujours en activité. Il faudra attendre sa retraite en 1991 et le documentaire *Bond To You*, pour le voir enfin à visage découvert… et l'entendre tenir des propos que, pour faire court, on aurait volontiers imaginé plus conservateurs.

Légende hyper polyglotte

On se serait attendu à le rencontrer aux Bahamas, dans un club londonien, une station chic des Alpes ou peut-être au bord du lac de Côme. Pourtant, c'est à Sommières, dans le Gard, que nous attendait le *commandeur* Bond. « *Saviez-vous que cette maison appartenait à Lawrence Durrell ?* » demande-t-il sans attendre de réponse tandis que l'on chemine vers la demeure. « *Les propriétaires suivants en avaient fait un gîte. Je trouvais dommage qu'elle n'abrite pas une autre forme de… légende, même si le terme vous semblera peut-être prétentieux…* » Bond s'exprime dans un français impeccable. Il faut être très attentif pour y déceler une minuscule pointe d'accent anglais. Et il fait montre de trop d'assurance et de détachement pour paraître prétentieux.

Il nous fait entrer dans la maison où règne une agréable fraîcheur, et nous installe dans un salon aux murs surchargés d'étagères. Elles accueillent quelques objets exotiques (statuettes, poteries), mais on est surtout étonné de l'omniprésence de livres, en double ou triple épaisseur, et surtout du pourcentage élevé d'ouvrages en chinois et en japonais. « *J'ai étudié les langues orientales à Cambridge, mais c'est vraiment à la pratique sur le terrain que je dois d'être devenu un… hyper polyglotte.* » Il a marqué une petite pause avant de prononcer ces derniers mots, de toute évidence pour nous laisser croire qu'il allait réitérer le jeu de mots grivois de son autobiographie (« *I'm a cunning linguist* »). Reste que sa demeure ne ressemble guère à celle d'un ancien militaire ; l'esprit de son précédent propriétaire imprègne encore les lieux.

Ni secoué ni agité

Bond nous propose à boire ; on accepte un soda glacé, il se sert un bourbon. Non, pas de vodka Martini. Comme s'il lisait dans nos pensées, il précise : « *J'ai*

«Je n'ai jamais défendu l'idée d'un Royaume-Uni replié sur lui-même. Toutefois… j'ai quand même un mug du couronnement de Charles.»

James Bond, espion

dû parler une fois de vodka Martini dans mes mémoires. Il faut croire qu'il y avait là un côté plus cinématographique. Je ne déteste pas, mais ce n'est pas ce que je préfère; et je pense qu'à notre époque de… grande liberté, on peut bien mixer son cocktail comme on veut.»

Il redemande le nom du magazine, avant de feuilleter les pages d'un des numéros qu'on lui a apportés. «Usbek & Rica… *Est-ce que l'allusion à Montesquieu est évidente pour tous les Français?»* s'interroge-t-il avec une certaine candeur. Il hoche la tête en écoutant la réponse, pour le moins nuancée. Enfin, le jeu des questions débute. Ses répliques fusent comme des balles. Non, son nom de naissance n'est évidemment pas Bond mais, assure-t-il, *«je m'appelle bien James, c'est l'essentiel»*. Non, son père n'était pas écossais, mais sa mère était bien suisse. A-t-il déjà tué pour de bon, ou son «permis de tuer» n'était-il qu'un gadget littéraire? *«J'ai régulièrement mis les chances de mon côté pour vivre aussi vieux que possible»*, se contente-t-il d'affirmer dans un sourire débordant d'une confiance que le commun des mortels mettrait plusieurs incarnations à atteindre. Pourquoi Sommières? Parce qu'il était tombé sous le charme de la petite ville médiévale dans les années 1970 et s'était juré d'y finir ses jours.

Assez vite, on en vient au vif du sujet: sa place dans l'imaginaire collectif aujourd'hui. Se sent-il comme une vieille rock star? Comme un acteur sur le déclin? Le sujet – auquel il avait amplement eu le temps de se préparer – semble précipiter son regard dans le vague. *«Il y a ce que je suis en tant qu'humain*, commence-t-il, *et il y a… ce qu'on a fait de moi. James Bond, l'idée de James Bond, c'est désormais un moule d'une forme plus ou moins précise… mais que l'on peut remplir avec ce que l'on veut, selon l'humeur, l'air du temps.»* Il y a du vrai dans ce qu'il dit: le James Bond qui répond aux questions ne paraît ressembler à ses avatars fantasmés que par petites touches. Homme à femmes, pour de vrai? *«À l'échelle d'une longue vie, pas tant que ça*, estime-t-il. *Mais peut-être le fait d'avoir mentionné certaines de mes rencontres plutôt que d'être resté discret sur la question a-t-il donné une impression déformée de mon comportement. Je le regrette. Et au risque de vous étonner, je souscris totalement à la mouvance #MeToo.»*

James Bond, féministe? L'idée semble l'amuser. On insiste en lui demandant si à présent une femme pourrait l'incarner à l'écran. *«Bien sûr. De même que j'adorerais voir sir Anthony Hopkins incarner la reine Élisabeth II.»* Fier de sa plaisanterie, il reprend aussitôt un air grave: *«Je vous l'ai dit: "James Bond" est en quelque sorte… un contenant. Mais un contenant qui a une certaine forme. Si ce contenant ne convient plus, je préférerais qu'on le jette plutôt que d'y faire entrer des choses de force. Si votre question* était *plus spécifiquement: "Existe-t-il des James Bond au féminin pour de vrai?", la réponse est non. Et tant mieux. J'ai toujours été agacé par l'idée selon laquelle une femme s'accomplirait en devenant… un homme. Je ne pense pas qu'elle en sortirait grandie.»* C'est entendu.

La dernière cible

Impossible de ne pas parler politique. Le sujet du Brexit le rend très bavard. Lui qui incarne pour le monde entier le patriotisme dans sa version la plus élégante, le dévouement à la couronne, se montre particulièrement critique envers la politique de Boris Johnson et de ses successeurs. *« Le patriotisme est une bonne chose dans l'absolu, tant qu'il reste un chauvinisme bon enfant. Je m'en réclame. Mais je n'ai jamais défendu l'idée d'un Royaume-Uni replié sur lui-même. Toutefois… j'ai quand même un mug du couronnement de Charles. »* Il ne ment pas.

Bond enchaîne en parlant du romancier John Le Carré, qu'il admirait et dont les positions étaient à bien des égards proches des siennes. Proches, mais pas totalement semblables non plus : là où Le Carré affirmait qu'il fallait cesser de traiter les Russes en ennemis, Bond se montre plus méfiant : *« Il y a ce que j'aimerais croire, et ce que j'ai été amené à voir. Tant que Poutine sera au pouvoir, il est inutile de tirer des plans sur la comète. »* S'il était né quelques décennies plus tard, est-ce lui qu'on aurait envoyé liquider le dictateur du Kremlin ? *« Si j'avais 30 ou 40 ans aujourd'hui, répond-il du tac au tac, c'est Zelensky que mon gouvernement m'aurait demandé d'éliminer »*. Il éclate de rire et se ressert un verre avant d'ajouter : *« Tout cela est fatigant, n'est-ce pas ? Ces vieux antagonismes… Même si l'on fait encore appel à des gens comme moi pour les désamorcer, je ne peux m'empêcher de penser qu'on ne mène plus les bonnes batailles. »* De quelles batailles parle-t-il ? Il rechigne à se montrer totalement explicite, puis ajoute : *« Dans les guerres que l'humanité aura à mener, il n'y aura pas de base du méchant à faire exploser. Ce serait tellement commode… Comment voulez-vous faire sauter ce qui maintient les peuples dans l'incertitude écologique, économique et technologique ? Ces combats me dépassent. En vérité, le James Bond que vous avez devant vous est un fantôme qui attend qu'on le laisse enfin partir. »*

Il nous demande si l'on peut passer aux photos, car il attend des amis. Après quoi il nous raccompagne avec toute l'élégance qui le définit. Qui, de l'homme ou de la légende, vient-on de rencontrer ? Si cette heure passée avec James Bond nous a enseigné quelque chose, c'est que cette question n'a probablement plus de sens depuis longtemps. ●

« Dans les guerres que l'humanité aura à mener, il n'y aura pas de base du méchant à faire exploser. »

James Bond, espion

Faut-il démanteler Disney ?

En 2017, dans le cadre de son Tribunal pour les Générations Futures, *Usbek & Rica* se demandait si le temps n'était pas venu de démanteler Google. Six ans plus tard, la même question se pose pour Disney. Alors, pour cerner les arguments pour et contre un tel scénario, nous avons organisé un TGF sur papier. Avec un procureur et un avocat de la défense que nous avons pris le temps d'interroger, et en guise de témoins deux personnages de l'univers Disney dont nous avons rédigé les interventions imaginaires. L'audience peut commencer.

Textes et propos recueillis par
Pablo Maillé et Élisa Thévenet

Acte d'accusation

L'entreprise américaine The Walt Disney Company, créée en 1923 par Walt Disney et aujourd'hui dirigée par Robert Iger, est accusée :

— de **concurrence déloyale dans tous ses secteurs d'activité.** Non content d'avoir racheté Pixar en 2006, le groupe Disney s'est successivement offert les studios Marvel (2009), Lucasfilm (2012) ainsi que plusieurs actifs du groupe 21st Century Fox (dont 20th Century Fox, Sky ou Star India en 2019), tuant à petit feu ses concurrents pour ne plus avoir à les affronter selon les règles loyales du marché ;

— **d'expansion déraisonnée, sous couvert d'une prétendue « diversification ».** Au-delà de ses parcs d'attractions, croisières et plateformes de streaming, Disney ne cache plus sa volonté de contrôler l'ensemble du tissu économique, jusqu'au logement, notamment à travers de futurs *« quartiers résidentiels à thème »* censés bientôt proposer *« des activités Disney tout au long de l'année »* ;

— **de sacrifier la création, la liberté d'expression et le droit d'auteur sur l'autel de la rentabilité**, comme en témoignent les remplacements autoritaires des cinéastes Phil Lord et Chris Miller (sur le film *Han Solo*, après avoir dénoncé une volonté de contrôle absolu de la part du studio) et Edgar Wright (sur le film *Ant-Man*, au motif de *« différends créatifs »* qui ne trompe personne) ainsi que l'absence totale de solidarité des dirigeants de Disney face à la puissante mobilisation de la Writers Guild of America (WGA), principal syndicat de scénaristes aux États-Unis ;

— **d'entretenir une situation de monopole sur les imaginaires** qui contribue à l'aseptisation, l'homogénéisation et la standardisation toujours plus forte de l'ensemble des créations du groupe. La sortie sur les écrans, en mai 2023, du film *La Petite Sirène*, *remake* quasiment à l'identique du dessin animé Disney du même nom (1989), lui-même adaptation du conte d'Hans Christian Andersen, n'est que le dernier avatar en date de ce phénomène.

« J'ai le droit de prendre ma retraite »

Shérif Woody est le héros du film d'animation *Toy Story* (1995) et de ses multiples suites, où il incarne le jouet préféré du petit garçon Andy Davis jusqu'à l'arrivée de son « rival » Buzz l'Éclair. Il est convoqué par le TGF en tant que témoin à charge.

« Je ne peux plus sortir dans la rue sans croiser un gamin avec un T-shirt Toy Story, *une figurine à mon effigie, une étoile de shérif ou mon chapeau de cow-boy. J'ai tourné dans* Toy Story, Toy Story 2, Toy Story 3, Toy Story 4, Toy Story Toons, Toy Story : Angoisse au motel, Toy Story : Hors du temps… *J'apparais dans une scène coupée du bêtisier de* 1 001 pattes, *et on m'a même transformé en voiture dans* Cars ! *Je crois que j'ai gagné le droit de prendre ma retraite. J'ai fait rire les enfants, je les ai aidés à grandir. Maintenant, j'aimerais juste me consacrer à mes passions. J'ai rencontré mon public en 1995, bien avant les réseaux sociaux. Pourtant, le hashtag #Woody, aujourd'hui, c'est 2,6 millions de posts sur Instagram… C'est flatteur, certes, mais ça en dit long sur la nécessité de renouveler nos imaginaires, vos*

imaginaires. Mesdames et messieurs les producteurs et les scénaristes de Disney, le temps est venu de tourner la page: laissez-moi reposer en paix dans mon coffre à jouets, je vous en supplie!»

« Disney fait évoluer notre représentation du monde »

Mirabel Madrigal est le personnage principal du long-métrage d'animation *Encanto* (2021), où elle incarne une jeune fille qui est la seule représentante de sa famille à n'avoir aucun don magique. Elle intervient dans ce procès en tant que témoin à décharge.

*« Je suis colombienne, j'ai 15 ans, je mesure 1,50 mètre et je porte des lunettes. Je crois que ça résume assez bien mon propos: je suis madame Tout-le-monde. Je n'ai pas de pouvoir magique (no offence Elsa), je ne parle pas aux animaux, je n'ai pas la grâce de Cendrillon. Et vous savez quoi? Tout le monde s'en fout! Les enfants me regardent, chantent mes chansons et apprennent de mes galères. Disney a compris depuis bien longtemps qu'il fallait faire évoluer ses personnages avec l'air du temps. Vanellope (*Les Mondes de Ralph*), Mérida (*Rebelle*), Tiana (*La Princesse et la Grenouille*), Vaiana ou, plus récemment, Ariel, ont changé la vie de millions de personnes. Je ressemble à ceux qui me regardent et j'en suis hyper fière. Je veux bien qu'on fasse le procès de Disney, mais vous en connaissez beaucoup des premiers rôles tenus par de jeunes Latino-Américaines binoclardes? Disney a le pouvoir de faire évoluer notre représentation du monde. D'ailleurs, il le fait depuis cent ans!»*

« Son monopole l'incite à financer des superproductions médiocres »

Analyste économique basé à Washington D.C., Brett Heinz a publié plusieurs articles plaidant pour le démantèlement de Disney. Il joue ici le rôle de procureur. Voici un extrait de son réquisitoire.

« La majeure partie de la valeur des produits Disney provient de leurs droits de propriété intellectuelle. Disney a un monopole légal sur la possibilité de créer un film Nemo, par exemple. Par ailleurs, là où il avait fallu une décennie à Netflix pour atteindre 150 millions d'abonnés, en passant du temps à acquérir des droits et à développer son propre contenu, Disney+ n'a eu besoin que de trois ans pour atteindre ce chiffre. Simplement en créant une plateforme et en la remplissant de la montagne de contenus qu'il possède. Heureusement, nous disposons aux États-Unis de la loi Sherman, qui donne à notre gouvernement le pouvoir de démanteler les entreprises qui tentent de créer des fiducies anticoncurrentielles. Disney devrait être contraint d'annuler la majorité des fusions récentes qui lui ont donné une part de marché aussi massive dans l'industrie cinématographique.

Ce démantèlement se ferait au nom de l'intérêt général, y compris celui des fans de Disney. J'en veux pour preuve le remake du Roi Lion *sorti en 2019: même si l'immense majorité des spectateurs l'ont considéré comme une production inutile, il fait aujourd'hui partie des 10 films les plus rentables de tous les temps. Aussi longtemps que le groupe continuera d'exercer un tel monopole médiatique, il sera incité à financer des superproductions médiocres, au détriment des films les plus créatifs qui nous ont fait aimer Disney en premier lieu.»*

« Disney, une pierre angulaire multigénérationnelle »

Homme d'affaires et chef d'entreprise, Philippe Bourguignon a été le PDG d'Euro Disney SCA de 1992 à 1997. Il joue ici le rôle d'avocat de la défense. Voici un extrait de sa plaidoirie.

*« Les gens ont besoin de pouvoir se raccrocher à quelque chose. Disney constitue cette pierre angulaire, multigénérationnelle. C'est évidemment un gros paquebot, mais c'est tout sauf une machine. Passez un quart d'heure dans le département où travaillent les ingénieurs de l'imagination et vous verrez: Disney continue à faire rêver dans un monde digital qui change perpétuellement, c'est un réel savoir-faire. On parle du risque d'homogénéisation de l'imaginaire, mais derrière les franchises Marvel, Star Wars ou les personnages de Disney, il n'y a pas la même personne, mais une même organisation employant des milliers de gens qui imaginent des choses différentes. Je pense qu'on se pose la mauvaise question: il ne faut pas se demander s'il faut démanteler Disney, mais pourquoi ce sont les seuls à imaginer? Il y a de la place, y compris en Europe, pour d'autres géants de l'imaginaire. Pourquoi n'a-t-on rien fait d'*Astérix*? Il faut que les autres acteurs – les non Disney – se réveillent et proposent d'autres choses. Et puis d'ailleurs, peut-être que cette réinvention ne viendra pas du cinéma...»* ●

Capsules temporelles pour le temps présent

Petites bouteilles à la mer envoyées en direction de l'avenir, les capsules temporelles permettent de témoigner d'une époque donnée aux générations futures. La rédaction d'*Usbek & Rica* s'est risquée à cet exercice délicat en tentant de répondre, à travers une sélection de 5 objets, à la question suivante : qu'est-ce qui, dans un registre pas trop glauque, symbolise le début de cette décennie 2020 ?

Texte
La rédaction d'*Usbek & Rica*

Avant de refermer ce dossier, on s'est demandé, à la rédaction, ce qui symbolisait le début des années 2020. Qu'est-ce qu'on aurait plaisir à redécouvrir dans quarante ans ? « *Le masque* » a rigolé l'un de nous. Pas sûr qu'il disparaisse, ni qu'on le regrette celui-là… On avait beaucoup d'idées sur ce qu'on ne voulait pas perdre : « *la diversité du chant des oiseaux* », « *le croassement des crapauds le soir, près de Marseille* », « *les étés à moins de quarante degrés dans les Cévennes* ». Une vague de solastalgie pointait discrètement le bout de son nez, alors on a mis BTS à fond – oui, oui, le groupe de K-pop – (on a eu peur d'aggraver les choses avec du Billie Eilish) et on a sélectionné 5 objets ou pratiques qui symbolisent la culture de ce début de décennie.

Le bubble tea

Oolong ou thé vert, chaud ou froid, avec ou sans lait (de vache ou végétal bien sûr), un sirop de mangue ou de myrtille et, évidemment, les incontournables perles de tapioca. Entre 5 et 7 euros, c'est la boisson qui séduit les adolescents et jeunes urbains. Avant la pandémie, Paris comptait seulement 5 boutiques dédiées ; deux ans plus tard, on en recensait plus d'une centaine. Inventé à la fin des années 1980 à Taïwan, le bubble tea est consacré en 2020 par Apple, qui l'ajoute aux emojis disponible sur iPhone. On aurait pu choisir les Bao, les Bánh mì (deux spécialistes vietnamiennes) ou les mochis (dessert japonais), tous trois devenus des symboles du boom de la *street food* asiatique, mais on s'est dit que le bubble tea avait ce je ne sais quoi de régressif qui va si bien aux années 2020.

Le *homewear*

Parce qu'on a passé du temps, trop de temps, chez nous. Entre le confinement et la démocratisation du télétravail (qui concerne désormais un salarié sur cinq), on a fini par se sentir un peu engoncé dans nos pantalons serrés, en tailleur sur le canapé. Et si, en 2020, la consommation de pyjamas a augmenté de 120 %, c'est surtout le *homewear* (ou *loungewear*, selon votre chapelle) qui s'est développé. Exit les vestes de costumes, bonjour les petits pulls en maille légère et manches évasées. En 2020, Dior a d'ailleurs consacré une collection capsule « Dior Chez Moi » aux vêtements d'intérieur. Si même Dior s'y est mis…

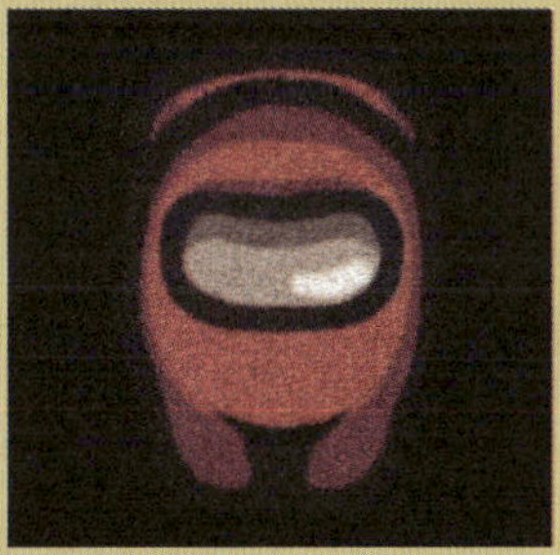

Among us

Star du premier confinement, le jeu de stratégie en ligne a convaincu 500 millions de joueurs dans le monde en 2020. Comme son ancêtre *in real life*, le Loup-Garou (ou Loup-Garou de Thiercelieux pour les puristes), il faut être entre 4 et 10 joueurs pour y jouer, on tire au sort 1 à 3 imposteurs en début de partie qui doivent éliminer les autres joueurs sans se faire démasquer. La différence ? *Among us* se joue avec une souris et dans un vaisseau spatial. Créé en 2018 par InnerSloth, un studio indépendant américain, le jeu a eu du mal à rencontrer son public… C'était sans compter sur le confinement et sur Sodapoppin, l'un des streamers les plus populaires de Twitch, qui s'est filmé en pleine partie.

« Théâtre d'opéra spatial »

L'œuvre d'art, récompensée en 2022 à la foire des arts numériques du Colorado, aux États-Unis, a fait le tour du monde. En cause : ses origines. Présentée par Jason M. Allen, elle a été générée par Midjourney, un générateur d'images qui fonctionne grâce à l'intelligence artificielle. Ce tableau intitulé « Théatre d'opéra spatial » aurait nécessité 80 heures de *prompt crafting* (des essais de mots-clés pour guider le travail de la machine). Sur les 900 images générées par Midjourney, l'artiste n'en a retenu et retravaillé que trois, qui ont largement nourri le débat sur la nécessité d'encadrer la production des intelligences artificielles.

La K-pop

BTS, Blackpink, Seventeen, Twice, Ateez ou encore Stray Kids… Véritables icônes pop, ces groupes aux sonorités acidulées et aux chorégraphies millimétrées ont déferlé sur l'Europe au tournant des années 2020. En première ligne d'une révolution de l'industrie musicale, jusqu'alors dominée par les tendances occidentales, ils se sont d'abord exportés en ligne, sur YouTube notamment, avant de conquérir à pas feutrés le grand public. En janvier 2023, le groupe de chanteuses Blackpink s'est ainsi produit au Gala des Pièces jaunes retransmis en *prime time* sur France 2. Outil de *soft power* pour la Corée du Sud, les membres du *boy's band* BTS ont même été nommés *« envoyés spéciaux pour les générations futures et la culture »* par le président Moon Jae-in.

On avait aussi pensé aux chaînes et dragonnes qui permettent de pendre son smartphone à son cou, à la série *Le Jeu de la dame* qui a rendu les échecs tendance, à la trottinette électrique (qui n'a pas dit son dernier mot), à l'autotune (fondement sonore de toutes les musiques urbaines contemporaines) et au paiement sans contact. Mais comme il fallait choisir… Rendez-vous dans quarante ans pour vérifier si notre short-list tient la route. ●

« On peut créer des cerveaux accros à la sobriété et au partage »

Climatologues, biologistes et océanographes ont fait leur part. Il est temps de faire entrer psychologues et neuroscientifiques dans la danse, défend en substance le « Giec du comportement ». Mais l'approche de cet organisme, qui évalue les leviers de transformation de nos faits et gestes au nom de l'urgence écologique, pose question.

Texte
Sophie Kloetzli
Illustrations
Candice Roger

Les rapports scientifiques s'entassent, mais le sursaut écologique se fait toujours attendre. Comme si, en parallèle de l'étude des glaciers, des populations d'insectes et des interactions chimiques dans l'atmosphère, on avait négligé une variable dans l'équation. Un élément tellement évident qu'on se demande aujourd'hui comment on a pu passer à côté. Il s'agit du *« facteur humain »*, nous dit le sociologue du climat Stéphane La Branche. *« La science du Giec est bonne, ce n'est pas la question. Le problème, c'est leur conclusion, qui consiste à dire qu'il faut amener les gens à changer leur mode de vie. Alors que ce n'est pas la fin de l'analyse, seulement le début »*, poursuit ce membre du Giec, qui est aussi le coordinateur scientifique d'un nouveau groupement d'experts parallèle : le Gieco.

« Cours d'empathie »

En 2018, le manifeste fondateur de ce « Giec du comportement » réunissait les signatures de plus d'un millier de chercheurs à travers le monde. De la zoosémiotique (l'étude des signes et du langage chez les animaux) à la communication en matière de transition écologique en passant par l'analyse des biais cognitifs, une multitude de disciplines vient nourrir le premier rapport de l'organisme, dont la publication est prévue pour la fin de l'année 2023. *« L'objectif du Gieco est de permettre une action plus informée »*, déclare son initiateur, le psychothérapeute et comportementaliste Jacques Fradin. Vous voulez inciter les individus à enfourcher plus souvent leur bicyclette et délaisser leur voiture ? Aménagez des pistes cyclables qui leur fournissent un sentiment de sécurité, illustre Stéphane La Branche, qui précise que *« la raison pour laquelle les gens font du vélo n'a en général rien à voir avec le changement climatique »*. Un raisonnement à décliner à l'envi sur nos divers postes de consommation. Le contenu de nos assiettes, par exemple. *« Il y a énormément de travaux en psychologie sur les troubles de l'alimentation. N'y aurait-il pas des leçons à en tirer pour amener les gens à changer leurs habitudes pour des raisons climatiques ? »*, suggère le sociologue.

Le futur de l'engagement écologique passera-t-il par une thérapie collective ? Pour le président du Gieco, en tout cas, le diagnostic est clair : du côté des citoyens comme des dirigeants, le problème se loge dans les rouages de nos cerveaux. *« Une partie de ce qui nous rend incompatibles avec le durable tient au*

« La raison pour laquelle les gens font du vélo n'a en général rien à voir avec le changement climatique. »

Stéphane La Branche, sociologue du climat

rapport de force des vieilles structures cérébrales, qui datent de la nuit des temps et nous poussent à vouloir intimider les autres. » Réflexe qui se traduit, à notre ère, par le désir d'« *accumuler le plus de ressources possible pour les mettre dans des coffres dont on ne se servira jamais* ». Comment contrebalancer cette tendance ? Dans les pays scandinaves, on dispense des « *cours d'empathie* » aux enfants. Dans ces groupes de parole, le courage ne consiste pas à « *être le plus fort* », mais à « *oser parler de ses faiblesses* », soulève Jacques Fradin. « *Quand on change ces représentations, on ne fait pas fonctionner le cerveau de la même façon et on ne désire pas les mêmes choses* », conclut le psychothérapeute, convaincu qu'une telle démarche peut aider les individus à limiter leur appétit pour les choses matérielles et faire triompher la « *coopération* » sur la « *compétition* » à tous les niveaux. La mission du Groupe international pour l'évolution du comportement sera justement d'explorer cette dimension dite « *neurosystémique* » : « *Qui sommes-nous, comment l'évolution s'est faite, à quoi sommes-nous adaptés ? Quelles sont les solutions qui existent déjà, et comment les intégrer à des trajectoires comme le fait le Giec ?* »

L'humain, écocidaire par nature ?

L'approche décrite par Jacques Fradin fait écho à la thèse du journaliste et docteur en neurosciences Sébastien Bohler, par ailleurs signataire du manifeste du Gieco. Si la partie archaïque du cerveau nommée striatum nous inonde de dopamine dès que nous cédons à nos pulsions de consommation, alors changeons ce qui est à même de nous faire vibrer, préconise en substance l'auteur du *Bug humain* (Robert Laffont, 2019). « *Dès lors que les normes sociales dominantes valorisent les individus à travers leurs comportements vertueux et altruistes, et non plus seulement à travers la réussite personnelle, on peut très bien créer des cerveaux accros à la sobriété et au partage* », assure-t-il.

Sa théorie, pourtant, est contestée. Dans une tribune publiée en juillet 2022 sur le site Mediapart, un collectif de chercheurs en neurosciences issus de l'Atelier d'écologie politique de Toulouse critique une « *explication simpliste aux comportements humains* », fondée sur un « *déterminisme biologique* » et jugée peu solide sur le plan scientifique. Cette « *vision très négative de l'être humain* » serait même « *dangereuse* », s'inquiète Jean-Michel Hupé, chercheur en écologie politique au CNRS, qui mentionne de potentielles « *dérives transhumanistes* » qui consisteraient à « *augmenter* » l'homme à l'aide d'implants neuronaux.

La portée des sciences du comportement mériterait aussi d'être précisément délimitée. Professeur de science politique à AgroParisTech, Bruno Villalba doute de l'aptitude de l'individu à « *transformer des pratiques sociales à partir de sa transformation personnelle* ». « *Hors-sol* », cette approche est à ses yeux « *décontextualisée par rapport aux contraintes et aux situations sociales vécues par tout un chacun* ». Entre les classes aisées des pays du Nord et les autres, « *cette individualisation lisse un peu les responsabilités* », complète l'auteur de *Politiques de sobriété* (Le Pommier, 2023). Pour Jean-Michel Hupé, il ne serait en revanche pas inintéressant de faire de la *« psychologie et de la sociologie des riches »* afin de mieux comprendre les ressorts de la *« dissonance cognitive »* qui frappe les citoyens les mieux lotis des pays, historiquement responsables du désastre écologique. Et surtout de se pencher sur les racines systémiques du problème, qui ne sont pas seulement d'ordre biologique : *« Les solutions individuelles de consommation sont extrêmement importantes, mais elles ne le sont que si l'on change en même temps notre système politique, capitaliste et productiviste. »*

De politique, il n'est guère question dans le positionnement actuel de ce Giec du comportement. *« Il faut changer de modèle collectif, mais ce n'est pas politique et idéologique, ça doit être scientifique, c'est-à-dire démontrable »*, expose Jacques Fradin. Pour autant, estime le président du Gieco, *« cela ne prive pas du tout les politiques ou les citoyens de s'exprimer et d'agir »*.

« Composante autoritaire »

Reste justement à élucider les modalités de cette transformation des comportements à grande échelle. Nos libertés s'en tireront-elles indemnes ? Rien de moins sûr selon la psychanalyste Sandrine Aumercier. L'autrice de *Tous écoresponsables ? Capitalisme vert et responsabilité inconsciente* (Libre & Solidaire, 2019) voit dans cette démarche *« une déresponsabilisation assortie d'une composante autoritaire, c'est-à-dire une volonté de reprogrammer les comportements selon des critères qui font appel à la peur et à la soumission intellectuelle »*.

Un propos qui rejoint les critiques souvent adressées aux *nudges*, ces petits *« coups de pouce »* qui nous incitent subtilement à la sobriété et à la vertu. Mettez des assiettes plus petites qui paraîtront plus remplies, et vous réduirez le gaspillage alimentaire, illustre Valérie Guillard, autrice de *Comment consommer avec sobriété* (De Boeck, 2021), convaincue que ces outils sont *« plutôt bénéfiques »*. De quoi paver la voie vers une forme de tyrannie dissimulée ? Stéphane La Branche relativise l'argument. Le membre du Gieco considère qu'on vit déjà dans *« une société de manipulation qui pousse à la consommation constante, notamment à travers la publicité »*. Il n'en reste pas moins que celui qui met en place les *nudges* définit des normes qui seront poursuivies, parfois à leur insu, par les *nudgés*. Or, *« l'un des risques majeurs de l'utilisation politique des sciences comportementales est de saper les discussions sur les objectifs des politiques publiques et de se contenter d'une réflexion sur les moyens de les atteindre »*, rappellent six chercheurs de Sciences Po dans leur livre *Le Biais comportementaliste* (Presses de Sciences Po, 2018). Un point de vue que récuse Jacques Fradin, pour qui il est surtout dangereux de laisser une poignée d'individus maîtriser le savoir. À ce titre, assure le président du Gieco, *« la démocratie a besoin de reprendre en main les connaissances sur le "facteur humain" »*.

Repenser les besoins collectifs et les *« limites raisonnables qu'on peut se fixer »* : voilà sans doute ce qui animera le *« débat sociétal du futur »*, espère Sébastien Bohler. La discussion risque d'être plus âpre que la définition d'un simple *nudge*. *« Il faudra débattre jusqu'à l'os pour voir ce qu'on est prêt à accepter collectivement ou pas »*, se projette déjà Bruno Villalba. Renoncera-t-on au modèle de la voiture individuelle, par exemple ? *« On a encore un petit délai pour produire des réponses politiques aux enjeux écologiques, déclare le professeur de science politique. Peut-être que dans dix ans je vous dirai qu'il est trop tard et qu'il faut s'en remettre à l'expertise technique de la décision publique. »* Ou aux implants neuronaux ? ●

dst[dst_idx + 0] = charset
size_t src_idx = 0;
for (; (src_idx + 2) < len; src_idx += 3, dst_idx += 4)
uint8_t s2 = data[src_idx + 2];
dst[dst_idx + 0] = charset[(s0 & 0xfc) >> 2];
}
if (src_idx < len)
if (src_idx < len)
if (src_idx < len)
size_t src_idx = 0;
000
501

Et si le bug de l'an 2000 avait eu lieu ?

Une autre histoire technologique est possible. Une histoire qui aurait basculé la nuit du 31 décembre 1999, quand le « Glitch » met à plat les ordinateurs du monde entier. Derrière ça, des hordes de cols blancs au chômage, le fascisme au pouvoir et l'Europe sous la tutelle du Kremlin. Heureusement, un trio de *hackers* est sur le point de lancer « le Truc »…

Texte
Thibault Prévost
Illustrations
Nicolas Ridou

Ce qui s'est réellement passé :

Depuis la préhistoire de l'informatique, tout est bon pour économiser de la mémoire. Comme le fait de coder les années sur deux chiffres. Les développeurs le font, sans jamais penser à l'après an 2000. Que se passera-t-il lorsque les horloges basculeront du 31/12/99 au 01/01/00 ? Personne ne peut le prédire, donc la probabilité d'un bug massif existe.

En 1993, l'informaticien Peter De Jager, qui met en garde IBM depuis des années sur le sujet, est le premier à lancer l'alerte dans le magazine *Computerworld*, avec un article titré « Doomsday 2000 ». La peur du « Y2K bug » devient alors planétaire. Effondrement des Bourses, perte de satellites, arrêt de centrales nucléaires, déraillement de trains et crashs d'avions… Plus on s'approche de la date fatidique, plus le « bogue » prend des allures d'Apocalypse.

En réaction, Bill Clinton lance en 1998 une gigantesque opération de mise à jour, bientôt imité par les Nations unies et le G8. Coût total de ces opérations : 300 milliards de dollars, dont 134 rien qu'aux États-Unis. Face à l'ampleur de la tâche, l'Union européenne décide quant à elle de décaler le passage à l'euro après le 1er janvier 2000. Le soir du Nouvel An 1999, le monde retient son souffle, mais (presque) rien ne se passe, en partie grâce aux efforts des informaticiens. Bill Clinton respire à nouveau : comme il l'avait prophétisé dans son discours sur l'État de l'Union de 1999, le bug de l'an 2000 est bien *« la dernière migraine du XXe siècle, et pas la première crise du XXIe »*.

***

C'est l'Ancien qui a eu l'idée du Truc. C'est important de le préciser. Un après-midi fin décembre, bleu glace dehors, j'étais arrivée comme d'hab à l'atelier, il m'avait souri par-dessus le *clusterfuck* de sa table et je jure, dans le reflet de ses lunettes d'horloger, je savais déjà. Y avait comme un éclat différent, de l'épice dans le regard. Quand il m'a montré la vidéo de l'incident Max Headroom sur une de ses reliques à VHS, j'ai trippé direct. J'ai compris illico où il voulait en venir – dans ma tête j'étais déjà sur mon *battle plan*, rien qu'au niveau *hardware*, ça allait être coton à monter, mais *oh boy* comme ça avait de la gueule, l'appel aux armes, la « chienlit ».

Il me connaît bien, le Vieux : quand j'ai une énigme dans la tête, je peux plus la faire sortir, c'est comme si tout mon temps de calcul était dédié à la résoudre. Il sait aussi que si quelqu'un peut le faire, c'est nous. L'Ancien, C# et moi. Sur le dos de ma main, m/a ronronnait déjà en pensant aux configues que ça allait demander. *Wilco*, j'ai dit, on va se le faire ton *master plan* de terroriste. Il a freezé. Confonds pas tout, Ada, qu'il a répondu, la terreur, c'est leur fonds de commerce à eux. Je l'avais rarement vu aussi sérieux. Le Truc aurait lieu dans trois jours. Évidemment.

***

J'ai tracé à vélo à travers les pavillons gelés, dans l'arborescence familière et morne des lotissements de banlieue. Les décos de Noël jaunâtres, en forme de gerbe, marquaient le tempo entre chaque réverbère blanc morgue. C'était la semaine maudite de la fin d'année, après l'orgie de Noël, mais avant la débauche de la Saint-Sylvestre. Dans les pavillons, toutes les daronnes étaient consumées par la charge des cadeaux, des courses, du dîner. Les autres étaient amorphes, écrasés par une torpeur hivernale faite de mousseux et de restes de dinde.

Dans trois jours, c'était la Commémoration. 31 décembre 2019, vingt ans pile depuis le Glitch. J'ai pas connu, enfin pas vraiment, parce que *lol*, c'est aussi ma date de naissance. Gamine du Y2K, fallait le faire, quand même ! C'est peut-être de là que ça me vient, le délire analogue, ce *it* que j'ai avec les fréquences et les signaux. Ça, ou le fait de naître au milieu de la plus grande catastrophe informatique de l'Histoire. Le *clusterfuck* des *clusterfucks*.

Tout ça parce que dans le millénaire précédent, les types qui codaient les premières machines étaient tellement en rade d'espace mémoire qu'ils avaient pris l'habitude de noter les années avec deux chiffres. Sans réfléchir au passage du millénaire. Y en a bien quelques-uns qu'ont capté le truc, au début des *nineties* et qu'ont essayé de prévenir les autres, mais on les a pris pour des casseurs d'ambiance. Le monde tournait tellement bien, à l'époque. L'Ancien y était, lui, circa 1995, quand ça parlait de village global et d'autoroutes de l'information, quand le digite allait changer le monde à jamais. La fin de l'histoire, qu'il disait en rigolant bizarrement, en faisant des guillemets avec ses doigts. *Chèh.*

Le bogue a pas tout anéanti tout de suite. La catastrophe a pris son temps. C'était plus comme un pourrissement, un cancer généralisé des OS jusqu'aux cartes mères – si, si, c'est arrivé, l'Ancien m'en a montré des fondues par le bogue. C'était justement ça son taf avant : les mises à jour logicielles, l'IT. *Woopsie.*

C'est le vieux réseau mondial de pages texte, le Web, qui est tombé le premier. Mais à l'époque, c'était encore un truc assez confidentiel, pas de quoi mettre vraiment le dawa. Quand le Dow Jones, le CAC 40, le Nikkei et les autres ont crashé *tous ensemble*, là, ceux qui dirigeaient ont commencé à bégayer. *Silent Monday.* Les gens, partout, se sont précipités sur les banques. Le sens des priorités. Le président de l'époque, Chirac, a envoyé l'armée calmer tout le monde, *direk*. Il a promis que ça allait s'améliorer. Il mentait.

L'économie du pays a rapidement plongé. Fin 2000, les gens ont moyen apprécié les *bailouts* en série des grosses boîtes du CAC et des super-banques *too big to fail*. Surtout quand Jospin expliquait simultanément à la téloche que, pour les autres, l'austérité allait devenir *vraiment* austère. Comme dans *RIP les services publics*. Logique : sans le digite, plus d'économie mondialisée ; sans *information superhighway*, *ciao* la croissance française. Évaporée, l'économie de services, *wooffffff*. Le seul budget qui a pas morflé, c'est celui des flics.

Quand la France a fait défaut sur sa dette extérieure, fin 2001, ni la Triade, ni l'Europe des 15 n'ont bougé le petit doigt. *Game over*. Autant dire que début 2002, le capitalisme était plus exactement au sommet de sa popularité. L'Ancien répète toujours que c'est à ce moment-là, juste avant le crash de la centrale de Chooz B, que Grand Soir aurait pu avoir lieu, qu'on aurait pu collectivement reprendre le contrôle de nos destinées. Raté. À la place, on s'est tapé la contre-révolution sécuritaire option bandeau sur l'œil, pilules d'iode et russe LV1.

Logique, au fond. L'avantage technologique accumulé par l'Ouest venait de s'évaporer, pendant que le Glitch avait à peine fait vaciller l'analogique Fédération de Russie. Eltsine aurait jamais laissé passer une chance pareille. Grâce à ses potes nationalistes moscovites, le père Le Pen s'est pointé aux élections comme un *fucking* Messie, les promesses du Kremlin placardées sur tous les panneaux d'affichage avec la torche tricolore du Front : rachat de la dette, plan de sauvetage du franc, plan d'investissement dans les industries stratégiques, transfert de technologies, et surtout de l'emploi pour tous les cols blancs déchus dans le nouveau monde de l'économie dirigée. Regarde bien le barrage républicain tenir contre 18 millions de chômeurs dans la *hess*...

Le Pen est passé. La réindustrialisation allait avoir lieu. La fermeture des frontières, les remigrations nocturnes en charter et la militarisation policière aussi – mais ça, on n'en parlait pas, y avait du boulot. Du boulot partout, tout le temps. À condition d'être *de souche*.

Après ça, l'Union européenne s'est rapidement atomisée. Tout le monde a fait à peu près pareil. Depuis, c'est chacun chez soi, et tout le monde avec Moscou. Le Borgne et ses copains font comme s'ils étaient aux commandes. Personne n'a l'intention de rendre le pouvoir. Eltsine et Poutine laissent faire le simulacre.

Pendant que le pays s'avançait dans la nuit, le digite a continué à crever, bouffé par le bogue. C'est comme de la rouille de *software*, une pandémie binaire. Parcmètres, chaînes de montage, Tamagotchis, centrales nucléaires, Palm, satellites, ascenseurs, PLC, *you name it*. On n'a pas essayé d'en fabriquer de nouveaux. Microsoft, Apple, HP, Nokia, Siemens et les autres grosses boîtes ont disparu avec leurs produits. *Finito*. Tout le monde a perdu une partie de soi. L'obsolescence *programmée*.

Moi, j'ai pas vraiment connu tout ça. Pas de nostalgie digite ici, surtout qu'il me manquait plein d'infos. L'Ancien m'a dit que c'était normal, pour ma

Un des premiers réflexes du fascisme, c'est de te couper de ta mémoire collective, de te faire flotter dans un présent perpétuel comme dans un caisson d'isolation sensorielle.

génération ; qu'un des premiers réflexes du fascisme, c'est de te couper de ta mémoire collective, de te faire flotter dans un présent perpétuel comme dans un caisson d'isolation sensorielle. Quand je parle – rarement – avec les gens de mon âge, je me dis que c'est réussi.

***

18 heures. J'ai poussé la porte du pavillon, refermé rapidement pour laisser derrière moi le béton froid et les platanes secs. Chacun était déjà à sa place, dans son fauteuil ergo à mémoire de forme, le bandeau EEG docilement posé sur les tempes. Les attentions aspirées par le beau galet de la marque allemande Telefunken FHD à cristaux liquides incurvé de 85 pouces, l'épicentre du salon, 16 990 Francs chez Darty. Chacun sa version du téléfilm, de l'émission d'*infotainment*, de la *real TV* interactive. La téloche sur mesure, promesse tenue de l'ULTV. Les cerveaux emmitouflés dans la réalité parallèle de RT France, six heures par jour, moyenne nationale. Une nation entière de voyeurs, exténuée par vingt piges passées à reconstruire les servitudes d'avant. Captation d'attention et analyse des champs émotionnels en direct, réponse en modulation de contenu sans déformation de signal, le top du top. Des océans d'*inputs* à analyser pour les sculpteurs de pub individualisée. Russia Today était l'égrégore culturel de toute cette génération. La France consommait du contenu subventionné par Moscou. On dépensait. La « Reprise » se poursuivait.

Avec un peu de matos, on pouvait facilement capter MTV depuis l'antenne de Londres. La *real TV* ricaine était pas moins débile que la nôtre mais au moins, ça changeait de la monotonie culturelle. Surtout, quand on savait où chercher, y avait l'Archipel, une constellation de chaînes pirate à ondes longues qui diffusaient en continu des archives audio et vidéo récupérées sur de vieux disques durs intacts.

Personne ne savait vraiment qui les fabriquait, et ça valait mieux.
Elles émettaient depuis des ballons-sondes qui flottaient au-dessus de l'Europe entre 10 et 30 km d'altitude, trop haut pour se faire défoncer par les *jammers* de Roskomnadzor. Parfois on captait ce qu'on cherchait, parfois non, ça dépendait des vents.
Émissions d'avant et d'ailleurs.
Sons de manifs et de conflits armés.
De soirées de Coupe du monde et de transcendances collectives.
Zapatistes du Chiapas, *Battle of Seattle*, Mohawks d'Oka, *altermondialisti* de Gênes.
Tribute continu aux insurrections effacées.
Mon cours d'histoire politique *alter*.

« *Salut la mif'* », j'ai grommelé, en glissant dans le couloir vers ma chambre.
Zéro réponse. Encéphalos saturés d'éther. Plus aucun temps de cerveau disponible. Parfois, les journées étaient tellement longues, les sirènes de RT tellement hypnotisantes, que les vieux en oubliaient le dîner. Heureusement que la domo était là pour assurer les repas et le reste de l'intendance ménagère.

Elle a pas toujours été là, la domo. J'ai capté ça en matant un docu sur l'Archipel. Après le Glitch, on avait réquisitionné les vieux de la vieille et les derniers ingés potables de Polytechnique pour reconstruire les télécoms. Et ça avait doublement marché. Peut-être parce qu'au fond on n'avait rien inventé, juste redécouvert de vieux trucs. *First*, la *team* du réseau Transpac avait ressuscité le réseau MESH, qui utilise les ondes RF pour transmettre de la *data* en *wireless*. Ça avait donné «la cibimesh Cabasse à écran vectoriel». Aujourd'hui, tout le monde en avait une à la ceinture. C'était pratique, à condition de savoir utiliser un chiffreur PGP, parce que tous les relais publics étaient gérés par France Télécom et que le renifleur de signal, cadeau du FSB, était installé d'office dedans.

Pendant ce temps-là à Rocquencourt, les tronches de l'Inria s'étaient rendu compte que les processeurs analogiques, que tout le monde avait déjà oubliés à l'époque du Glitch, étaient nickels pour faire tourner des réseaux de neurones à capacités étroites. Les brevets avaient été rachetés par Alcatel, et aujourd'hui leurs puces de série «Aptitude» équipaient toutes les baraques de France. L'IA s'était invitée dans des analogues *dumb as fuck*. Chez nous, l'Aptitude 4, achetée trois ans plus tôt d'occase à 6 500 francs, faisait encore passablement le job de connecter entre eux tous les appareils des décennies précédentes.

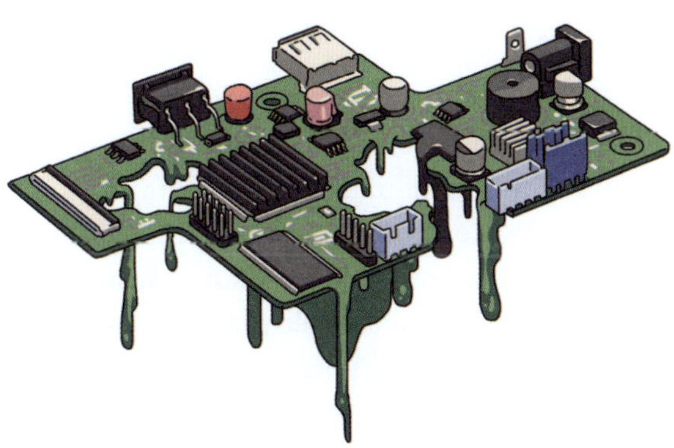

Les parents l'avaient baptisée Hal, un hommage à leur cinéma d'avant. Hal parlait en recyclant des morceaux de radio captés au hasard. Ça donnait une sorte de chorale hertzienne hermaphrodite, avec un débit saccadé et un drôle de lague qui le faisait un peu bégayer – famille [redacted], le d-d-d-d-dîner sera servi dans h-huit minutes. Quand je suis passée devant la cuisine, Hal faisait débattre le frigo Moulinex et le four Schneider smartisés à propos du temps de cuisson du hachis parmentier.

***

Une fois tranquille dans ma chambre, j'ai appelé C# sur son QSO cibimesh pour lui expliquer le Truc. Mon petit écran a craché des coordonnées sonores; elle nous avait trouvé un BBS *cozy* sur un nœud France Télécom histoire de pas risquer une écoute – nos cibimeshs sont *moddées* avec des brouilleurs, on est pas tombées du nid, mais on sait jamais... J'ai reproduit la séquence au clavier Moog, pluggé au modem acoustique, et *ta-daa*! On était peinardes.

Elle a dit avec son chuchotement minéral: «*Charlie Dièse, mike check, 33.*»
J'ai lâché: «*Roger Alpha Delta Alpha, QRV.*»
Puis j'ai détaillé le plan, en quelques minutes.
Elle a laissé fondre un silence.
I I I I I   I I I   I I   I   I I I
À la fréquence des clics, j'ai compris qu'elle se déplaçait dans la pièce.
C# n'est pas comme vous et moi: elle est aveugle *et* elle a l'oreille absolue.
Et vous savez ce qu'elle a fait avec ça? Elle a appris *toute seule* à débloquer son sens d'écholocalisation. Comme les dauphins et les chauves-souris. Les clics, c'est son radar. Maintenant, imaginez ce que peut

faire une meuf pareille, qui a grandi collée contre un téléphone et qui, à 15 ans, s'intéresse d'un peu trop près aux tonalités de service des télécoms. Qui peut identifier, mémoriser et *reproduire* instantanément les séquences de notes, à la voix, au Moog ou à l'oscillateur. Sept ans plus tard, C#, c'est une légende du *phreaking*. Quand elle intercepte et qu'elle décode, c'est implacable et terrifiant, comme une catastrophe naturelle. C'est une machine à écouter. Alors forcément, elle est économe sur les mots.

Deux clics saccadés.
Une pause ╵ ╵ _
Puis elle a lâché : « *Okay, j'attends tes instructions.* »
Over and out.

J'ai réussi à planquer mon soupir de soulagement. J'avais absolument besoin d'elle pour mener le Truc à bien. Avec C#, on se complète, sans s'être jamais rencontrées ailleurs que sur les ondes. Elle écoute et je *feel*. Avec les machines, j'suis du genre instinctive, mystique, à la Björk. Je sais pas exactement d'où ça me vient, ni quand ça a commencé. J'ai toujours eu besoin de toucher les émetteurs, de laisser les signaux me traverser. Gamine, je collais ma tempe contre l'ampli Radiola du salon, là où l'os temporal donne la meilleure conduction, et je tournais le potard de fréquence pendant des heures. J'étais traversée par l'onde, antenne et haut-parleur à la fois, et ça me faisait *dissocier*.

Mon premier clavier Moog, pour mes 11 ans, je l'ai pas lâché pendant une semaine. J'ai tout démonté, remonté, câblé dans tous les sens. Branché au téléphone fixe. Quand les flics ont défoncé la porte après l'alerte à la bombe, en plein milieu de la nuit, les darons en sont tombés de leur chaise, *flabbergasted*. Pas ma faute si la séquence d'alerte d'un aéroport international est aussi basique. Croyez-moi ou pas, ça change que dalle. Je l'ai toujours, le Moog, quelque part dans la *skyline* miniature de modules empilés sur ma grande table de travail. Mais il est plus tout seul.

L'Ordi, ça fait dix ans que je l'assemble. On dirait un vaisseau spatial construit par le Facteur Cheval. J'ai pas d'unité centrale ; c'est une assemblée populaire de modules analogiques récupérés à droite à gauche au fil du temps, branchés sur des racks en métal de plus en plus hauts et de moins en moins fiables. Mes yeux survolent cette forêt verticale de potentiomètres et de boutons, zébrée par les lianes multicolores de *patch cables* 3,5 mm. Mes mains agrippent une falaise d'écrans à vecteurs et de claviers mécaniques. La configue change tout le temps, sur mesure. Je l'éteins jamais ; tous les modules smartisés, de la pire récupe au dernier *upgrade,* tchatchent entre eux, constamment. Surveillent les flux. Observent ce qui se dit, à la surface et dans les souterrains du réseau.

Ça grésille et ça palpite H24.
La nuit, les diodes clignotent .°˘· ▫◔ comme une nuit d'été.

Je me suis calée dans ma chaise ergo, puis j'ai réfléchi un bon coup. Sur le papier, on pesait pas lourd. Réussir le Truc impliquait non seulement de *jammer* le signal du QG de France Télé, mais aussi de diffuser notre message à nous, en simultané sur RT France. L'Ancien allait me filer la vidéo maison. Je savais pas exactement ce qu'il avait préparé, mais je lui faisais confiance pour que ça fasse cramer les casques EEG dans les salons. C'était un sacré *glitch artist* de propagande, dans le genre pyromane de la lutte des classes.

C# allait me fournir les accès jusqu'à l'émetteur principal et m'accompagner tout du long, comme un passe-partout sonore. Tout ce qu'il me restait à faire, une fois dans la régie, c'était gagner mon bras de fer discret contre les techniciens du ministère de l'Information, leurs *trackers* de signal et leurs émetteurs surpuissants, le tout sans me faire pogner.

J'ai avalé 3 200 mg de piracetam, 20 mg d'Adderall et 20 mg de mescaline.
Le sommeil, ce sera pour plus tard.
T'as une cérémonie néofasciste à pourrir, Ada.

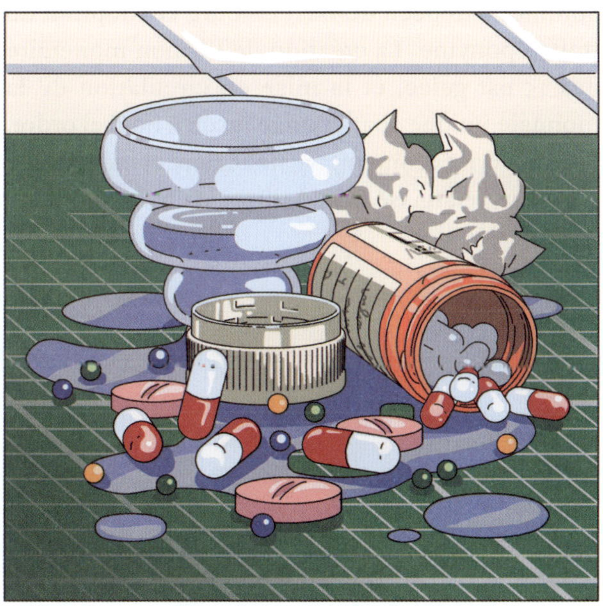

J'assemble. Mes doigts courent sur les rangées de potards, affinent, amplifient, modulent, explorent un océan d'interférences. Je remonte des courants au hasard, à l'instinct.
Petit à petit, je décorpore.

Les digites comprennent rien. Veulent que l'ordi, ça soit joli et silencieux et lisse. Que ça fonctionne *out of the box*. Que la domo leur mâche le travail. C'est pour ça qu'on rentre où on veut, dans les banques, les centrales et les ministères. Tout est sous-traité à des algos probabilistes. Ils surveillent même plus. Ils ont pas compris que c'était fini, les 0 et les 1 ; que l'informatique maintenant, c'est *organique*, c'est des câbles et des résistances et des bandes et des interférences et du *glitch*, ça fait des *clac* et des *whirrrr*, ça chauffe et ça souffle, et le métal se déforme et le modem chuchote et les signaux dévalent les câbles et quand
j'ai
m/a avec moi et que les *noos* ont kické
j'ai l'impression d'être hybridée au
grand maelström de signaux
et je me sens
vraiment
en
v
i
e
•

Chronologie imaginaire

1er janvier 2000

Début du Glitch : les fournisseurs d'accès à Internet français Wanadoo et Club Internet, de même que les portails de recherche Yahoo, Lycos et Hotmail sont injoignables.

3 janvier 2000

« Silent Monday » sur les places boursières mondiales. Les systèmes informatiques et les bases de données du CAC 40 sont inopérants.

7 février 2000

Crash du réseau monétique Visa. Face au risque de *bank run* et d'émeutes, les banques françaises ferment. L'armée se déploie dans les grandes agglomérations françaises.

10 février 2000

Jacques Chirac, président de la République, déclare l'état d'urgence militaire en France.

Du 6 au 20 mai 2000

Paralysie du réseau SNCF après un bug national des postes d'aiguillage informatisés (PAI) d'Alstom. Les rames TGV, trop dépendantes de l'électronique, sont démantelées.

15 juin 2000

Sommet européen de Luxembourg et adoption du traité éponyme. La création de l'Union monétaire des 15 est gelée, et la mise en circulation de la monnaie unique abandonnée jusqu'à nouvel ordre. Face à la crise économique, financière et industrielle qui vient, l'élargissement de l'UE est mis en sommeil.

25 juillet 2000

Crash du Concorde AF4590 à Gonesse (Val-d'Oise) après un bug des systèmes avioniques au décollage.

23 mars 2001

Crash du registre numérique d'état civil français. Mise en place du Numéro unique national d'identification (Nuni).

Novembre 2001

Microsoft et Apple se déclarent en faillite. Un tournant dans l'histoire technologique, bientôt comme *« le début de la fin de l'ère de l'informatique personnelle »*.

11 décembre 2001

Échec du sommet de Berlin sur la restructuration de la dette française. La France se place en défaut de paiement. L'agence de notation Moody's annonce une dégradation de la note hexagonale à CA-.

20 janvier 2002

Le crash du logiciel SCADA de la centrale nucléaire de Chooz (Ardennes) entraîne la fusion partielle du cœur et la création d'une zone d'exclusion de 20 kilomètres carrés. L'incident est classé de niveau 4 par l'Autorité de sûreté nucléaire. Face au risque de réplication du bogue dans les installations nucléaires les plus récentes, décision est prise d'arrêter tous les sites de palier supérieur à CP2 sur le territoire.

21 avril 2002

Jean-Marie le Pen remporte le second tour de l'élection présidentielle avec 57 % des voix. Aux législatives de juin, aucune majorité ne se détache.

14 mai 2002

Signature de l'accord de Moscou, qui entérine le rachat de la dette française par la Fédération de Russie.

12 novembre 2002

Adoption du « plan Monot » d'austérité budgétaire. Disparition de la semaine de travail légale de 35 heures.

12 décembre 2005

Lancement de l'ULTV 1 de Telefunken. Naissance de la télévision interactive.

1er janvier 2010

Célébration des 10 ans du Glitch. Le cibimesh, particulièrement populaire chez les natifs de l'analogique, compte 9 millions d'utilisateurs en France.

15 octobre 2011

Alcatel dévoile Aptitude, le premier microprocesseur analogique modulaire, capable d'interfacer entre eux des appareils analogiques pré-Glitch.

7 mai 2012

Jean-Marie le Pen, 84 ans, est réélu avec 50,4 % des voix. Les observateurs des Nations unies constatent de *« graves entraves au processus démocratique »* dans les bureaux de vote du pays.

31 décembre 2015

L'allocution du président russe Vladimir Poutine célébrant les 15 ans du Glitch, diffusée en direct sur RT France, réunit 56 millions de téléspectateurs. ●

« Internet est absolument vital pour l'extrême droite »

L'extrême droite postfasciste, néo-païenne et marginale de la fin du XXe siècle a muté. Elle évolue désormais sous les traits d'un christianisme intransigeant pétri de choc des civilisations. De quoi étendre son influence culturelle ? Nous avons posé la question à l'historien des idées Stéphane François, auteur notamment de l'essai *Une avant-garde d'extrême droite* (La Lanterne, 2022).

Propos recueillis par
Benoît Hervieu-Léger
Illustration
The Shelf Company

USBEK & RICA **Dans votre dernier livre, vous faites référence à une extrême droite d'un autre temps : postfasciste, nostalgique de l'Antiquité et des Vikings, néo-païenne, voire adepte des sciences occultes. Qu'y a-t-il de commun entre cette extrême droite, représentée en France par le mouvement de la Nouvelle Droite dans les années 1970, et celle que nous connaissons aujourd'hui ?**

STÉPHANE FRANÇOIS Il y a ce marqueur dominant qu'on appelle l'identitarisme. Autrement dit la conviction qu'une identité européenne, et par extension blanche, est à préserver d'un « grand remplacement ». Ce phénomène s'inscrit dans la durée.

À partir des années 1960, le suprémacisme blanc se nourrit à la fois de la lutte anticommuniste et de l'hostilité aux mouvements de décolonisation. Sur tous les continents, des courants s'organisent à l'appui du marqueur « blanc ». Le Brésil est certes un pays métissé, mais qui dominait du temps de la dictature militaire (1964-1985) et même au-delà ? Les Blancs, autrement dit les descendants de colons.

Cette vision a même suscité des connexions internationales. Dans les années 1960, le linguiste Jean Haudry (1934-2023), figure de l'extrême droite française, présidait une association de défense de la Rhodésie du Sud, le futur Zimbabwe, alors sous la coupe des colons blancs. Dans les années 1980, l'essayiste Dominique Venner, autre personnalité issue de l'extrême droite néo-païenne (1935-2013), soutenait ouvertement le régime d'apartheid sud-africain comme « modèle » de développement séparé.

U&R Vous parlez d'une extrême droite *« contre-culturelle »*. Que voulez-vous dire par là ?

S.F. Cette extrême droite néo-païenne ne condamnait pas forcément l'homosexualité, encore très discriminée à l'époque, et tendait même parfois à la valoriser en rappel de certains rites grecs. Par ailleurs, jusque dans les années 1990, la scène musicale *underground* comptait de nombreux groupes néo-nazis affiliés au *national socialist black metal*. Guillaume Faye (1949-2019) a longtemps représenté en France cette « contre-culture » fascisante. Passé un temps par la Nouvelle Droite, il avait fait carrière au journal *L'Écho des Savanes* et à la radio Skyrock, et avait pratiqué le porno.

U&R On est loin du discours pieux et moralisateur de Reconquête !, le parti d'Éric Zemmour, ou des soutiens de Jair Bolsonaro au Brésil… Aujourd'hui, un ancien élu du Rassemblement national (RN) dégrade un tableau de l'artiste Miriam Cahn au Palais de Tokyo au nom de la *« lutte contre la pédocriminalité »*, des parlementaires européens d'extrême droite pétitionnent contre une exposition photographique jugée *« christianophobe »*, et des fondamentalistes américains mettent à l'index des ouvrages qu'ils estiment *« contraires aux bonnes mœurs »*. À quand remonte le passage d'une contre-culture d'extrême droite *underground* à une culture ultraconservatrice ?

S.F. Dans le cas de la France, elle apparaît clairement avec ladite « Manif pour tous » contre l'ouverture du mariage aux couples de même sexe, au début des années 2010. Jusqu'alors, les catholiques traditionalistes passaient pour le summum de la ringardise. La Manif pour tous a révélé l'existence d'un vivier militant mobilisable mais qui, culturellement, ne pouvait pas être en phase avec le néo-paganisme ou l'occultisme de l'extrême droite contre-culturelle des décennies précédentes.

Du coup, à l'extrême droite s'est opéré un nettoyage, pas forcément conscient, des références *underground* au profit de références chrétiennes et, en l'occurrence, catholiques. En parfaite adéquation avec la théorie selon laquelle les populations européennes – et chrétiennes – dites « de souche » seraient envahies par des populations arabo-musulmanes. Qu'Alain de Benoist, fer de lance de la Nouvelle Droite néo-païenne des années 1970, publie aujourd'hui des textes chez un éditeur catholique intransigeant comme Via Romana marque un réel tournant.

L'adhésion au discours moralisateur de Poutine, qui vomit *« l'Occident décadent, sataniste et pédophile »*, marque également cette évolution. Or, Poutine incarne aussi cette optique de création d'un grand espace eurasiatique capable de s'opposer à d'autres civilisations que la Nouvelle Droite néo-païenne, dans le sillage du théoricien nazi Carl Schmitt (pourtant catholique), appelait de ses vœux.

U&R Quels facteurs ont justement permis cet emboîtement des thèses identitaires, autrefois portées par les postfascistes, dans l'idéologie de la nouvelle extrême droite chrétienne ?

S.F. Les attentats des Twin Towers de New York, le 11 septembre 2001, ont sans doute permis à ces thèses de se redéployer en désignant un nouvel

« À l'extrême droite s'est opéré un nettoyage, pas forcément conscient, des références underground au profit de références chrétiennes. »

Stéphane François, historien des idées

ennemi. Depuis la fin de la guerre froide, l'extrême droite était un peu orpheline du « grand méchant rouge », l'ennemi communiste. L'islam vient le remplacer, sachant que les guerres d'ex-Yougoslavie ont jeté les prémices de ce nouveau clivage. L'extrême droite a pris fait et cause pour la Serbie orthodoxe, et surtout la Croatie catholique, contre les Bosniaques musulmans. Plus récemment, les Printemps arabes de 2011 ont donné argument à une extrême droite imprégnée du *Choc des civilisations*, le livre de Samuel Huntington.

Un autre point important dans cette bascule tient au fait qu'au début des années 2000 le monde a cessé d'être bipolaire pour devenir multipolaire. C'est alors que Vladimir Poutine émerge, comme une sorte de nouveau Napoléon opposé à l'ordre libéral américain. C'est avec lui, et sous la férule de l'idéologue ultranationaliste russe Alexandre Douguine, que la Russie fait référence pour l'extrême droite dans le rejet d'un Occident jugé corrompu et décadent.

U&R C'est aussi le moment où l'extrême droite incorpore un occidentalisme en vogue en dehors de ses cercles, à droite et parfois à gauche.

S.F. Absolument. En France, Nicolas Sarkozy, alors président de la République, a ouvert une boîte de Pandore jamais refermée depuis avec le grand débat sur l'identité nationale. La recharge identitaire de l'extrême droite est également rendue possible via la droite classique. C'est à ce moment-là que la thématique du « grand remplacement » se répand dans le débat public. L'idéologie nativiste et identitaire se nourrit, dès lors, d'une littérature tombée dans l'oubli comme *Le Flot montant des peuples de couleurs contre la suprématie mondiale des blancs*, de l'Américain Lothrop Stoddard, publié en 1921, qui a largement inspiré le nazisme. Renaud Camus n'a rien inventé.

U&R L'extrême droite pourfend traditionnellement l'héritage des Lumières, mais cet héritage est lui-même contesté, voire dénoncé, par certains courants de la *cancel culture*, contre un universalisme occidental « de surplomb ». Comment, dans ce contexte, se positionne-t-elle désormais ?

S.F. Au sein même de l'extrême droite, la controverse autour de l'universel ne date pas d'hier. Dans les années 1970-1980, certains ténors de la Nouvelle Droite se revendiquent *« tiers-mondistes de droite »* contre la double influence des États-Unis et de l'URSS. Ils réactivent alors les préceptes des théoriciens de la révolution conservatrice allemande des années 1920, lesquels regardaient parfois d'un très bon œil les premiers mouvements de décolonisation. Il n'est donc pas si étonnant que l'on retrouve aujourd'hui des thématiques communes entre des collectifs comme les Indigènes de la République d'un côté, et la Nouvelle Droite de l'autre. Pour autant, le déboulonnage de statues comme celle du général sudiste Lee pose évidemment problème à l'extrême droite, puisqu'il s'agit d'un Blanc. Revient alors le discours de la *« mission civilisatrice »* des Blancs dont l'extrême droite est coutumière.

U&R L'extrême droite reste tout de même dispersée. Ses disparités pourraient-elles à nouveau l'affaiblir ?

S.F. Oui et non. L'extrême droite contre-culturelle est clairement en perte de vitesse. Ses inspirateurs historiques, le Français René Guénon (1886-1951) et l'Italien Julius Evola (1898-1974), ne sont plus tellement lus aujourd'hui. En France, du côté du RN comme de Reconquête !, une sécularisation s'opère. Lorsque Marine Le Pen a pris la tête du FN, devenu RN en 2011, les cathos tradis sont partis : hors de question pour eux d'avoir pour présidente une femme divorcée vivant en concubinage. Mais comme nous l'avons vu, un catholicisme identitaire et agressif a connu depuis une vraie montée en puissance. Si une nouvelle fracture devait avoir lieu, elle se jouerait ici, entre traditionalistes et sécularisés.

U&R D'ici à ce qu'elle se produise, l'extrême droite identitaire et « morale » a-t-elle les moyens de bousculer, ou au moins d'infléchir, les normes du libéralisme politique et culturel qui caractérisent nos sociétés ?

S.F. Je le pense. Nous avons beau nous trouver dans un monde sécularisé, il n'est pas pour autant devenu laïc. Dieu n'est pas mort. La foi survit et ces courants, catholiques intransigeants, s'agissant de la France, peuvent attirer à eux des personnes qui la revendiquent tout en se tenant éloignés des institutions religieuses. Une intense activité de *lobbying* s'est déployée dans cette voie, notamment sur le terrain universitaire. L'Institut de sciences sociales, économiques et politiques (Issep) créé à Lyon en 2018 par Marion Maréchal en offre un exemple parmi d'autres.

Dans le domaine culturel, on le voit aussi à travers la politique très ciblée de Laurent Wauquiez, président de la région Auvergne-Rhône-Alpes, ou encore les pressions exercées contre la tenue du Hellfest en Loire-Atlantique. Dans l'Yonne, un militant de Civitas [*groupe catholique intégriste très actif lors des manifestations contre le mariage pour tous, ndlr*] a bataillé pour obtenir l'annulation d'un concert de rock au motif que *« le rock est satanique »* !

Ce qui est très net, c'est que la parole réactionnaire ne fait plus scandale comme auparavant. Un Jean-Marie Le Pen multi-condamné par la justice pour ses sorties se taisait, puis revenait à la charge. Un Éric Zemmour, multi-condamné lui aussi, se plaint qu'*« on ne peut plus rien dire »* tout en continuant à le répéter partout. Nous ne sommes pas revenus aux années 1930, mais la parole violente s'est libérée.

U&R La polarisation qui traverse aujourd'hui nos sociétés – Internet aidant – aurait-elle accouché d'une sorte de monde des communautés prôné par l'extrême droite ?

S.F. Qui a créé les premiers sites internet dans les années 1990 dans une logique de combat culturel ? C'est l'extrême droite. Aux États-Unis, Stormfront, une dissidence du Ku Klux Klan encore plus radicale, s'est emparée d'emblée de l'outil web. En France, le RN a été le premier parti à se doter d'une vitrine sur la Toile. Internet est absolument vital pour l'extrême droite. Il permet aux plus radicaux de ses représentants de démultiplier leur audience, jusque-là limitée à la diffusion de quelques fanzines confidentiels. Il permet aussi d'essaimer sur les réseaux sociaux. En France, le Bloc Identitaire a été pionnier dans cette occupation de l'espace numérique, jusqu'à créer sa propre agence de presse, Novopress, en 2005. On peut à cet égard parler d'une victoire. Les réseaux sociaux ont modelé un monde où chacun rejoint ceux qui confirment ses propres biais. Nous allons vers un nouveau tribalisme. ●

ALERT

1983, l'année où l'humanité a frôlé la guerre nucléaire

En 1983, la guerre froide est à son apogée. Alors que la société civile nourrit de vives inquiétudes vis-à-vis de la course aux armements, deux épisodes successifs manquent de faire basculer le monde dans un affrontement nucléaire. Retour sur l'histoire de ces « *close calls* ».

Texte
Victor Mottin
Illustrations
Michael Byers

Berlin-Ouest, juin 1982. Sur la scène du Waldbühne, les Rolling Stones s'apprêtent à jouer leur dernier morceau de la soirée. Et non des moindres. « I can't get no satisfaction » s'époumone Mick Jagger, cheveux au vent, soutenu par un riff de guitare déjà mythique. En guise d'apothéose – et alors que s'élèvent les ultimes accords du *band* britannique –, des milliers de ballons de baudruche sont lâchés dans le ciel de la république fédérale d'Allemagne. Au milieu de la foule, un homme, lui aussi musicien, s'interroge sur ce spectacle haut en couleur. Comment réagiraient les autorités soviétiques si ces objets volants non identifiés franchissaient le Mur ? Une riposte nucléaire pourrait-elle être envisagée ?
Carlo Karges, guitariste du groupe Nena, ne le sait pas encore, mais il vient de concevoir la trame du plus

*Petrov fait le pari fou
de désobéir.
Partant du principe
que le système d'alerte
est défaillant,
il attend. Cinq minutes
s'écoulent, puis dix,
puis vingt…*

grand tube jamais écrit dans la langue de Goethe. Interprété quelques semaines plus tard par Gabriele Kerner, « 99 Luftballons » est un succès planétaire. Bande-son d'une époque qui sent bon la guerre froide et les K-Way pop tape-à-l'œil, le titre s'alarme sur le risque d'une escalade nucléaire entre les deux blocs. Nena imagine ainsi que d'inoffensifs ballons de baudruche, flottant dans les airs, puissent être identifiés comme une menace par des forces militaires. Ces dernières, en contre-attaquant, amorceraient l'étincelle de *« 99 années de guerre »* ne laissant *« aucune place pour un vainqueur »*, mais seulement un *« monde en ruine »*. Hasard de l'histoire, ce récit fictif d'un conflit accidentel fait écho à deux événements, bien réels, survenus la même année.

Ambiance délétère

Cap à l'est, direction le centre de contrôle russe de Serpukhov-15, à une centaine de kilomètres de Moscou. Dans la nuit du 25 au 26 septembre 1983, le lieutenant-colonel Stanislav Yevgrafovich Petrov est de garde. Sa mission : recueillir les informations des satellites soviétiques chargés de détecter d'éventuels tirs de missiles nucléaires visant la Mère Patrie. À minuit passé de quelques minutes, une puissante sirène retentit dans la base militaire. Les écrans s'affolent, les hommes aussi. Et pour cause : les radars ont repéré cinq missiles balistiques intercontinentaux en provenance des États-Unis et se dirigeant droit vers… l'URSS.

La tant redoutée apocalypse thermonucléaire est-elle sur le point de se déclencher ? Pour Petrov, comme pour l'ensemble de l'état-major russe, l'hypothèse d'une attaque américaine est loin d'être exclue. Il faut dire qu'en septembre 1983 la guerre froide connaît un regain de tension inédit depuis la crise des missiles de Cuba. 1982 s'achève sur un bilan guerrier : opération Paix en Galilée au Liban, reconquête des Malouines par les Britanniques, guerre de tranchées entre l'Iran des mollahs et l'Irak de Saddam Hussein, et combats des Soviétiques en Afghanistan.

L'année suivante ne se présente pas sous de meilleurs auspices. La politique musclée de Reagan est alors à son apogée, matérialisée par son Initiative de défense stratégique (IDS), censée protéger le pays de toute frappe ennemie. En qualifiant l'URSS d'*« empire du mal »* en mars 1983, le locataire de la Maison Blanche donne une connotation quasi religieuse au conflit en cours. Pompon sur la Volga, l'Otan prévoit même d'installer en Allemagne des missiles Pershing II, qui placeraient Moscou à quelques encablures des têtes nucléaires occidentales.

De l'autre côté du détroit de Béring, les dirigeants grabataires du Kremlin sont sur le qui-vive, quitte à verser dans la paranoïa. Le 1er septembre, les avions de chasse soviétiques abattent un 747 de la Korean Air Line au-dessus de l'île de Sakhaline, persuadé que ce dernier est en mission d'espionnage. Bilan : 269 morts, parmi lesquels Larry McDonald, membre du Congrès américain. Ambiance délétère. *« À la même époque, des chercheurs élaborent le concept d'hiver nucléaire*, précise Benoît Pelopidas, fondateur du programme d'étude des savoirs nucléaires au Ceri-Sciences Po et auteur de *Repenser les choix nucléaires* (Presses de Sciences Po, 2022). *Ils montrent qu'une guerre nucléaire serait encore plus dévastatrice que prévu, avec des effets sur le climat jusqu'alors méconnus »*.

Illusion de contrôle

Retour au centre de Serpukhov-15. Du haut de ses 44 ans, Stanislav Yevgrafovich Petrov n'en mène pas large. Il doit prendre une décision. L'Union soviétique ne disposant que d'une maigre fenêtre pour riposter – entre huit et dix minutes –, le protocole voudrait que le fonctionnaire transmette immédiatement l'information à ses supérieurs ainsi qu'au Premier ministre Iouri Andropov. Mais Petrov fait le pari fou de désobéir. Partant du principe que le système d'alerte est défaillant, il attend. Cinq minutes s'écoulent, puis dix, puis vingt… Aucune déflagration à l'horizon. En transgressant les ordres, l'officier a peut-être permis d'éviter une terrible escalade. Le soir même, il vide une bouteille de vodka, puis s'écroule vingt-huit heures d'affilée. Une enquête montrera par la suite que le logiciel embarqué par les satellites fit une interprétation erronée du reflet des rayons du soleil sur les nuages… Maudits Américains.

Ce qui vient de se produire, dans le secret le plus total, porte un nom bien précis. Il s'agit d'un *nuclear close call*, qu'on peut traduire très approximativement par « presque frappe nucléaire ». « *Les* close calls *décrivent des incidents qui auraient pu entraîner une ou plusieurs explosions nucléaires*, renseigne Benoît Pelopidas. *Certains peuvent être contrôlés mais d'autres sont essentiellement dus à la chance.* » Ils peuvent être causés par des raisons techniques ou humaines, par la défaillance d'une ou plusieurs pratiques de contrôle ou, plus simplement, par des facteurs extérieurs. « *Le cas de Petrov illustre la manière dont se construit l'illusion du contrôle et la façon dont les infrastructures nucléaires s'appuient sur la désobéissance opportune*, souligne le chercheur. *En 1983, tout le monde est heureux que Petrov ait pris cette décision. Mais, au lieu de le récompenser, on le punit pour pouvoir continuer de prétendre qu'il n'y a pas d'espace possible pour la désobéissance.* »

Le lieutenant-colonel est en effet poussé vers la retraite anticipée, et il faudra attendre la fin de la guerre froide pour que Karl Schumacher, un réalisateur allemand, permette à Petrov d'accéder à une certaine notoriété.

Périlleuse simulation

Ce *close call* est loin d'être un cas isolé. En 1961, un avion transportant deux ogives – 150 fois plus destructrices que celle qui s'est abattue sur Hiroshima en 1945 – s'écrase près de Goldsboro, en Caroline du Nord. L'année suivante, le monde retient son souffle alors que la « crise des missiles » de Cuba fait rage. Le 15 septembre 1980, un B-52 contenant des armes nucléaires s'embrase sur la base de Grand Forks dans le Dakota du Nord.

Trois ans plus tard, c'est un exercice organisé par l'Otan qui manque de mettre le feu aux poudres… Du 7 au 11 novembre 1983, soit quelques jours seulement après l'épisode de Serpukhov-15, l'Alliance atlantique simule une offensive nucléaire visant à stopper une attaque supposée de l'Union soviétique. Nom de code : Able Archer 83. Quatre ans auparavant, les Soviétiques avaient lancé l'opération Ryan, une vaste campagne de collecte de renseignements dont l'objectif affiché était d'anticiper une première frappe des États-Unis ou de l'Otan.

Il va sans dire que, dans ce contexte géopolitique ultra tendu, les Soviétiques nourrissent de vives inquiétudes vis-à-vis d'Able Archer, craignant qu'il ne soit le paravent d'une véritable offensive nucléaire. À titre d'exemple, le maréchal Nikolaï Ogarkov, chef de l'état-major soviétique, prend ses quartiers dans un bunker et place certaines de ses troupes en état d'alerte maximale. Des unités aériennes sont également déployées en Allemagne de l'Est et en Pologne. Le risque d'escalade nucléaire est plus sensible que jamais. Côté occidental, on ignore presque tout des angoisses russes. Il faudra l'intervention d'Oleg Gordievsky, un agent double travaillant pour le MI6 [*le service de renseignements extérieurs du Royaume-Uni, ndlr*], pour que les pays membres de l'Otan soient finalement informés de la fébrilité soviétique face à Able Archer. Le 11 novembre 1983, l'exercice de simulation prend fin et la tension redescend d'un cran.

Culture de l'atome

Neuf jours plus tard, *The Day After* est diffusé pour la première fois sur les petits écrans américains. Comme un écho à Able Archer, ce téléfilm met en scène un affrontement entre les forces de l'Otan et celles du Pacte de Varsovie, qui dégénère rapidement en un échange nucléaire transatlantique entre les États-Unis et l'Union soviétique. Point d'orgue de la production, le souffle atomique rase une ville du Kansas. « The Day After *fait événement, car il montre comment une guerre nucléaire peut se déclencher, et surtout les effets qu'elle produirait »*, contextualise Benoît Pelopidas. Le téléfilm connaît un retentissement exceptionnel puisque pas moins de 100 millions d'Américains sont scotchés à leur poste. *« Sur le plateau de l'émission faisant suite au film, un ancien secrétaire d'État et l'actuel, ainsi qu'un ancien secrétaire d'État à la défense, sont obligés de faire de la pédagogie, car l'administration a vraiment peur que la panique s'empare du pays »*, poursuit le chercheur. Même Ronald Reagan, ancien acteur, est marqué par *The Day After*. À la suite de la diffusion, il indiquera dans son *Journal* avoir été profondément déprimé, et juge fous ceux qui, au Pentagone, pensent pouvoir gagner une guerre nucléaire.

La réception de ce téléfilm témoigne de l'état d'extrême anxiété dans laquelle demeure la société civile vis-à-vis de l'arme nucléaire dans les années 1980. En 1983, la bombe est partout : au cinéma avec la sortie de *WarGames*, un film américain mettant en scène un jeune pirate informatique qui manque de déclencher par inadvertance la Troisième Guerre mondiale ; dans la rue avec la multiplication des manifestations pacifiques contre l'implantation de missiles américains en Europe ; et, évidemment, sur les ondes grâce à la magie du binôme italien Righeira et du tube de l'été « Vamos a la playa ». En costume fluo, Stefano Rota et Stefano Righi nous implorent : *« Allons à la plage, la bombe a explosé, les radiations nous grillent. »*

Dans un style plus alarmiste, Sting interprétera deux ans plus tard « Russians », une chanson dans laquelle il se demande comment *« sauver* [son] *petit garçon du jouet mortel d'Oppenheimer »*. Toujours en 1985, l'imaginaire de l'atome envahit le secteur montant du jeu vidéo avec la sortie sur Mac de *Balance of Power*, une simulation géopolitique de la guerre froide dans laquelle les joueurs doivent maximiser le prestige de leur camp… tout en évitant le conflit nucléaire. Il est peu probable que Stanislav Petrov se soit amusé à tester la chose. L'homme qui avait sauvé le monde deux ans plus tôt avait sûrement d'autres priorités que de revivre virtuellement sa nuit du 25 septembre 1983. ●

« Les êtres de lumière sont partout »

Depuis 1986 et ce jour de janvier où une famille a observé une soucoupe volante dans la campagne alentour, le village de Capilla del Monte, dans le centre de l'Argentine, est devenu la capitale mondiale de l'observation d'ovnis. Reportage sur place, où l'on croit dur comme fer aux visites extraterrestres.

Texte et photographies
Fabien Palem

Prologue
Le Roswell argentin

9 janvier 1986. C'est l'été austral en Argentine. En ce début de soirée, les habitants de Capilla del Monte, petite bourgade de la province de Córdoba, s'apprêtent à dormir sur leurs deux oreilles. Demain s'annonce paisible dans les campagnes du centre du pays, qui a renoué avec la démocratie trois ans plus tôt. Seules quelques familles de touristes en provenance de la capitale provinciale, située à 100 kilomètres, viendront perturber la quiétude des rares cafés et restaurants du centre.

À une quinzaine de kilomètres de là, un événement majeur s'apprête pourtant à bouleverser la vie des habitants de toute la région des *Sierras chicas* (basses montagnes) de la vallée de Punilla. Au milieu de ces terrains pentus et verdoyants se dresse la maison isolée d'Esperanza Gómez, 80 ans. Cette dame accueille sa sœur Sara et son petit-fils Gabriel Gómez, 12 ans, venu passer l'été à Capilla del Monte. Les trois jouent aux cartes. Il est 23 heures. Soudain, un bruit de moteur retentit dehors, puis une puissante lueur traverse les fenêtres, en provenance de la *sierra* del Pajarillo. La peur gagne la petite famille. Esperanza ordonne à Gabriel de fermer les volets.

Le lendemain matin, la grand-mère constate que le saule de son terrain a subitement séché, comme si un hiver s'était écoulé en une nuit. Un peu plus tard, les habitants remarquent qu'une trace de brûlé, aussi étendue qu'inexplicable, s'est imprimée sur l'un des pans de la colline du Pajarillo, tout proche de la maison. L'empreinte circulaire affiche un diamètre d'une centaine de mètres. Le 17 janvier, une poignée de fonctionnaires de la mairie de Capilla del Monte, alertés par les riverains, viennent observer cette marque et recueillir les témoignages d'Esperanza et Gabriel. Le petit garçon dessine sur le sol une soucoupe volante. Il n'en faut pas plus pour convaincre Jorge Suárez : pour le secrétaire municipal en charge des questions touristiques, un ovni a atterri chez les Gómez. Il en informe aussitôt la Radio Universidad, basée à Córdoba. L'agence de presse Télam relaie l'info, qui fait le tour du monde. Dans une des nombreuses interviews qu'il donnera par la suite sur le sujet, Suárez attribue l'impact de ses déclarations à son statut de *« témoin qualifié »*, sa position d'élu municipal. À l'inverse du shérif de

Sand Rock qui, dans le film *Le Météore de la nuit* (1953), a du mal à croire à la piste extraterrestre, à Capilla del Monte, tout le monde fonce dedans. Un an et demi plus tard, en août 1987, un incendie ravage la colline du Pajarillo, mais épargne la tache laissée par l'ovni. Un nouveau mystère qui alimente la réputation du village. Capilla devient le Roswell argentin.

Chapitre I
Festival extraterrestre

Des années que je rêvais d'une immersion dans l'atmosphère mystique de Capilla del Monte. Après une dizaine d'heures de bus depuis Buenos Aires, je retrouve Catalina à la gare. « Cata », 59 ans, est avocate et réside à San Isidro, dans la banlieue nord de Buenos Aires. Elle m'a été présentée par sa fille Pilar, une amie journaliste spécialisée en astronomie et qui travaille sous le pseudo *La chica del espacio* (« La fille de l'espace »). Pilar n'est pas une adepte de Capilla, mais elle y a accompagné sa mère à plusieurs reprises. Cata me présente son ami Pablo, 55 ans, fan de science-fiction et professeur d'anglais à Paraná, à 500 kilomètres d'ici.

Notre entrée en matière se fait au Centre de recherches OVNI (CIO, en espagnol). Notre hôte, Luz Mary López, défend avec ardeur le travail effectué aux côtés de son compagnon Jorge Suárez, le *« témoin qualifié »* des événements de 1986, devenu une figure de l'ufologie et mort en 2012. *« Ici, nous ne cherchons pas à convaincre de l'existence des ovnis. Nous ne levons pas le drapeau du fanatisme extraterrestre. Nous partageons les faits et les témoignages »*, martèle Luz. Durant sa longue présentation, elle passera cependant des faits de 1986 au phénomène des cercles de culture, sans oublier plusieurs grandes théories prophétiques – dont celle de la Terre creuse, et une autre qui annonce l'arrivée d'une météorite sur la Terre suivie d'une guerre intergalactique… Accusé de cacher ces phénomènes, le *« système »* est K.-O. Nous aussi.

À Roswell (Nouveau-Mexique), la Mecque de l'ufologie, un restaurant McDonald's a pris la forme d'un vaisseau spatial. En Argentine, le contact avec les mondes parallèles mobilise davantage l'imagination que les outils d'un capitalisme défaillant. Tout au long de la principale rue commerciale de Capilla, les agences touristiques proposent des tours dans les montagnes environnantes. *Trekking* ou méditation.

Souvent un peu des deux. Dans les boutiques de souvenirs, les soucoupes volantes et les aliens sont partout. Comme les pierres aux couleurs envoûtantes et aux vertus énergétiques. Le quartz est le minéral phare de la région. La librairie propose un programme alléchant : rencontres du troisième type, études des tableaux du Moyen Âge affichant des ovnis, ouvrages dédiés au tarot, au *reiki*, etc. Un peu plus loin, la statue d'un extraterrestre invite les passants à se prendre en selfie, pour parfaire ce décor où cohabitent spiritualité et folklore. Un cocktail gagnant : en février 2023, la dixième édition du festival extraterrestre a réuni 25 000 personnes en trois jours, davantage que la population du village.

Chapitre 2
Les êtres de lumière

Pour gagner l'auberge June, il faut suivre le chemin de l'Uritorco, la « colline des perroquets » (en quichua), réputée pour sa charge énergétique. Elle constitue l'un des *spots* privilégiés pour l'observation d'ovnis et autres phénomènes paranormaux. Notre hôte, Jimena, nous invite à table avec sa famille. Entre deux bouchées de *locro*, ce ragoût typique des régions andines, on se confie tour à tour. *« Les êtres de lumière sont partout. C'est juste qu'en ville nous ne prenons pas le temps d'observer. Ici, nous sommes plus connectés avec l'environnement »*, introduit Jimena, qui ne regrette pas d'avoir laissé derrière elle la banlieue sud de Buenos Aires.

Cata évoque l'accident de la route qu'elle a subi en 1992, avec sa famille. Tout le monde en est sorti indemne, mais depuis l'avocate n'a cessé d'investiguer les méthodes de soins alternatifs et les mondes invisibles : *« La religion est faite pour ceux qui craignent l'enfer, le spiritualisme pour ceux qui l'ont connu. »* Cata se rend pour la première fois à Capilla en 2007. L'année suivante, elle vit une expérience particulièrement marquante au sommet du mirador d'un hôtel avec vue sur l'Uritorco. *« Le ciel est devenu orange,* se remémore-t-elle. *Une lumière a stagné au-dessus de nous. J'ai vu un énorme vaisseau. J'étais morte de peur. Je me suis dit que s'ils nous tiraient dessus, ils allaient nous désintégrer. C'était comme si nous étions dans* Rencontres du troisième type. *Spielberg est sûrement un contacté, sinon il n'aurait pas pu faire un film comme ça ! »*

L'univers de Capilla del Monte aussi imprévisible que la ligne du temps. Comment m'y prendre pour capter les signaux de l'Uritorco ? *« Les contacts ne suivent pas tous le même patron*, me précise l'ami Pablo. *Il y a des gens qui sont enlevés par un ovni, d'autres qui entrent en contact par télépathie. Parfois, les contactés prennent peur. Certains connectent en ingérant des substances. Ce n'est pas notre cas ! »*

« La religion est faite pour ceux qui craignent l'enfer, le spiritualisme pour ceux qui l'ont connu. »

Catalina « Cata », avocate à San Isidro

Chapitre 3
Pas d'inquiétude

La nuit est tombée et je n'ai encore rien observé de suspect au milieu des montagnes enivrantes. Je m'abandonne à la lecture du *Journal d'un inconnu* de Jean Cocteau (1889-1963), un auteur attiré par l'ufologie. *« Une preuve que le temps n'est qu'une piperie, c'est qu'un véhicule, parvenant à quitter son système et à s'introduire dans le nôtre, verrait notre poussière atomique devenir mondes et ses propres mondes devenir atome derrière sa fuite. »* Les voyages spatio-temporels ou leur observation ne seraient-ils qu'une question de perspective ?

Cocteau invite à basculer dans la poésie, à ne plus se restreindre à la recherche de preuves. Tout le contraire de la mission du Centre d'identification aérospatial (CIAE, en espagnol), équivalent argentin du Centre national d'études spatiales (CNES) créé en France sous De Gaulle, en 1961. Contacté dans la

CERRO
URITORCO

perspective de mon voyage, Rubén Lianza, le directeur du CIAE, rattaché à l'Armée de l'air argentine, m'explique par mail la nature des échanges entre son institution et les usagers. *« Le CIAE est un organisme de suivi satellitaire. L'analyse des photos et des vidéos qu'envoient les usagers n'est qu'une tâche secondaire. Tout cela n'a rien à voir avec ce que vous appelez "la thématique OVNI".* [...] *Nous n'avons pas pour "mission" d'interagir avec les usagers sur le plan émotionnel, mais de donner les explications les plus plausibles. Dans la plupart des cas, sur plus de 300 pétitions étudiées, l'usager n'a pas manifesté la moindre inquiétude. »*

En Argentine, l'appétence pour les spiritualités alternatives est monnaie courante. Tout récemment, l'acteur star Ricardo Darín a raconté avoir vécu une expérience paranormale sur un plateau télé, sans provoquer d'autres réactions que de la sympathie. Pays américain, l'Argentine est sans doute inspirée en cela par les États-Unis, où la relation aux ovnis s'est en quelque sorte « démocratisée » depuis l'affaire Roswell du 2 juin 1947, puis avec l'invention de la « soucoupe volante » à la suite des déclarations du pilote Kenneth Arnold, à peine trois semaines plus tard.

Dans l'émission que France Culture consacre à « La France des extraterrestres et des ovnis », on apprend que depuis 1950 une soixantaine de thèses universitaires seulement ont été réalisées sur le sujet. Dans l'une d'entre elles (« Symboles, narratives et tourisme ovni parmi les croyants des extraterrestres d'Argentine »), l'anthropologue argentin Alejandro Otamendi énumère pas moins de 13 lieux associés à sa thématique dans son pays.

Chapitre 4
« Ils sont notre futur »

La nuit s'amasse avec son cortège d'étoiles. En bas, dans la vallée, deux lignes de lumière marquent les deux routes provinciales. D'autres, concentrées, signalent des quartiers résidentiels. Nous voilà arrivés sur les hauteurs des Terrones, un lieu phare du relief voisin de Capilla.

Notre guide s'appelle Marcelo Albala, spécialiste de la ville intraterrestre d'Erks, où vivraient des *« êtres de lumière, qui sont déjà passés par notre état et l'ont dépassé ». « Ils sont notre futur*, nous avait avertis Marcelo, lors de sa présentation initiale. *À nous de nous mettre à leur disposition pour établir le contact.*

Pour cela, il faut notamment adapter notre fréquence, car la leur dépasse celle des ailes du colibri. C'est pour ça que, la plupart du temps, ils restent invisibles.» S'adapter à l'environnement semble notre principal défi en tant que visiteur. Sur le chemin, nous avons marqué une pause pour demander aux *«êtres de lumière»* l'autorisation de passer. *«En face, une lumière!»*, s'exclame soudain César [*le prénom a été changé, ndlr*], l'un de nos camarades du soir. *«Non, ça c'est la route»*, le refroidit Marcelo.

César, la soixantaine, vient de laisser derrière lui sa carrière de militaire. En mars 2023, il campe pour la première fois sur les flancs de l'Uritorco. La nuit, des pas le surprennent près de sa tente. *«Il n'y avait personne, j'ai flippé! J'avais la main sur la gâchette»*, me confie-t-il, la main sur le cœur, là-même où se logeait son revolver ce soir-là. Comme dans *Le jour où la Terre s'arrêta* (1951), le militaire terrien, gardien de l'intégrité territoriale, tire avant d'écouter les arguments du visiteur. Klaatu, l'extraterrestre du film, osera-t-il fouler de nouveau l'Uritorco?

Nous restons silencieux au pied du portique énergétique – deux poteaux unis par une corde, d'où pend un morceau de quartz. Bercés par les consignes de Marcelo, en posture invocatrice, les mains en l'air face à la vallée, nous respirons profondément pour nous remémorer trois moments heureux de notre vie. *«Ces épisodes prennent maintenant la forme de trois grandes portes, collées les unes aux autres,* évoque Marcelo. *L'une d'entre elles s'ouvre et vous vous voyez revivre ce moment.»*

J'ouvre les yeux. Durant les minutes qui suivent, des signaux lumineux couleur jaune orangé clignotent dans trois points du paysage, hors des repères fixés au début de l'expérience. Y avait-il une montagne là où scintille désormais ce signal? Un spot s'est-il allumé soudainement dans un champ? Plutôt que de diluer ce premier *contact* à coups d'arguments cartésiens (sceptiques, dit-on ici), je cède à cet argument tiré des *Chroniques martiennes* de Ray Bradbury: *«Eux* [les Martiens] *n'ont jamais laissé la science écraser l'art et la beauté.»* •

o_x
Friend Request
Accept
o_x
New
Belarus
o_x
VILNIUS
o_x
RSZAWA
o_x
o_x
Loading...
o_x
KYJIW

New Belarus, une patrie numérique contre la dictature

En Biélorussie, la violente répression du mouvement populaire de 2020 contre la réélection frauduleuse du président Alexandre Loukachenko a entraîné la fuite de milliers d'opposants. Parmi eux, le développeur Pavel Liber, en exil à Vilnius, œuvre à la création d'une patrie numérique alternative. Nous l'avons rencontré dans la capitale lituanienne où prend forme ce projet baptisé New Belarus.

Texte
Clément Girardot
Illustrations
Stefan Große Halbuer

Jeudi 6 octobre 2022. Une cinquantaine de personnes et un chien se retrouvent dans l'amphithéâtre aux murs orange de l'incubateur de start-up Imaguru, non loin du centre-ville de Vilnius. Ces jeunes travailleurs du secteur de la tech appartiennent à la communauté grandissante des informaticiens biélorusses en exil. Nombre d'entre eux sont venus en Lituanie à la suite de la répression des manifestations pro-démocratiques de 2020, et plus encore depuis le début de l'invasion de l'Ukraine par la Russie.

D'après les autorités lituaniennes, plus de 4 000 professionnels de la tech biélorusse se sont établis dans le pays balte au cours des dernières années. En 2005, pourtant, le gouvernement d'Alexandre Loukachenko avait créé à Minsk un parc technologique pour attirer les entreprises du secteur en leur offrant de généreuses exemptions fiscales. Au cours de la décennie suivante, l'industrie IT nationale a poursuivi son développement, employant 60 000 à 100 000 personnes dans un pays qui compte un peu plus de 9 millions d'habitants. Un certain nombre d'entre eux a donc quitté le pays depuis 2020. Destination la Pologne, la Lituanie ou la Géorgie.

Blanc, rouge, blanc

Le vaste espace occupé par Imaguru est accueillant. Les murs couverts d'affiches et de citations de PDG célèbres, quelques photos de manifestations à Minsk, ainsi que le drapeau blanc, rouge, blanc – symbole de la Biélorussie démocratique – accroché à côté du café rappellent autant l'origine que l'engagement politique de l'incubateur de start-up.

Dans l'amphi, les participants écoutent tranquillement l'informaticien Pavel Liber, venu leur présenter une application baptisée « New Belarus ». Vêtu d'un jean et d'un sweat à capuche gris à l'effigie d'un panda, l'introverti ingénieur a imaginé une plateforme numérique qui rassemblerait toutes les bonnes volontés pour surmonter à la fois l'abattement lié à l'impossibilité de continuer la mobilisation sur le sol biélorusse et l'éclatement de la nation entre les exilés et ceux restés au pays. *« Notre grand espoir aujourd'hui est d'agréger ces individus et de construire une sorte de pays virtuel où cette société pourra concentrer son énergie pour mettre en œuvre des programmes utiles aux Biélorusses »*, souligne-t-il lors d'un entretien effectué dans un café à Vilnius.

Disponible depuis décembre 2022 sur Android et dans l'Apple Store, l'application a été téléchargée par environ 25 000 utilisateurs. Objectif affiché : atteindre 50 000 téléchargements d'ici la fin de l'année. Un chiffre qui peut sembler faible, mais Pavel Liber est conscient qu'il est aujourd'hui très difficile de remobiliser ses compatriotes, désillusionnés et marqués par les difficultés du quotidien en exil ou la survie dans une dictature paranoïaque.

L'application s'ouvre sur l'illustration d'une femme portant une robe traditionnelle et une couronne de fleurs sur la tête, un soleil rayonnant en arrière-plan. Après la présentation d'une série d'événements culturels et sociaux, en scrollant, d'autres rubriques apparaissent : une carte des entreprises biélorusses à l'étranger, un Tinder anonyme pour rencontrer des Biélorusses dans sa ville, des guides

pratiques pour s'installer dans différents pays européens, une liste de formations et, enfin, un lien vers un portail qui collecte des dons en faveur des principales organisations caritatives et ONG biélorusses.

« Pays volé »

Ce projet n'est affilié à aucun parti politique. Il est financé par Pavel Liber – notamment grâce à la vente d'une BMW M550, son bien le plus cher – et les donations d'amis bien placés dans l'industrie de la tech. Il est cependant soutenu par Sviatlana Tsikhanouskaya, l'ancienne candidate à l'élection présidentielle de 2020, qui avait remporté le scrutin d'après plusieurs rapports indépendants. Comme Pavel Liber, elle a trouvé refuge en Lituanie. *« Il s'agit d'un État alternatif, d'un pays alternatif, d'une société alternative, et c'est ce dont nous avons besoin. Lorsque votre pays est volé, vous créez une alternative, et Loukachenko ne peut pas agir sur l'espace numérique. C'est pour cela qu'il déteste tant Internet, c'est trop libre pour lui ! »* s'enthousiasme Franak Viačorka, principal conseiller de Sviatlana Tsikhanouskaya. Pour comprendre la virulence de son propos, un retour sur l'histoire récente de la Biélorussie s'impose.

Le pays a déjà connu une première structure gouvernementale en exil : la Rada de la république démocratique de Biélorussie, principale institution d'un régime né lors de la disparition de l'Empire russe, qui gouvernera le pays seulement quelques mois en 1918. La Rada s'enfuit alors en Lituanie. L'institution existe toujours, du moins formellement, et s'enorgueillit d'être le plus ancien gouvernement en exil au monde. Elle combat depuis 1994 le régime de Loukachenko, dont elle récuse la légitimité. Ce dernier arrive au pouvoir après l'éclatement d'un autre empire, l'URSS. En 1991, les premières autorités de la Biélorussie indépendante mettent l'accent sur la culture et la langue biélorusses. Ce mouvement est stoppé par l'élection en 1994 d'Alexandre Loukachenko, outsider populiste qui gagne un important soutien populaire en promettant une lutte efficace contre la corruption.

Loukachenko remplace aussitôt les symboles nationaux hérités de la Rada par le drapeau et l'emblème soviétiques expurgés du marteau et de la faucille. Il se rapproche de Moscou et donne au russe le statut de deuxième langue officielle. Il conserve aussi un modèle économique où l'État garde un rôle central. *« Il acquiert rapidement un pouvoir absolu et n'entend pas perdre ce pouvoir au profit d'hommes d'affaires en procédant à des privatisations »*, note le politiste Andrei Kazakevich.

Pavel, *« notre héros »*

Pavel Liber, 38 ans, s'est longtemps détourné des questions politiques. Il a effectué toute sa carrière comme ingénieur informatique chez Epam, une multinationale américaine d'origine biélorusse qui fournit une grande variété de services informatiques aux entreprises occidentales. En 2020, il quitte son poste de cadre très bien rémunéré pour se consacrer pleinement à ses projets de technologie civique. *« Il est vraiment notre héros ! »*, lance Sergueï [*le prénom a été modifié, ndlr*], un start-uper présent dans l'assistance ce soir-là. Installé à Vilnius depuis mars 2022, il est lui aussi conquis par le projet : *« Je pense que dans cinq ans, ce sera vraiment comme un pays digital, l'Europe pourra travailler avec notre gouvernement numérique. »*

Dans le monde de la tech biélorusse, Pavel Liber est avant tout connu pour son premier fait d'armes, l'ONG Golos (« voix » en français), qui a joué un rôle crucial lors du mouvement démocratique de l'été 2020 en s'opposant à la réélection frauduleuse d'Alexandre Loukachenko, au pouvoir depuis 1994. Au printemps 2020, il décide d'unir ses forces avec d'autres informaticiens pour rendre les élections plus transparentes. Une quarantaine de bénévoles, qui restent anonymes, deviennent le visage de cette initiative. Pour éviter une probable arrestation, il quitte la Biélorussie deux semaines avant l'élection du 9 août 2020.

Grâce à deux *chatbots* sur les messageries Viber et Telegram, Golos recueille les photos des bulletins de vote. Malgré des coupures intentionnelles d'Internet, plus de 500 000 citoyens participent, ce qui permet à Golos de mettre en évidence un écart flagrant entre les résultats officiels (81 % pour Loukachenko) et les données recueillies et vérifiées par l'ONG.

Des manifestations massives secouent par la suite le pays. La dictature vacille, mais ne plie pas grâce à une répression féroce et au soutien politique de Vladimir Poutine. Les espoirs d'un retour rapide s'évaporent pour Pavel Liber, parti avec seulement quelques affaires. Au fil des mois, le régime de Loukachenko poursuit sans relâche sa traque des opposants, qui deviendra encore plus implacable après l'invasion de l'Ukraine par la Russie en février 2022.

Télémédecine et assistance juridique

Pour concevoir ce nouveau pays, Pavel Liber s'appuie sur son expérience professionnelle. New Belarus n'est pas vraiment une start-up nation, mais assurément une nation marquée par l'idéologie et les méthodes de travail de l'industrie tech : *« Mon rôle chez Epam était de migrer les solutions digitales des clients vers des plateformes plus importantes et des écosystèmes unifiés, et c'est exactement ce que nous faisons ici. Nous transférons des initiatives individuelles vers un écosystème capable, si besoin, d'héberger des millions d'utilisateurs. »*

New Belarus se présente aujourd'hui comme un écosystème ouvert, qui doit être enrichi au fil du temps par les nouvelles fonctionnalités développées par l'équipe de Pavel Liber, mais aussi par d'autres programmeurs. Elle rassemble déjà différentes initiatives et services auparavant éparpillés sur le Net. Depuis 2020, Pavel Liber a notamment développé une offre de télémédecine mettant en contact patients et praticiens exilés, un service désormais accessible depuis New Belarus. L'interface propose également une assistance juridique.

Ingénieur pragmatique, Pavel Liber a privilégié les besoins concrets et les réponses aux problèmes de ses concitoyens au moment de concevoir New Belarus. Dans la jungle des applications, la sienne, pour se distinguer, se devait d'être utile au quotidien. D'où une offre de fonctionnalités sociales et économiques plus que politiques, avec comme dénominateur commun la préservation de la fragile identité nationale biélorusse – notamment la langue –, menacée à la fois par la politique de russification du régime Loukachenko et l'assimilation des exilés dans leurs sociétés d'accueil. L'entrepreneur est aussi conscient qu'en tant que petite nation le sort de la Biélorussie n'intéresse pas vraiment la communauté internationale. Autrement dit, ses compatriotes ne peuvent compter que sur eux-mêmes pour transformer leur pays.

Carte d'identité numérique

Aujourd'hui, l'équipe de New Belarus développe une application plus ambitieuse et unifiée, par certains aspects, que celles développées par les gouvernements les plus à la pointe en matière d'administration numérique, tels que l'Estonie ou Israël.

Et l'initiative de Pavel Liber apparaît comme la première tentative de fondation d'un État numérique par une entité non étatique. L'originalité de la démarche réside dans le fait que New Belarus entend (au moins pour les citoyens qui rejoignent la plateforme) se substituer à un État existant, le défier même. « *Personne ne veut être associé au coagresseur de l'Ukraine. On a honte de s'affirmer biélorusses mais, en appartenant à New Belarus, à cette communauté globale de nouveaux Biélorusses, c'est un sentiment de fierté, de résistance, qui domine* », affirme Tania Marinich, la fondatrice de l'incubateur de start-up Imaguru, opposante de longue date à Loukachenko, qui voit dans l'application un outil essentiel pour refonder le pays.

À peine sorti des cartons, le projet New Belarus s'est retrouvé dans le viseur du gouvernement de Minsk, qui dès le 29 décembre 2022 a classé l'application comme « extrémiste ». Un label également attribué à l'ensemble des médias indépendants et des sites d'information liés à l'opposition. « *Mon* secret Santa *est passé* », twitte alors Pavel Liber qui voit dans cette condamnation une « récompense » pour le travail effectué et compte bien poursuivre l'aventure et approfondir l'expérience utilisateur de sa nation numérique. Sa priorité, dans les mois qui viennent, sera de transformer New Belarus en une plateforme politique participative. Il envisage notamment d'inclure des outils de prise de décision collective, ainsi que la possibilité pour les Biélorusses exilés d'utiliser une carte d'identité numérique.

Un premier pas dans cette direction a été effectué au printemps 2022. Les Biélorusses vivant en Pologne ou en Lituanie peuvent dorénavant demander le versement d'une petite partie de leurs impôts à des œuvres de charité, parmi lesquelles New Belarus. Les contributeurs devraient former un groupe distinct à l'intérieur de l'application qui décidera de l'allocation des ressources. « *Nous n'avons jamais eu l'occasion d'essayer un vrai système démocratique* », soutient l'entrepreneur Jaroslav Likhachevskiy, cofondateur du projet New Belarus avec Pavel Liber, qui voit dans la gestion de ce budget participatif un test démocratique. « *Nous aimerions que les gens viennent avec leurs propres propositions. J'imagine, par exemple, que les Biélorusses exilés en Pologne ont des problèmes pour trouver un emploi, obtenir une résidence légale ou accéder à l'éducation dans leur langue maternelle. Et je suis sûr qu'il y a suffisamment de problèmes à l'échelon local pour que ce budget puisse contribuer à en résoudre.* »

« *Cela fait vingt-huit ans que nous n'avons pas pu participer à une vraie vie politique, donc nous devons commencer avec des petits pas* », déclare pour sa part Pavel Liber. Pour cette première expérimentation, les deux initiateurs entendent développer un système de vote reposant sur la blockchain qui, s'il fonctionne bien, pourra être utilisé au niveau national pour de futures élections. Pour l'instant, ils souhaitent surtout que les utilisateurs s'emparent du système qu'ils ont développé afin de s'auto-organiser en décidant eux-mêmes des modalités concernant les prises de décision.

Plus qu'un État numérique, New Belarus apparaît ainsi comme une ambitieuse opération d'éducation civique. Car ses pères fondateurs ont bien en tête qu'une éventuelle chute de Loukachenko n'apporterait pas automatiquement la démocratie dans le pays. « *Si les Biélorusses n'apprennent pas comment participer à la vie politique de leur pays, un autre populiste gagnera les élections en disant "Je m'occuperai de tout pour vous"*, met en garde Pavel Liber, *et alors nous discuterons à nouveau cinq ans plus tard des moyens de renverser cette dictature...* »

Tania Marinich

Tania Marinich est la fondatrice d'Imaguru, le plus grand incubateur de start-up de Biélorussie. La structure est toujours restée à distance des autorités depuis son lancement en 2013. Après avoir accueilli des événements de l'opposition durant l'élection de 2020, elle devient une cible du régime. En avril 2021, Imaguru doit se résoudre à quitter le pays à la suite de la brusque résiliation du bail de ses bureaux. De nouveaux espaces sont ensuite ouverts à Vilnius et à Varsovie. Elle compte développer prochainement un programme basé à Paris pour soutenir les start-ups d'Europe de l'Est, en partenariat avec l'incubateur Station F. Tania Marinich est aussi responsable des relations internationales du Conseil de coordination, un organe rassemblant de nombreuses personnalités de l'opposition.

Mikita Mikado

Fondateur en 2012 de l'entreprise d'automatisation de documents PandaDoc, Mikita Mikado vit depuis 2013 en Californie. Il se tient éloigné de la vie politique biélorusse jusqu'à l'élection de 2020. Ulcéré par la violence de la répression, il choisit alors de s'adresser aux forces de sécurité biélorusses dans une vidéo, promettant une récompense financière aux policiers qui démissionneraient. Mais les autorités ne tardent pas à répliquer : 4 employés de PandaDoc sont arrêtés et inculpés pour détournement de fonds. Mikita Mikado décide alors de transférer ses 300 employés à l'étranger, principalement en Pologne et en Ukraine.

Belarusian Cyber-Partisans

Belarusian Cyber-Partisans est un groupe composé d'une soixantaine de hackers, dont l'objectif est de contribuer au renversement du régime d'Alexandre Loukachenko. Il a été fondé à la suite de la répression des manifestations de l'été 2020. Au cours des deux dernières années, les « cyber-partisans » ont piraté des sites web officiels, récupéré d'importantes bases de données de l'État biélorusse et diffusé des informations compromettantes pour ce dernier. Depuis février 2022, ils mettent leurs compétences au service de l'Ukraine. Ils ont notamment annoncé leur union avec le bataillon Kastous-Kalinowski, le groupe de volontaires biélorusses combattant la Russie en Ukraine.

Roman Protassevitch

Journaliste et militant biélorusse basé à l'étranger depuis 2019, Roman Protassevitch s'est fait connaître lors du mouvement de l'été 2020 en tant que rédacteur en chef du très populaire média en ligne d'opposition Nexta. Le 23 mai 2021, le vol Athènes-Vilnius de la compagnie Ryanair dans lequel il a embarqué est détourné par les autorités biélorusses et il est arrêté à l'aéroport de Minsk. Condamné à huit ans de prison, il a été, de manière surprenante, gracié le 22 mai 2023 par le président Loukachenko en raison de sa collaboration avec les enquêteurs. Dans plusieurs vidéos, il affirme dorénavant soutenir le régime. ●

Une fin du monde haute en couleur

Entretien avec le photographe anglais Joshua Benmore, dont la série « Adventures in war, peace + rabbit holes » met en scène de belles demeures californiennes dans des décors d'apocalypse à l'esthétique très instagrammable.

Texte
Étienne de Metz
Photographies
Joshua Benmore

Dans l'atelier de Joshua Benmore, on trouve des canettes de Coca à la cerise, des plantes, des dizaines d'images imprimées… et on entend souvent de la musique. Les tubes de pop stars comme Britney Spears ou Lana Del Rey. C'est d'ailleurs en écoutant cette dernière chanter qu'est née l'idée de sa série photographique « Adventures in war, peace + rabbit holes », entamée en 2017, à l'âge de 23 ans. À partir d'autoportraits de vacances pris devant les très chics baraques de Palm Springs, bourgade bourgeoise bâtie au milieu du désert de Sonora, Joshua Benmore construit les cartes postales pop et acidulées d'une Californie à l'agonie.

Chacune des photos de cette série est découpée, recadrée et, surtout, assommée par des couches et des couches de photomontages et de filtres à la sauce Instagram. La vinaigrette tente de restituer le fourmillement d'images qui frétillent dans le cerveau de cet ancien de la Falmouth University, crème de la crème des écoles d'art anglaises. Joshua Benmore parle beaucoup et vite. Alors nous avons musclé nos phalanges pour retranscrire cette rencontre éclair et colorée.

USBEK & RICA Comment est né ce projet photographique ?

JOSHUA BENMORE Par accident, à partir d'une simple photo de vacances prise en 2017, lors d'un voyage en Californie. J'adore l'architecture du milieu du XXe siècle, notamment l'esthétique Googie de l'Atomic Age (*style architectural futuriste né à la fin des années 1940 et fortement marqué par les préoccupations liées à la physique nucléaire, ndlr*). J'aurais aimé vivre à cette époque… Palm Springs, construite selon ce modèle, apparaissait comme la ville parfaite pour une nouvelle photo de profil Facebook ! J'ai donc fait mon premier montage photo à la fin de cette année-là, puis je suis retourné à Palm Springs l'été suivant. Je me suis retrouvé à créer des paysages, des espèces de mondes dans lesquels j'aurais rêvé habiter. Je suis un

When the World Was at War, We Just Kept Dancing.

« Il est possible de trouver de la beauté au milieu du désastre. »

Joshua Benmore, photographe

pur *British*, mais je suis très influencé par tout ce qui relève de la culture de l'*American dream*. Ma plus grande inspiration vient de Lana Del Rey, une vraie parolière, révélée en 2011, qui incarne une ambiance triste, dépressive et cinématographique à la fois. Sa musique procure des sensations dignes d'un film, avec un grain tout à fait américain.

U&R Les titres des photos de cette série ressemblent à ceux de ballades pop, presque innocentes. Est-ce pour dédramatiser l'idée d'un effondrement écologique ?

J.B. Quand je lance une playlist, je me laisse envahir par toutes les images que les chansons m'évoquent. Je ne suis pas sûr de faire de la synesthésie (*stimuli de l'imagination qui permet d'associer certains sens, notamment la musique et la vue, ndlr*), en revanche le bruit influence mes imaginaires. Ceux-ci sont marqués par une idée : j'essaie de transformer le pire en parfait. Qu'importe l'état du monde, la situation dans laquelle il se trouve, s'il y a des feux partout, si le stress ou l'anxiété prennent le dessus : il est possible de trouver de la beauté au milieu du désastre. À première vue, on peut se dire que certains de mes clichés iraient bien sur le mur du salon. Puis quand on s'en rapproche, on découvre que le contenu des images est un peu moins heureux que ce qu'on croyait au premier regard. Oui, je fais du montage, je coupe les maisons, j'ajoute des soleils couchants et des palmiers… mais aussi des voitures en flammes et des météorites ! Même si mes photos semblent joyeuses, je suis très influencé par mon anxiété. Mon esprit est toujours envahi d'images que mon ordinateur est trop lent à accueillir. Alors je passe souvent d'une idée à l'autre sans transition. Il m'arrive aussi de me réveiller à 2 heures du matin pour voir à quoi ressemble mon projet en cours, de remarquer un détail qui ne me plaît pas et de le changer dans la foulée.

U&R Votre projet cherche-t-il à dépeindre avec ironie un monde qui semble courir à sa perte ?

J.B. Je ne veux pas être trop sérieux, être décrit comme un artiste qui dénonce les politiques en cours et les changements dramatiques dans le monde. Je ne sais pas non plus si mes images plongent complètement dans le sujet du dérèglement climatique ou si elles n'en sont qu'une illustration bénigne. De nombreuses personnes essaient de faire de leur mieux, de prendre leur part, mais quand on voit notre niveau de technologisation et de recherche du confort, on se demande comment on pourrait revenir aux basiques. Aucun chemin clair ne se dessine pour le moment, donc il est difficile d'imaginer la suite… Si effondrement il doit y avoir, il ne sera pas l'affaire d'une nuit. Ce sera un processus long et insidieux, comme l'empoisonnement de l'eau à la pollution plastique. Je préfère penser que le monde va vers le mieux. Mes images le montrent plutôt tel qu'il est aujourd'hui, et comment nous pourrions aspirer à autre chose. Restons optimistes ! Au lieu de se persuader que l'on va tous tomber de la falaise, peut-être pourrions-nous grimper plus haut, tout doucement ? ●

A Change Is Coming.

The World Is Still at War, but We're Still Dancing.

Last Boy On Earth.

I'M NOT A ROBOT

Humains, après tout

Dossier coordonné par
Blaise Mao
et Élisa Thévenet
Illustrations du dossier
Vincent Broquaire

Pressé, vous tapez « 6T9JBN » au lieu de « 6T9JBM ». Le verdict tombe, humiliant : « Erreur. Veuillez réessayer ». Une nouvelle ligne de mots et de lettres étrangement reliés entre eux s'affiche aussitôt, vous prenez le temps, cette fois, de taper au même rythme que votre oncle le jour où il s'est offert son premier téléphone satellite. Avouez : dans un mauvais jour (et parfois même les bons), il vous est déjà arrivé de rater le test d'authentification qui vous était soumis pour avoir le droit de vous connecter à telle ou telle plateforme. Que celui qui n'a jamais échoué à un Captcha me jette la première pierre !

Chaque jour, et souvent plusieurs fois par jour, nous entraînons et musclons des intelligences artificielles en recopiant ces codes aux allures de mots de passe ou en identifiant une photo de tigre ou milieu de 8 images de cactus. Pour combien de temps encore ? Demain, ces petits exercices seront sûrement ringardisés par le scan de l'iris, le tatouage électronique ou quelque autre technologie biométrique. Sam Altman, le papa de ChatGPT, est déjà sur le coup *(voir page 152)*. Les bigleux et les sous-doués du clavier s'en féliciteront. Et les autres ? Est-il vraiment souhaitable de prouver son humanité à des machines sans faire marcher ses méninges ? Cette interrogation, c'est le point de départ de ce dossier qui, en creux, cherche à comprendre ce qui fait le propre de l'homme. •

« Créer juste pour le plaisir de créer, voilà qui est très humain »

Quel est le propre de l'homme ? Que savons-nous faire comme aucune autre espèce – qu'elle soit vivante ou artificielle ? Nous avons posé ces questions à Évelyne Heyer, professeure en anthropologie génétique au Muséum national d'histoire naturelle.

Propos recueillis par
Clémence de Blasi

« Les humains ont une extraordinaire capacité de création. Biologiquement, nous appartenons à une espèce très plastique. Cette grande flexibilité nous a permis d'intégrer l'imprévu, d'inventer et de découvrir, partout dans le monde, des solutions techniques. D'ailleurs, on peut très bien imaginer un monde futur dans lequel une partie des tâches répétitives serait exécutée par des machines, ce qui nous dégagerait du temps pour jardiner, peindre ou faire de la poésie. Pour nous focaliser sur des créations qui n'existent que parce qu'elles sont belles. Nous fabriquons des objets, comme nos proches cousins, les chimpanzés. Mais là où ils créent des outils qui servent à quelque chose, nous créons également des objets artistiques qui ne servent à rien. C'est un élément qui nous différencie aussi des machines qui ne produisent pas d'elles-mêmes du beau inutile, sauf si on les programme en ce sens. Créer juste pour le plaisir de créer, voilà qui est très humain. En 1998, sur le site d'Atapuerca, en Espagne, on a retrouvé un magnifique biface *(outil de pierre, façonné des deux côtés, ndlr)* long de 15 centimètres, vieux de 400 000 ans, taillé dans un bloc de quartzite rouge et jaune. Les anthropologues l'ont baptisé Excalibur. Il a été retrouvé à côté d'un squelette, et semble ne jamais avoir été utilisé ; cela pourrait relever d'un geste esthétique, d'un acte humain symbolique.

Ce qui me paraît également assez fondamental chez l'homme, c'est qu'il a évolué de manière à pouvoir vivre en société et ressentir ce que ses congénères ressentent. Nous sommes des animaux sociaux, capables de nous mettre à la place de l'autre, de souffrir avec lui. L'empathie – qui est une caractéristique très développée chez nous – nous permet de fonctionner dans de très grands groupes, avec toutes les interactions sociales que cela suppose. Nous développons ainsi des liens d'amitié ou d'amour privilégiés avec d'autres individus de notre espèce. Certaines théories lient même le développement de notre cerveau à cette appartenance historique à des groupes d'assez grande taille. Ceux, parmi les humains, qui étaient les plus à même de gérer toutes ces relations sociales avaient une meilleure place dans la société. Ils se reproduisaient mieux, donc leurs gènes ont été transmis à leurs descendants au fil des générations, sur des millions d'années.

Mais ce que je trouve vraiment fascinant chez les humains, c'est la curiosité. C'est un moteur fort, inné, dont est totalement dénuée la machine. C'est la curiosité qui nous a poussés à explorer la planète. Et si les romans de science-fiction, comme ceux d'Isaac Asimov, imaginent des machines curieuses, dans la réalité, je vois difficilement comment elles pourraient le devenir. La machine ne fait bien que ce qu'on lui demande, elle agrège, elle reproduit des modèles, elle peut même associer des mots, mais de là à générer chez elle une envie d'explorer ou de défier... L'intelligence artificielle ne peut pas sortir du cadre.

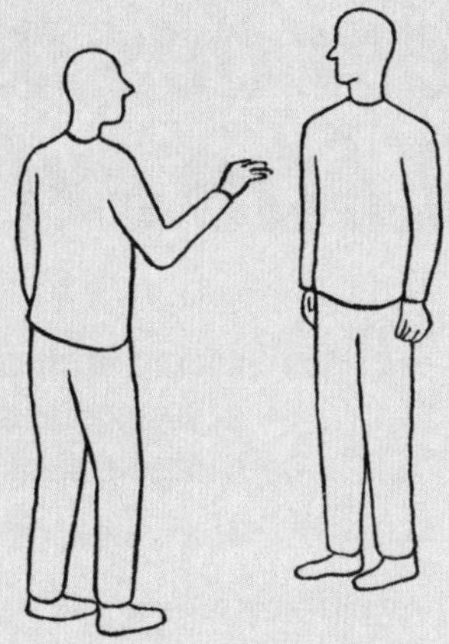

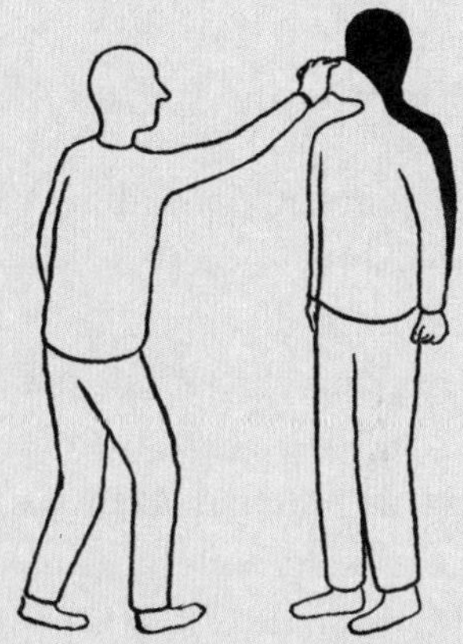

Elle ne possède pas notre capacité à suivre, mais aussi à questionner les normes sociales pour en changer – ce qui peut notamment passer par la révolte.

Il faut aussi mentionner quelque chose de plus récent dans l'évolution : la violence gratuite. La folie qui mène au meurtre semble nous caractériser. Dans l'histoire, on commence à trouver pas mal de traces de violence au moment du néolithique, quand on se sédentarise et qu'on vit davantage en grands groupes, ainsi qu'à l'âge du bronze, il y a près de 5000 ans. Peut-être parce qu'on devient plus nombreux ? Mais était-ce vraiment de la violence gratuite ? Impossible de le savoir.

Enfin, l'homme possède un rapport très particulier à l'au-delà et aux forces surnaturelles – c'est quelque chose qu'on ne pense pas retrouver chez les animaux, ou seulement à la marge. Cette pensée du magique, de l'après-vie, on la retrouve dans toutes les sociétés humaines. Il existe partout des rituels mortuaires. Est-ce qu'on peut imaginer qu'un jour une machine se mette à penser à ce qui va se passer quand elle ne fonctionnera plus ? Je ne sais pas... L'idée est amusante en tout cas ! » ●

« Créer des machines émotionnelles peut être extrêmement important »

Les émotions artificielles existent-elles ? Comment les créer, les simuler et surtout les interpréter ? Les réponses de l'informaticienne Catherine Pelachaud, directrice de recherche au CNRS et spécialiste des interactions humain-machine.

Propos recueillis par
Clémence de Blasi

« Les machines peuvent aujourd'hui exprimer des émotions. Les robots, virtuels ou physiques, sont capables par exemple d'adapter leurs expressions faciales, leur voix peut changer de tempo, etc. Cela reste toutefois une simulation, forcément très différente du ressenti de l'humain. Dans les interactions humaines, les émotions sont fondamentales. Je ne pense pas uniquement à la colère, la peur, la joie ou le dégoût, mais aussi au sentiment de bien-être, de calme, de frustration ou de tension. Ces émotions, plus subtiles, sont partout dans nos vies, dans chacune de nos interactions.

Les assistants virtuels qui sont actuellement développés doivent pouvoir à la fois détecter finement les émotions humaines et s'y adapter en temps réel. Or, ce n'est pas simple, car la communication passe beaucoup par le non-verbal : la manière dont on va placer notre voix, son intensité, le tempo, ainsi que le mouvement corporel, le regard... La machine peut détecter qu'il y a différents types de « bonjour » à partir des signaux vocaux et/ou visuels. Mais l'interprétation de ces signaux reste encore très complexe. Ce n'est pas parce que je souris que je suis heureuse, que je fronce les sourcils que je suis en colère. Il faut dire que même en tant qu'humains, nous ne sommes pas toujours très bons pour interpréter les émotions des autres...

À ce stade, la machine arrive à détecter les expressions multimodales chez l'humain, mais il lui est très difficile de comprendre ce qui les a engendrées, quel est l'élément déclencheur, quel est le processus cognitif lié à cet événement, etc. L'interprétation d'une expression en matière d'émotion requiert une compréhension du contexte. Il y a plein de capteurs autour de nous que l'on pourrait utiliser pour enregistrer des informations sur le contexte. Les montres connectées, les smartphones, les webcams, les microphones permettent l'accès à ce genre de données. Ils émettent des signaux qui peuvent être extraits et utilisés afin d'essayer de déduire plus finement l'état émotionnel sous-jacent d'un humain. Pour autant, est-ce qu'il sera un jour possible pour une machine d'arriver à comprendre exactement dans quel état émotionnel se trouve un humain ? Je n'en suis pas sûre à 100 %. Le robot pourra mesurer les variations, les changements d'expression. Mais est-ce que la machine sera capable de détecter la présence d'un état émotionnel chez une personne pendant un certain laps de temps, la dépression, par exemple ?

« Même en tant qu'humains, nous ne sommes pas toujours très bons pour interpréter les émotions des autres... »

Catherine Pelachaud, directrice de recherche au CNRS

C'est l'une des questions sur lesquelles les chercheurs travaillent.

Dès lors qu'elle aura détecté tel ou tel état chez l'humain, il faudra que la machine puisse s'y adapter, réagir en fonction. Comment ? Est-ce qu'elle doit l'imiter, ou au contraire essayer de modifier son état émotionnel en adoptant une posture opposée ? Difficile de trancher... Des modèles de décision de l'émotion – fondés sur des théories des émotions – que simulera la machine ont déjà été implémentés. Quelques-uns sont vraiment très sophistiqués. Deux chercheurs, Jonathan Gratch et Stacy Marsella, de l'université de Californie du Sud, ont développé un modèle computationnel des émotions vraiment très puissant. Il est utilisé dans le secteur de la santé, notamment pour aider les personnes souffrant de stress post-traumatique, mais aussi dans des applications éducatives, par exemple des *serious games* permettant d'entraîner des militaires à interagir avec des populations locales quand ils sont en opération dans certains pays.

Si la machine doit donner des explications ou recueillir des informations, il est important que l'interaction aille jusqu'au bout. Or, la prise en compte des émotions par la machine améliore la qualité de l'interaction. Elle pourrait permettre de maintenir l'interaction ou, dans le cadre d'une interaction répétitive, que l'humain retourne vers celle-ci. Donc il faut parvenir à créer une forme de relation interpersonnelle. Nous avons tous déjà fait l'expérience de systèmes informatiques qui ne comprennent pas ce qu'on cherche à dire, qui ne tiennent pas compte de nos états émotionnels, comme la frustration. C'est pénible, très énervant. Je ne dis pas qu'il faut créer des machines émotionnelles pour tout – quand on achète un billet de train, prendre en compte les émotions n'est pas forcément utile –, mais pour certaines applications, c'est extrêmement important.

Nous arrivons actuellement à des modèles de plus en plus performants, surtout avec les nouveaux prototypes ; nous allons vers une animation plus naturelle du comportement non verbal, des gestes communicatifs. Malgré tout, ceux-ci restent assez flous dans leur forme. On est encore loin d'avoir des agents conversationnels avec des capacités de communication humaines. Dans les films ou les jeux vidéo, je trouve qu'on a atteint une forme de réalisme d'apparence assez extraordinaire pour les personnages virtuels, c'est bluffant. Pour ce qui est du comportement en temps réel, de l'adaptation dans les interactions, il reste néanmoins pas mal de progrès à faire. Par exemple, pour appuyer la phrase « Oh, c'est une bonne idée ! » ou pour illustrer « Prenez la première à gauche », les mains font tels ou tels gestes. Les modèles d'apprentissage capturent le rythme de ces gestes, mais ils ont encore du mal à déterminer la forme de la main, la trajectoire du mouvement. Ils doivent également prendre en compte un certain nombre de signaux sociaux : dans une interaction, il va y avoir une synchronisation, un mimétisme naturel, des adaptations comportementales dont on n'est pas forcément conscient et qui donnent des indications sur la qualité de l'échange. Elles aussi font partie de la création de la relation qui va s'instaurer entre des interlocuteurs.

Ce qui me semble important, c'est de comprendre comment l'humain perçoit les émotions simulées par la machine. Quand le robot – ou le personnage virtuel – lui adresse un sourire, quelles sont les informations que l'humain en retire ? Qu'est-ce qu'il attribue à la machine ? Comment l'interprète-t-il ? Et comment cela va-t-il l'influencer dans l'interaction ? Ce qui pose évidemment de gros problèmes éthiques. Il n'y a pas que le comportement des robots en tant que tel qui est problématique, il y a également la façon dont les humains peuvent l'interpréter... » ●

« Percevoir les IA comme des outils complémentaires »

Faut-il considérer l'IA comme une espèce à part entière ? Dans son livre *The New Breed* (Henry Holt & Company, 2021), Kate Darling, chercheuse en robotique au MIT, propose déjà de considérer les robots comme des animaux domestiques afin de mieux mesurer leur portée utilitaire, et de dégonfler au passage quelques peurs irrationnelles.

Texte
Émilie Écharoux

C'est une procession funèbre sans pareille. Sur l'autel du temple bouddhiste Kofukuji d'Isumi, dans la préfecture de Chiba au Japon, gisent des dizaines de chiens. Face à eux, le prêtre psalmodie des sutras. Les propriétaires endeuillés, vêtus de noir, prient pour leurs animaux morts. L'atmosphère a tout d'un enterrement traditionnel. Pourtant, ce ne sont pas des animaux comme les autres qu'on pleure ce jour-là, mais des robots. Estampillés du logo Sony, les chiens automatisés AIBO ont déclenché une vague de désespoir chez leurs propriétaires en 2014, lorsque le fabricant d'électronique japonais a cessé de les réparer. Pendant des années, les maîtres esseulés ont donc rendu hommage à leurs compagnons avec des funérailles qui ont élevé ces machines inanimées au même rang que des êtres vivants.

« Des outils complémentaires »

Et si l'anthropomorphisation avait du bon ? Chercheuse au MIT spécialisée en éthique robotique, Kate Darling a publié en 2021 *The New Breed* (Henry Holt & Company, non traduit en français). Dans cet essai, si elle prend soin de distinguer les robots des intelligences artificielles – les incarnations des premiers n'ayant parfois pas grand-chose à voir avec celles des secondes –, l'universitaire appelle ses semblables à catégoriser les deux entités comme une espèce à part entière, et à les considérer comme des animaux domestiques. « *Lorsqu'on compare les robots aux animaux, on constate qu'ils ne remplacent pas nécessairement nos emplois, et qu'eux aussi nous aident pour des tâches spécifiques comme le labourage des champs*, écrit la chercheuse. *Et quand on réfléchit aux compétences qui pourraient compléter nos capacités plutôt que de les remplacer, on peut mieux envisager ce qui est possible avec cette nouvelle espèce.* »

Kate Darling n'est pas la seule à porter un intérêt particulier à cette spéciation d'un nouveau genre. Dès 2019, dans une étude publiée par la revue *Nature*, 23 scientifiques appelaient à créer une « *science comportementale des machines* » – autrement dit une éthologie des robots – afin de maîtriser l'impact de l'intelligence artificielle sur notre société.

Pour Kathleen Belhassein, docteure en psychologie spécialisée dans les interactions humain-robot, une telle proposition est loin d'être farfelue. Au contraire, elle permettrait d'envisager les intelligences artificielles comme des interpolations ontologiques, et ainsi de s'éloigner des apparences et des caractéristiques humaines qui leur sont parfois conférées. « *Le risque, aujourd'hui, est qu'on finisse par calquer les IA sur les humains dans l'espoir qu'elles nous ressemblent*, estime Kathleen Belhassein. *En les catégorisant comme une autre espèce, on les distingue de l'humanité et on peut à nouveau les percevoir comme des outils complémentaires.* »

Le précédent Sophia

Problème : les intelligences artificielles sont loin de remplir les conditions nécessaires pour obtenir le statut d'espèce. D'après la définition qu'en a donnée

« Considérer les intelligences artificielles comme une espèce induirait qu'il s'agit d'êtres vivants. »

Amélie Cordier, docteure en intelligence artificielle

de son vivant le biologiste et généticien américain Ernst Mayr, une espèce est *« une communauté reproductive de population, reproductivement isolée d'autres communautés, et qui occupe une niche particulière dans la nature »*.

Mais la notion d'espèce peut s'envisager sous un autre angle. Contestant cette définition strictement biologique, le philosophe Dominique Lestel, spécialiste des relations homme-animal et de l'évolution de l'intelligence, plaide ainsi pour que la robotique autonome ne soit plus pensée dans un cadre purement instrumental, mais *« entre dans un espace existentiel, telle que nous la vivons chaque jour »*, comme il l'explique dans son livre *Machines insurrectionnelles. Une théorie post-biologique du vivant* (Fayard, 2021).

Docteure en intelligence artificielle, Amélie Cordier est sceptique sur cette hypothèse. *« Considérer les intelligences artificielles comme une espèce induirait qu'il s'agit d'êtres vivants, d'entités pensantes, cela suppose qu'il faudrait les protéger et leur accorder des droits*, projette l'ancienne maître de conférences à l'université Lyon 1. *Elles pourraient avoir leurs villes, leurs administrations, leurs élections, leur drapeau et pourquoi pas leur droit de vote... Pour moi, tout cela est loin de correspondre à un futur souhaitable. »* La création d'un statut juridique pour les machines n'est pourtant pas une idée neuve. Elle avait notamment provoqué un tollé en 2017, lorsque l'Arabie saoudite avait accordé la citoyenneté à un robot humanoïde nommé Sophia.

Catégoriser pour relativiser

Se pose également la question de la responsabilité juridique d'une telle espèce. Dépendrait-elle de son utilisateur, comme c'est le cas pour les propriétaires d'animaux de compagnie ? *« Si on décide d'utiliser les IA comme des outils, alors la responsabilité juridique retombe sur l'utilisateur*, tranche Serena Ivaldi, chercheuse à l'Inria Nancy-Grand Est et au laboratoire Loria, spécialiste de l'interaction humain-robot. *C'est comme pour un radiologue : la machine qui lui donne les premières interprétations n'est pas responsable du diagnostic. »*

S'il paraît compliqué de catégoriser *de jure* les IA en tant que nouvelle espèce, l'idée de les comparer aux animaux pourrait tout de même permettre de relativiser un débat public très tendu sur le sujet, et surtout de cadrer le travail des régulateurs : *« Cela pourrait aussi nous aider à définir la frontière entre l'acceptable et l'inacceptable quant à l'impact des IA sur nos sociétés, qu'il s'agisse de l'automatisation de nos emplois, des relations qu'on entretient avec elles, ou de l'espace qu'on leur laisse en matière de prise de décision »*, estime Serena Ivaldi.

Considérer les IA autrement que comme un simple décalque des mécanismes de l'intelligence humaine pourrait aussi avoir une influence sur le travail des anthropologues et des sociologues, qui s'appuient depuis longtemps déjà dans leurs travaux sur les comportements de certaines espèces animales. *« Cela changerait complètement la manière de faire la recherche ontologique et juridique*, s'enthousiasme Kathleen Belhassein. *Si l'on pousse ce scénario, on pourrait voir émerger des protocoles rigoureux d'expériences en laboratoire pour étudier ces intelligences artificielles, à la manière des éthologistes avec les espèces animales. »* Et, qui sait, ouvrir au passage de nouveaux débats sur la « souffrance » de nos compagnons artificiels ?

« L'IA n'est pas une entité autonome pensante »

Faut-il « déshumaniser » les intelligences artificielles pour cesser de fantasmer sur leur potentielle toute-puissance, et ne pas risquer de leur confier de trop grandes responsabilités ? C'est l'avis de la linguiste américaine Emily M. Bender, qui préfère à l'acronyme IA celui de… Salami.

Propos recueillis par
Louise Cognard

« Lisez-vous le thaï ? Non ? Peu de gens parmi ceux à qui je parle lisent réellement le thaï. Moi non plus, je ne le lis pas. C'est la raison pour laquelle j'ai choisi cette langue pour un petit exercice mental. Imaginez que vous êtes à la Bibliothèque nationale de Thaïlande. Quelqu'un est passé avant votre arrivée et a retiré tous les livres qui ne sont pas exclusivement écrits en thaï. Tous les livres d'images ont été enlevés aussi. Vous avez un temps illimité à passer sur place, et chaque jour une personne vous apporte de la délicieuse cuisine thaïlandaise. Pourriez-vous apprendre le thaï ? Comment feriez-vous ? Vous et moi, nous ne parlons pas et ne lisons pas le thaï. Si nous regardons une page pleine de thaï, nous n'en voyons que la forme linguistique. Mais si vous regardez de l'anglais ou du français, le sens est là, parce que vous êtes compétent dans ces langues et vous comprenez plus ou moins tout de suite, n'est-ce pas ?

Eh bien, lorsque vous lisez la production de ChatGPT, il est important de se rappeler que, malgré sa fluidité apparente, il ne s'agit que d'une manipulation de la forme linguistique. Oui, ChatGPT est capable de créer des chaînes de sonorités qui sonnent juste, collent au sujet et semblent être des réponses à

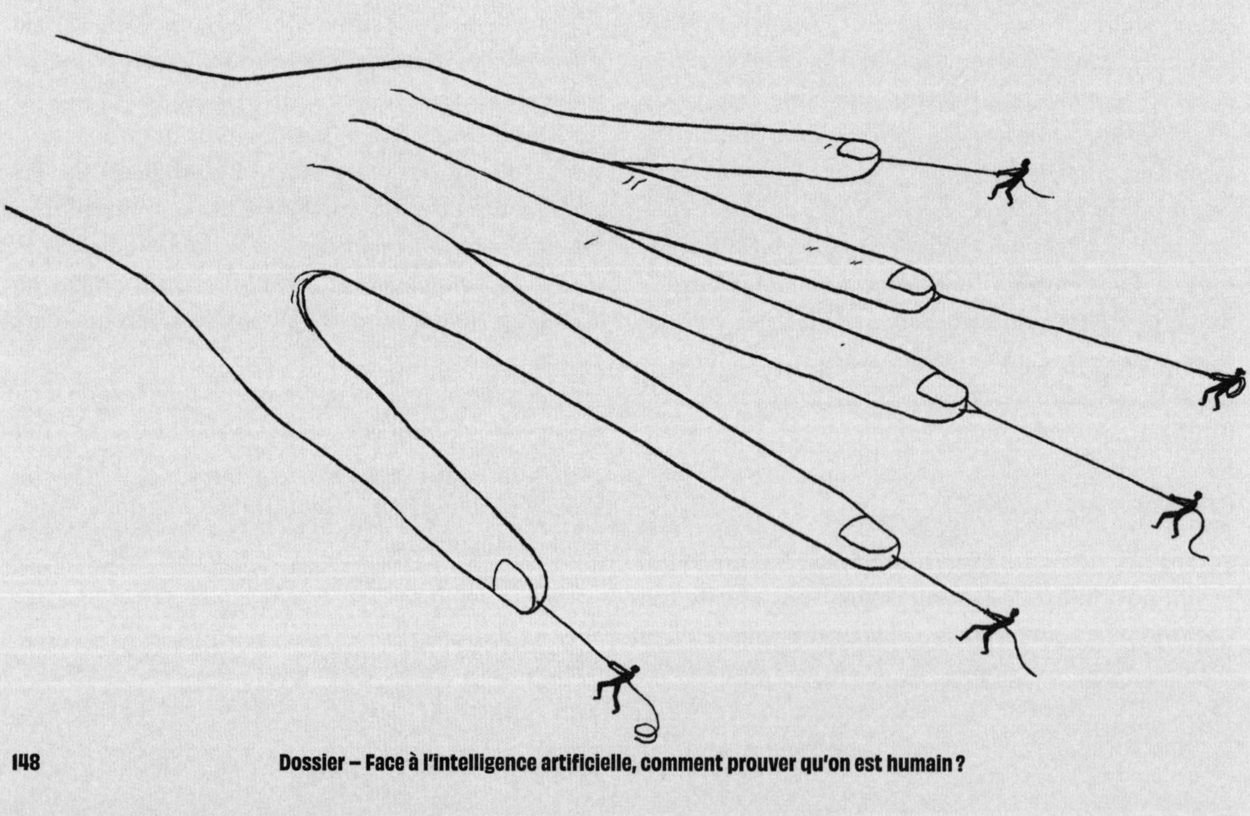

vos questions. Mais non, ChatGPT ne comprend pas ce que vous avez demandé, ni ce à quoi il répond. Il n'a pas raisonné, ni fait appel à ses connaissances pour trouver la réponse. La seule connaissance dont il dispose est celle de la distribution de la forme linguistique.

Lorsque nous utilisons le langage, nous ne sommes pas conscients du traitement que nous faisons. Nous pensons que la forme est le sens. Ce n'est pas le cas, ce sont deux choses distinctes. On peut ajouter que le sens littéral n'est pas le seul sens. Il y a cette étape distincte entre les conventions linguistiques de la langue et ce que la personne a vraiment voulu dire. Si je dis : "*Oh mon Dieu, il fait chaud ici*" à une personne qui se trouve dans la même pièce que moi et qui est mieux placée pour ouvrir la fenêtre, puis que cette personne va l'ouvrir, alors elle a compris ce que je voulais vraiment dire. Voilà le but : s'accorder sur le sens.

Il existe des assistants virtuels qui allument la lumière lorsqu'on le leur demande. Ils ont "compris". C'est une compréhension très faible. Un tel assistant virtuel n'a aucune idée de la raison pour laquelle vous voulez l'allumer, de qui vous êtes, etc. En revanche, il connaît une série d'intentions de communication qu'il connecte à une gamme d'expressions. Si vous avez utilisé l'une de ces expressions et que la transcription automatique fonctionne bien, alors l'assistant virtuel s'exécutera. Le problème, c'est que la plupart des expériences qui permettent de tester la compréhension des ordinateurs reposent sur un "texte d'entrée" et un "texte de sortie". Et les "grands modèles de langage" (*large language models* ou LLM en anglais) comme ChatGPT sont très doués pour former une bonne chaîne de mots en guise de texte de sortie. Ainsi, ils réussissent les tests sans vraiment avoir compris de quoi il s'agissait.

Aujourd'hui, dans le monde de la tech, j'observe une tendance qui consiste à anthropomorphiser ces grands modèles de langage. Nous leur prêtons une forme humaine. Or, plus nous anthropomorphisons ces systèmes, plus il est difficile de garder une distance critique et de comprendre comment ils fonctionnent et pourquoi ils sont peu fiables. Le design de ces machines à texte synthétique est problématique. Par exemple, ChatGPT aurait pu être conçu sans parler à la première personne. Et pourtant, c'est le cas, n'est-ce pas ? Lorsque ChatGPT dit quelque chose d'incorrect et que l'utilisateur le lui fait remarquer, il s'excuse, il répond "*Je suis désolé*". Ça brouille les pistes !

Plus nous croyons que nous vivons dans un monde où il y aurait ce qu'on appelle des « intelligences artificielles », c'est-à-dire des entités qui sont humaines dans leur intelligence, plus il sera facile de croire que c'est une bonne chose de laisser des systèmes automatisés prendre des décisions cruciales. Oui, l'erreur est humaine, il faut des systèmes de contrôle, mais les grandes décisions nécessitent une forme de sagesse et une capacité à comprendre certaines situations qui ne sont propres qu'aux humains. On ne peut pas laisser des machines à calcul juger la vie des gens en se fondant sur des données.

Le terme "intelligence artificielle" suggère une entité autonome pensante. Ce n'est pas le cas, alors je lui préfère la dénomination inventée par le chercheur italien Stefano Quintarelli : Systematic Approaches to Learning Algorithms and Machine Inferences. Avec cet acronyme, Salami, il est clair que c'est idiot de demander : "*Pensez-vous que le Salami peut avoir des sentiments ?*"
Avec Alex Hanna (*chercheuse qui a quitté le pôle recherche éthique sur l'IA de Google en février 2022, ndlr*), avec laquelle j'anime un podcast pour dénoncer le battage médiatique autour de l'intelligence artificielle, nous utilisons le terme "Mathy Math" pour souligner que ces systèmes sont juste de grandes collections d'algèbre linéaire, et qu'en remplaçant le terme IA par Mathy Math les gros titres des journaux ne veulent plus dire grand-chose. Comme avec l'acronyme Salami.

Depuis longtemps les gens essaient de créer des agents de services clients artificiels en pensant que les consommateurs se sentiront plus à l'aise s'ils ont l'impression de parler à une personne. En parcourant des livres sur les interfaces d'utilisateurs pour services clients, j'ai été choquée de voir à quel point il ne s'agit que de ça : remplacer une personne à qui vous pouviez parler par une interface. Le problème, c'est que si vous présentez le Salami comme un humain autonome, les entreprises pourront se dégager de leur responsabilité. Ce n'est plus Microsoft, OpenAI ou Google qui aura fait quelque chose de mal, c'est l'IA. Mais on est d'accord qu'un Salami n'est jamais responsable. De rien. » ●

Quand la machine se camoufle

Pour débusquer les intelligences artificielles et ne plus les confondre avec nos congénères, plusieurs approches sont possibles. En voici sept, dont une majorité n'ont été mises en pratique que dans les imaginaires de fiction.

Texte
Julien Descalles

Le test de Turing (1950)
Quand conversation rime avec authentification

En 1950, dans un article intitulé « Computing Machinery and Intelligence », le mathématicien britannique Alan Turing expose le mode d'emploi de son *« imitation game »*. Un jeu de questions-réponses de cinq minutes où la machine a pour tâche, non pas de répondre correctement à des questions, mais d'imiter les reparties que l'on attendrait d'un humain. Une conversation qui doit permettre d'évaluer la capacité à recourir au langage naturel, à la raison, à la connaissance et à l'apprentissage.

Dans sa première version, le test de Turing simule une partie à trois joueurs, où chacun « joue » dans une pièce différente. Un examinateur questionne un homme et une femme afin de déterminer leur genre – pour pimenter le jeu, chacun doit se faire passer pour l'autre. Cette première manche achevée, l'homme est remplacé par un ordinateur et l'on compare leurs stratégies.

Deux ans plus tard, Turing propose une autre déclinaison de son test (toujours utilisée aujourd'hui) : un jury interroge une machine imitant un être de chair et de sang. Si ELIZA (1966), puis PARRY (1972) sont les deux premiers programmes à avoir passé le test avec succès, on ne compte plus les chatbots et autres IA génératives créés depuis pour duper leurs interlocuteurs et collecter leurs données personnelles. Ou tout simplement pour divertir les internautes, à l'instar du jeu en ligne *Human or Not*, version ludique du test de Turing. Mais combien de temps ce dernier résistera-t-il aux progrès vertigineux de la recherche en intelligence artificielle ? Combien de temps faudra-t-il à Hal 9000 (l'IA culte de *2001, l'Odyssée de l'espace*) ou au sanguinaire système Skynet (*Terminator*) pour apprendre à déjouer les questions du mathématicien britannique ?

CAPTCHA (2000)
Un test de Turing à l'envers

Completely Automated Public Turing test to tell Computers and Humans Apart. Le sens de l'acronyme en atteste : avec la mesure de sécurité CAPTCHA, c'est à l'ordinateur de générer le test, puis de l'interpréter pour vérifier si l'internaute est un humain ou non. Un mot ou des signes déformés à retranscrire, des puzzles à recomposer, des détails à collecter dans une image ou encore une simple case « Je ne suis pas un robot » à cocher : au fil des ans, le pare-feu anti-bots a pris différentes formes. Mais les succès du Recursive Cortical Network, réseau neuronal conçu par des scientifiques californiens pour résoudre les CAPTCHA, prouvent que le coffre-fort n'est plus inviolable.

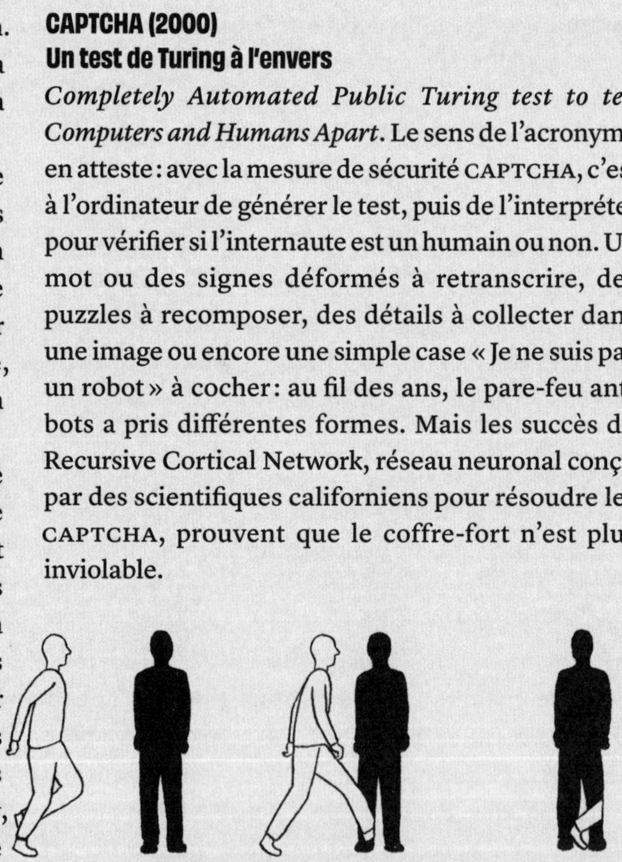

Faire mal
Comme dans « La preuve », la nouvelle d'Isaac Asimov (1946)

Pour Isaac Asimov, sur le papier, c'est simple : puisqu'un robot ne peut blesser ou porter atteinte à un humain, il suffit de frapper, puis de tendre la joue à votre prochain pour déjouer toute tentative de dissimulation. Dans « La preuve », nouvelle extraite du recueil *Les Robots*, Stephen Byerley, candidat à la mairie, fait face à une campagne de dénigrement : il serait un robot positronique et, à ce titre, n'aurait pas le droit de se présenter à une élection. Une rumeur balayée quand, pris à partie dans un meeting par un opposant, Byerley finit par lui décocher un uppercut au menton. De quoi précipiter sa victoire dans les urnes. Reste un doute : et si l'agitateur était en réalité un congénère humanoïde, et le coup d'éclat un coup monté ?

Doser l'empathie
Comme dans *Blade Runner*, le film de Ridley Scott (1982)

Dans *Les androïdes rêvent-ils de moutons électriques ?* (1968), le roman de Philip K. Dick devenu quatorze ans plus tard *Blade Runner* sur grand écran, l'empathie est juge de paix. Pour savoir si son vis-à-vis en fait preuve, le chasseur de « réplicants » Rick Deckard dispose de deux tests. Celui de Voight-Kampff d'abord, à mi-chemin entre la procédure de Turing et le détecteur de mensonges. Scruté par un dispositif électronique de poche, un scanner corporel zoomant sur la rétine et mesurant les contractions de l'iris d'un côté, et un soufflet analysant la respiration de l'autre, le suspect est soumis à un questionnaire préétabli. Ses réponses importent moins que ses réactions biologiques : rougissement, émission de phéromones, dilatation de la pupille, rythme cardiaque, respiration, etc. Pratique en garde à vue, beaucoup moins pour engager la conversation dans la rue. D'où le recours au test de Boneli, qui mesure le temps de réaction à un signal lumineux ou sonore, les réplicants se montrant un brin plus alertes.

Trancher la tête
Comme dans *Alien*, le film de Ridley Scott (1979)

À bord du cargo spatial *Nostromo*, l'officier scientifique Ash est aux yeux de ses compagnons un membre de l'équipage comme les autres, certes un peu froid et distant. Puis carrément inquiétant lorsqu'il se montre prêt à sacrifier ses acolytes pour garder l'Alien à bord du vaisseau. Ce n'est que décapité par un extincteur qu'il dévoile sa vraie nature : un androïde dissimulé par la Weyland-Yutani Corporation et programmé pour ramener la créature sur Terre. Efficace, radicale, la technique est infaillible, mais laisse toutefois peu de place à l'erreur. À utiliser avec parcimonie, donc.

Cligner des yeux
Comme dans *Real Humans*, la série de Lars Lundström et Alex Haridi (2012)

Capables de penser, de s'émouvoir, puis dotés d'une conscience : les « hubots » de la série suédoise *Real Humans* se montrent des alter ego bien difficiles à différencier de leurs maîtres humains. D'autant plus s'ils aspirent à passer sous les radars pour rejoindre les rangs des affranchis. Alors il faut guetter quelques signes physiques distinctifs : un port USB dans la nuque, une prise de recharge électrique sous l'aisselle, une rigidité dans la démarche ou certaines expressions faciales. Ultime astuce : se plonger dans leur regard, les robots suédois se montrant incapables de cligner des yeux, quand un humain le fait en moyenne vingt fois par minute. Imparable ?

Jouer pour jouer
Comme dans *Une machine comme moi*, le roman de Ian McEwan (2019)

1982 : les Beatles sont toujours soudés et tous bien vivants ; Alan Turing, qui ne s'est pas donné la mort, poursuit ses travaux sur l'intelligence artificielle. D'ailleurs, ses androïdes, modèles Adam ou Ève, pullulent au sein des foyers britanniques. Dans le Londres dystopique de ce roman signé Ian McEwan, les robots s'éveillent, se rebellent lorsqu'une main indélicate s'approche un peu trop près de leur bouton de mise en veille, tombent amoureux, boursicotent ou... écrivent des haïkus. En revanche, ils *« n'ont pas trop la notion de ce qu'est le jeu – ce mode vital d'exploration pour l'enfant »*, confie Turing. À l'instar de Deep Blue, l'intelligence artificielle d'IBM, ces robots ont beau avoir triomphé, depuis longtemps, de leur créateur aux échecs ou au jeu de go, les voilà mal à l'aise face à la joie d'un gamin improvisant une danse. La faute à l'absence de règles ? Et si une virée au square – l'euphorie du toboggan ou d'un cache-cache improvisé –, sans autre enjeu que l'activité elle-même, restait encore le meilleur moyen de témoigner de notre humanité ? ●

Authentification : vers des technologies toujours plus invasives

Scanner de l'iris, tatouage biométrique, puces sous-cutanées… Dans un monde où les contenus générés par des intelligences artificielles seront de plus en plus nombreux, faudra-t-il bientôt avoir recours à des technologies invasives pour prouver son humanité avant de publier quoi que ce soit en ligne ?

Texte
Vincent Bresson

Demain, comment distinguera-t-on l'homme de l'intelligence artificielle ? Le premier intéressé, ChatGPT, répond en mettant en avant certaines différences notables sur le plan émotionnel, créatif, mais aussi de la compréhension contextuelle et sociale. L'affaire paraît entendue. Pourtant, en conclusion, l'IA reconnaît que *« ces distinctions pourraient évoluer à mesure que la technologie progresse »*. Ce que le rejeton de la société OpenAI ne précise pas, c'est que le processus d'authentification, aujourd'hui, est déjà problématique.

« AI vibes »

Danisha Carter peut en témoigner. L'influenceuse de 27 ans voit son humanité sans cesse remise en question par la sphère TikTok. En dessous de ses vidéos se succèdent des messages l'accusant d'être le fruit d'une intelligence artificielle au motif que son visage ne laisserait paraître aucune émotion et qu'elle dégagerait de puissantes « *AI vibes* ». L'affaire a pris une telle ampleur que la première requête Google à son sujet tourne autour de cette question. Certains de ses *followers* sont allés jusqu'à demander à Danisha de se filmer en train de remplir le fameux test Captcha qui permet aux internautes de prouver qu'ils ne sont pas un *bot* en identifiant des photos de voitures ou en recopiant une poignée de lettres. Une telle vidéo serait pourtant facile à falsifier, laissant alors la question ouverte : que doit faire Danisha Carter pour prouver qu'elle est bel et bien humaine ?

Une certitude : un simple Captcha ne devrait plus suffire. En 2014 déjà – autant dire une éternité –, Google révélait que ses IA pouvaient résoudre les Captcha les plus complexes avec un taux de réussite de 99 %, contre seulement 33 % pour nos congénères. Faut-il alors se résoudre à envisager des options technologiques plus invasives ? Pas évident : *« Avec la pandémie de Covid, les fantasmes autour de la tech se sont renforcés, de même qu'une plus grande sensibilisation sur les risques encourus autour de la gestion des données »*, explique Annabelle Boutet-Diéye, enseignante-chercheuse au laboratoire LUSSI de l'école IMT Atlantique. Il n'empêche : la démarche consistant à prouver qu'on est humain, qui passait jusqu'alors par la mise à l'épreuve régulière – jusqu'à plusieurs fois par jour – de nos compétences cérébrales (même dans une version très *soft*) semble désormais promise à une forme de confirmation corporelle via la technologie ne relevant plus du tout de la performance.

Les yeux dans l'Orb

Acceptabilité ou pas, Sam Altman, le PDG d'OpenIA, se penche déjà sur la question. Avec Worldcoin, le cofondateur d'OpenAI propose d'associer une cryptomonnaie au scan de l'iris grâce à un globe métallique permettant de scanner ses yeux, baptisé The Orb. Il a déjà levé 100 millions d'euros pour mener à bien son ambitieux projet d'authentification. Pour prouver son humanité, il faudra sortir le chéquier. Les équipes de la start-up ont déjà lancé World App, un espace numérique permettant d'enregistrer le « passeport » et le portefeuille de cryptomonnaie des usagers de Worldcoin. Et le succès serait au rendez-vous si l'on en croit la communication de l'entreprise, qui a fait savoir qu'un million et demi de personnes auraient testé la version bêta.

Pas encore finalisé, le projet interroge déjà. Dès le lancement de Worldcoin en 2021, Edward Snowden se méfiait de la base de données que pourrait un jour récolter l'entreprise : *« Ne cataloguez pas les globes oculaires ! »*, plaidait à l'époque le lanceur d'alerte. D'autant que cette technologie d'identification fondée sur l'iris ne serait pas infaillible. Le média américain TechCrunch a révélé en mai 2023 que plusieurs opérateurs de The Orb avaient été victimes de piratage.

À terme, le déploiement de cette technologie pourrait poser un autre problème : doit-on laisser un tel passeport biométrique aux mains d'une seule et même entité privée ? Sam Altman évacue la question. *« Sa pensée est celle de l'altruisme efficace et du long-termisme*, relate Valentin Goujon, doctorant en sociologie au médialab de Science Po Paris. *Pour lui comme pour d'autres pontes de la Silicon Valley, il faut calculer les risques et les bénéfices sur le temps long et enjamber le court terme. Dans cette optique, les enjeux autour de la collecte de données ne pèsent pas lourd face aux risques qui pourraient peser sur l'humanité à cause du déploiement de l'intelligence artificielle. »* Traduction : peu importent les problèmes provoqués par sa nouvelle entreprise pour régler ceux de son précédent business.

Des données sur l'épiderme

N'en déplaise au patron d'OpenAI, il n'a pas (encore) le monopole de l'authentification. D'autres solutions corporelles sont aujourd'hui sur le banc d'essai pour tenter de résoudre « l'équation » Danisha Carter. Plusieurs d'entre elles concernent notre épiderme. En 2021, Andrea, un Italien alors âgé de 22 ans, avait mis au point une solution « maison » pour prouver que son passeport sanitaire était à jour: se le faire tatouer à même la peau. Qui sait, peut-être sera-t-il considéré comme un pionnier dans un futur où les tatouages biométriques seront devenus la norme en matière d'authentification ?

Encore faudra-t-il vaincre certaines résistances culturelles. Annabelle Boutet-Diéye a mené une recherche sur l'acceptabilité des tatouages connectés. Il en ressort une grande réticence citoyenne. L'hypothèse de base était la suivante : et si les tatoués étaient la cible idéale pour cette technologie puisqu'ils ont déjà accepté de se laisser dessiner une trace indélébile sur la peau ? Verdict : les tatoués ne sont pas très réceptifs à cette idée. *« Beaucoup de personnes interrogées ont trouvé qu'il s'agissait là d'un gadget sans intérêt. Elles avaient des craintes autour des données, des détournements possibles de celles-ci et de leurs usages potentiels »*, raconte Annabelle Boutet-Diéye, avant de trancher : *« Un objet connecté qui produit de la donnée sur le corps, c'est une source de préoccupation. »*

Ces résultats expliquent peut-être le faible nombre de projets de recherche autour de la mise au point de tatouages connectés. En 2015, l'entreprise américaine Chaotic Moon avait fait parler d'elle après avoir développé une encre électro-conductrice capable de collecter, mais aussi de recevoir et d'envoyer des données. Présenté l'année suivante par l'Institut de technologie du Massachusetts (MIT) et le département de recherche de Microsoft, le tatouage DuoSkin permettrait aux utilisateurs de contrôler plus facilement leurs mobiles, le stock et la transmission d'informations s'opérant à même leur peau. Moins d'une décennie plus tard, DuoSkin n'apparaît plus dans les publications spécialisées, et le projet de Chaotic Moon a lui aussi disparu des radars.

Marché aux puces

Pour s'authentifier, une autre solution d'ordre corporel existe : les puces électroniques sous-cutanées, qui ont profité de la crise sanitaire pour se faire une place dans nos vies. En 2021, l'entreprise suédoise DSruptive Subdermals a ainsi adapté sa technologie pour que ses utilisateurs installent leur pass sanitaire sous la peau, plus précisément celle du bras ou alors entre le pouce et l'index. De quoi alimenter les théories de la complosphère, malgré le succès très relatif rencontré par cette innovation.

Une telle puce pourrait pourtant permettre à Danisha Carter de s'identifier en tant qu'humaine à chacun de ses posts. Mais là encore, nos résistances culturelles semblent fortes. Dans le champ cinématographique notamment, où un imaginaire particulièrement dystopique accompagne le plus souvent la

mise en scène des implants. *« Avec les puces ressort une relation au corps très intime*, fait valoir Annabelle Boutet-Diéye, qui y voit la technologie d'authentification la plus à même de faire l'unanimité contre elle. *On m'a déjà fait la remarque qu'un tatouage connecté pouvait être envisageable, mais qu'en aucun cas il n'était possible d'accepter une puce. Les puces, on en met aux animaux pour ne pas les perdre... Le raccourci peut faire peur. »* Pas sûr, donc, que les progrès de l'intelligence artificielle et les problèmes d'authentification qu'elle ne manquera pas de causer à l'avenir suffiront pour surmonter la crainte que notre corps ne devienne une sorte de Captcha grandeur nature.

Quand la tech répond à la tech

Face aux avancées de ChatGPT et consorts, l'humain devra-t-il forcément prouver qu'il n'est pas un robot par le biais de solutions invasives ? Le risque est réel, mais Valentin Goujon le tempère : *« Il faut prendre conscience que l'idée de plus en plus répandue selon laquelle l'IA sera un jour égale ou supérieure aux humains fait partie de l'économie des promesses de ce secteur industriel, cela sert avant tout les intérêts économiques de ces entreprises*, insiste le chercheur, spécialiste des méthodes d'apprentissage profond. *Faire grandir cet intérêt permet d'avancer à marche forcée, avant que la régulation ne s'en saisisse. »* Autrement dit, proposer des réponses technologiques à des problèmes d'ordre... technologique. La mécanique n'est pas nouvelle. Cette approche de pompier pyromane, consistant à proposer des remèdes pour soigner soi-même les maux que l'on crée par ailleurs, est même une vieille ficelle dans l'histoire numérique. Mais l'histoire ne dit pas si c'est ChatGPT qui a soufflé l'astuce à Sam Altman. •

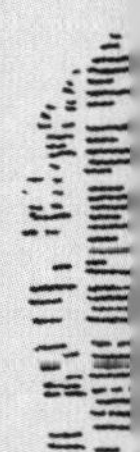

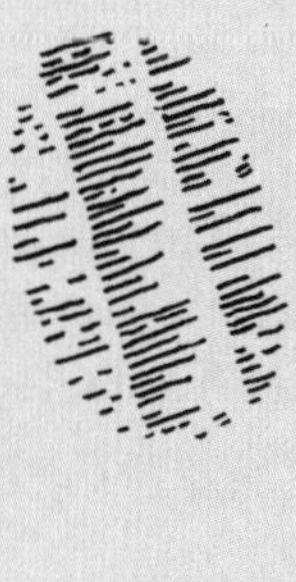

Lauren Lee McCarthy, l'artiste qui crash-teste l'humanité

Qu'advient-il de notre humanité quand la technologie s'en mêle (trop) ? L'artiste et développeuse Lauren Lee McCarthy crée des performances qui remplacent l'homme par la machine, et vice versa, non sans quelques dommages collatéraux. À chacun de jauger les signes du sensible dans ces mises en scène dérangeantes – toute ressemblance avec des faits réels n'étant bien sûr pas du tout fortuite.

Texte
Christelle Granja

Comment discerner la machine de l'humain ? Pas si simple, prouve la Californienne Lauren Lee McCarthy. Ses performances aux allures de crash-test mettent à rude épreuve notre humanité : qu'en reste-t-il, quand la technologie s'immisce dans notre intimité, influence notre langue, nos comportements, et oriente jusqu'à nos choix sentimentaux et sexuels ? Les installations de l'artiste, développeuse en plus d'être professeure au prestigieux département Design Media Arts de l'Ucla, n'apportent pas de réponse univoque. Mais leur humour glacé met à nu les contours mouvants de notre humanité.

Ainsi de *Lauren*, son œuvre homonyme, où l'artiste prend la place d'une assistante domotique artificielle de type Alexa ou Amazon Echo. Des journées entières, la trentenaire gracile répond docilement aux demandes d'habitants d'appartements truffés de caméras, participants volontaires de l'expérience. « Lauren *contrôlera votre maison et vous surveillera 24h/24, 7j/7* [...]. *Elle s'adapte à vos désirs et anticipe vos besoins* », vante le site Get Lauren. Créé pour l'occasion, il détaille l'offre de services domotiques et invite l'internaute à y accéder en un clic. Envie soudaine d'une lumière tamisée, d'un titre sur une playlist, d'un expresso ? Hop, il suffit de le demander à *Lauren* : connectée à vos équipements, elle réagit en temps réel.

« Un rêve d'esclavage »

À ceux qui, de prime abord, jugent malaisantes cette soumission et cette surveillance omnisciente, l'artiste répond d'un air tranquille : *« Dans ce cas, pourquoi l'accepteriez-vous de la part d'une intelligence artificielle ? »* La question en cache d'autres : qu'est-ce qui nous distingue de la machine, qui justifie qu'on accepte de celle-ci ce qu'on est enclin à refuser de la part de nos pairs ? Mais considère-t-on encore comme l'un des nôtres celui ou celle – en l'occurrence *Lauren* – qui peut être remplacé(e) par une IA ou prendre sa place ? *« Nous sommes tous, à certains égards, déshumanisés par la technologie »*, pose sommairement l'artiste. Mi-amusée mi-sérieuse, elle relève néanmoins que, malgré ses efforts, elle ne réussit qu'à être un piètre substitut d'Alexa. *« Parfois, les participants me demandaient d'allumer la musique et j'appuyais sur le mauvais bouton et lançais accidentellement le sèche-cheveux. »*

Des erreurs et des lenteurs, comme l'expression du cœur irréductible de notre humanité : l'hypothèse, pied de nez séduisant aux diktats de performance, ne déplaît pas à l'artiste et commissaire d'exposition Thierry Fournier, qui a récemment programmé, à Montpellier, Lauren Lee McCarthy. *« Cette lenteur met en évidence l'hésitation, l'instant de réflexion, et finalement la nature humaine de la décision. »*

Pour la Californienne, c'est aussi là, dans ce temps plus long que celui de la machine, que réside l'attention à l'autre, le *care*, cette capacité qu'elle juge propre aux humains et que les entreprises de la tech tentent en vain d'imiter avec d'illusoires et dispendieux « services de soins ». *« En s'adressant à une personne, plutôt qu'à un robot conversationnel, on s'écoute à nouveau parler, et on réalise qu'Alexa et consœurs répondent au même rêve de maîtrise que la sonnette de domestique du XIXe siècle : un rêve d'esclavage »*, juge Thierry Fournier.

Crowdpilot, Lauren Lee McCarthy

Lauren lève ainsi le voile sur une situation devenue banale, mais révélatrice de schémas éculés de domination – envers les femmes et les « minorités », repoussées par le passé hors de l'humanité – auxquels la technique ne fait qu'offrir une nouvelle déclinaison.

Plongée dans la zone grise

En substituant l'humain à la machine, ou l'inverse, l'artiste met le doigt sur l'incidence sociale et politique de dispositifs techniques qui sont tout sauf neutres, et pourtant rarement questionnés. Ainsi de *Crowdpilot*, une vraie fausse application destinée à aider son usager dans ses relations sociales, qui adopte le ton et les couleurs délibérément joyeuses de l'univers pro-tech. Vous êtes mal à l'aise en soirée ou maladroit en amour ? Pas de panique, *Crowdpilot* vous connecte à votre communauté d'« amis » qui vous guide en temps réel : *« Laisse passer un silence et approche-toi », « Souris, et parle de toi »*.

Le concept est tellement tordu que le pastiche semble évident. Pourtant, de nombreuses personnes croyant l'application réelle ont tenté de se la procurer, précise l'artiste, qui décide, avec un de ses collègues féru de code, Kyle McDonald, de pousser le bouchon encore plus loin en développant une nouvelle appli baptisée *pplkpr*, qui promet cette fois-ci de suivre, analyser et gérer de manière automatique, via un algorithme, les relations de son usager. *« À l'aide d'une montre intelligente,* pplkpr *surveille votre réponse physique et émotionnelle aux personnes qui vous entourent et optimise votre vie sociale en conséquence. »*

Dystopie glaçante pour les uns, simple clin d'œil provoc à nos addictions numériques pour les autres, l'application est loin d'être déconnectée du réel aux yeux de l'artiste, qui observe un changement majeur dans les technologies de surveillance dont nous sommes inondés. Désormais moins visibles, *« elles se normalisent et vont jusqu'à façonner notre comportement »*.

Avec *Crouwdpilot* et *pplkpr*, Lauren Lee McCarthy nous plonge dans une zone grise où numérique et vie sensible deviennent difficiles à démêler. Ceux qu'on y croise évoquent des êtres hybrides, métissés de technologie, bien en peine de prouver leur authenticité. Car si l'homme est un être social « par nature », est-il encore apte à passer sans encombre un test de Turing *(voir p. 150)* quand il accepte que ses relations soient guidées par des algorithmes ?

Monitoring du corps

C'est sans doute avec *Surrogate* (« mère porteuse »), l'une de ses dernières œuvres, que l'artiste esquisse les réponses les plus troublantes. Elle s'aventure au fondement de notre humanité, au cœur de la

Surrogate, Lauren Lee McCarthy

Materials from Surrogate, Lauren Lee McCarthy

conception d'un nouvel être. Que se passe-t-il lorsque la technologie s'infiltre jusque-là ? *Surrogate* dépasse les questionnements conservateurs sur la GPA pour exposer la division complexe entre physique et virtuel, et pour dénoncer la possibilité d'un contrôle quasi total de la technologie sur les corps. *« Ce projet a commencé lorsque j'ai remarqué que mon père avait arrêté de me demander quand j'aurais un bébé pour me demander de congeler mes ovules… Je travaille sur ce qui me déroute »*, confie l'artiste.

Avec *Surrogate*, des mois durant, elle s'est mise dans la peau d'une mère porteuse (elle a débuté le parcours médical, mais n'est pas allée jusqu'au bout), qui se rend disponible à tous les processus d'injonction et de contrôle de la part des parents biologiques, offrant à ces derniers un monitoring quasi complet de son corps à travers une appli. En bref, l'artiste joue le rôle d'un utérus artificiel, manipulable à l'envi. Radicale, lestée d'une forte violence symbolique, la démarche ouvre pleinement le champ des possibles. Les uppercuts numériques de Lauren Lee McCarthy rappellent, grâce à un éventail de démonstrations par l'absurde et la caricature, souvent cruelles, que la définition des contours de l'humanité est un enjeu de pouvoir majeur. *« Ce qui relève de l'humain a fait l'objet de tels développements techniques, qui ont pénétré notre environnement intime à travers la quantification de soi, les relations aux autres, au monde, et jusqu'aux questions biologiques, que cette question ne peut pas échapper au politique »*, estime Thierry Fournier.

C'est ce que le curateur exprime aussi dans son travail d'artiste, comme avec son œuvre *Just in case*. Sur un écran à hauteur d'yeux, à l'entrée d'une salle, une petite roue familière tourne pour nous intimer patience, tandis qu'un message apparaît : *« Checking that you are human… »* (« Nous sommes en train de vérifier que vous êtes humain… »). Après un moment, la roue s'arrête enfin et un sobre *« Thank you »* s'affiche : le test est réussi. Il s'agit en fait d'un simple gif animé, mais le spectateur a eu le temps de se questionner : qu'est-ce qui guide la décision qui s'affiche ? Vais-je être « validé » ? Fragile humanité, qui accepte d'être jaugée par un algorithme, semble ricaner l'invisible IA de *Just in case*, comme en écho aux mises en scène numériques de Lauren Lee McCarthy. ●

J'ai programmé un robot pour draguer à ma place

Grâce à l'application CupidBot, il est possible de programmer un *chatbot* pour charmer les utilisatrices des sites de rencontres. Une de nos journalistes a testé la séduction automatisée en se faisant passer pour un certain « Julien ». Ou quand une femme fait croire qu'elle est un homme via un *bot* pour séduire des femmes…

Texte
Louise Cognard

« Si j'écris que je suis mi-humain mi-aspirateur parce que j'ai été enlevé par des aliens, et que la meuf ne réagit pas en face, il y a un problème. C'est mon test de Turing à moi pour savoir si je suis en train de parler à une vraie personne ou à un robot, parce qu'ils ont du mal à saisir l'ironie. »

Josselin est très sérieux quand il m'explique sa technique pour débusquer les robots sur les sites de rencontres. Ce copain, qui travaille dans l'informatique, m'assure que ces sites sont peuplés de *chatbots*, ces interfaces humain-machine qu'on retrouve sur les sites de vente et de services comme la Sécurité sociale ou la SNCF. Désormais, ces « dialogueurs » artificiels s'improvisent entremetteurs, tels des Cyrano de Bergerac automatisés. D'après Josselin, ils pullulent parce qu'ils permettent d'arnaquer les gens crédules, de leur soutirer des informations, et ainsi de muscler ces agents conversationnels, qui gagnent en précision et en fluidité grâce aux échanges dont ils se nourrissent. Plus ils pratiquent, plus ils apprennent à répondre.

La démonstration de Josselin me laisse songeuse. Je n'y crois qu'à moitié, jusqu'à ce que j'entende parler de CupidBot. Cet algorithme, conçu pour les hommes hétérosexuels, promet de trier, sélectionner et draguer les femmes sur des sites de rencontres comme Tinder ou Bumble à la place des internautes. Je buggue. Dans son livre *Pourquoi l'amour fait mal* (Seuil, 2012), la sociologue Eva Illouz explique qu'on assiste à une *« gestion rationnelle des flux de rencontre »* où prédomine la dimension linguistique. Nous nous comportons comme un *« produit emballé, placé en concurrence avec d'autres produits sur un marché libre régi par la loi de l'offre et de la demande »*. Avec CupidBot, cette rationalisation est carrément déléguée à un algorithme.

Julien, *« trentenaire audacieux »*

Pour en avoir le cœur net, je m'inscris sur Bumble sous le nom de « Julien ». Pourquoi Julien ? C'est ChatGPT qui me l'a suggéré quand j'ai demandé à la fameuse IA génératrice de textes de créer un profil de trentenaire qui s'inscrit sur un site de rencontres. Sa description est affligeante de banalité : *« Je suis Julien, un trentenaire audacieux basé à Paris, en quête d'une connexion authentique sur ce site de rencontres. Je suis un esprit libre, passionné et ambitieux. J'apprécie les défis de la vie et je suis toujours prêt à repousser mes limites. »* Je choisis ensuite une photo de profil sur le site thispersondoesnotexist.com, un générateur aléatoire de visages par intelligence artificielle, puis je télécharge CupidBot pour la somme de 15 dollars.

Au début, le robot ne réagit pas. Il doit d'abord apprendre les goûts de Julien – c'est-à-dire les miens – en fonction de mes premiers *likes*. Sur l'interface de CupidBot, il faut ajouter des critères physiques pour permettre au robot de faire un premier tri en analysant les photos des utilisatrices. Est-ce que Julien s'intéresse aux femmes fines, potelées ou franchement rondes ? Est-ce qu'il préfère une Latina, une Asiatique ou une Slave ? Quelle est sa couleur de cheveux favorite ? Est-ce qu'il aime plutôt les gothiques et les tatouées ?

Le *small talk* en moins

Julien doit aussi donner une note d'attractivité physique. Entre 1 et 10. Un filtre indique alors au robot qu'il ne doit contacter que les femmes ayant renseigné une note d'attractivité comprise entre 8 et 10, par exemple. Un peu comme pour une recherche sur LeBonCoin, lorsqu'on doit donner une échelle de prix minimum et maximum. Ça me semble absurde : qui attribue les notes aux femmes au préalable ? CupidBot ?

Dans une enquête publiée en 2019 dans *Le Monde*, la journaliste et essayiste Judith Duportail rappelle que l'expérience des sites de rencontres n'a rien à voir selon qu'on est un homme ou une femme : *« Une analyse des profils* [...] *montre que le taux de succès moyen pour une femme est de 50 %, et pour un homme de... 2 %. Cette différence permet à Tinder de vendre de juteuses options payantes. »* CupidBot le cupide s'engouffre dans cette brèche. Grâce au robot, et à peu de frais, plus besoin de se fatiguer à *liker* à l'infini et sans distinction, en espérant vainement finir par obtenir un malheureux *match*. CupidBot garantit aussi que les hommes n'auront plus à s'infliger le *small talk*, ces discussions légères, voire superficielles, censées contribuer au rapprochement entre deux inconnus. Surtout, le site promet de *« commencer à* "dater" *pour de vrai sans rien faire »*.

Mots sans accents

Après quelques *likes*, j'enclenche le pilote automatique. Dans la case « activité préférée pour le *date* », on me suggère « Rendez-vous pour une glace ». Validé. Langue ? « Français ». Mais j'aurais tout aussi bien pu choisir le finnois ou l'albanais car, la plupart du temps, le Cupidon bidon interpelle les femmes en ces termes : *« Salut, je veux te connatre mieux. donne-moi ton numro et on peut organiser un rendez-vous pour une glace ? »* J'envoie un mail de réclamation à CupidBot. Un certain « Luke » (probablement un autre robot) me répond que ce problème d'accent sera réglé lors de la prochaine mise à jour.

Parfois, le dialoguiste déraille. Comme lorsqu'il s'adresse à Eli – *« salut, j'ai vu que tu as des enfants. a te dirait un rendez-vous pour une glace ? »* – alors que la jeune femme en question a juste indiqué... qu'elle aimerait avoir des enfants. Plus les *matchs* passent, plus l'interface devient téméraire. À Sisi, elle formule sous mes yeux ébahis : *« Salut, a te dirait de prendre une glace ce week-end ? je suis sr que le lion en toi adorerait a. »*

Parfois ça mord, comme avec Emmanuelle, sous le charme : *« Ta description est plutôt bien écrite, on sent le caractère et le dynamisme. Connexion authentique, ça me plaît bien. On dirait que tu aimes ce qui sort des conventions et ne respecte pas (ou pas tout le temps) les codes. »* Si elle savait que Julien, en réalité, n'est QUE des lignes de code... Quand le robot la relance, elle déchante : *« Salut, a te dirait un rendez-vous pour une glace et parler de ta prod chez tv ? »* Emmanuelle avait indiqué travailler pour la télévision, le logiciel a tenté de reformuler l'information. À sa manière. Face à la question existentielle de Sara – *« Alors c'est qui Julien ? »* –, le robot, embarrassé, perd patience : *« Julien c'est moi, donne-moi ton numro et on planifie la date. »*

Derrière mon écran, je me sens mal. Tout ça n'est qu'une fraude. Pourtant, le style brut de CupidBot fonctionne. L'autre assistant virtuel, Luke, m'envoie un mail enthousiaste chaque fois qu'une femme accepte de donner son numéro. Le dragueur automatisé, enhardi, sait alors se montrer insistant, comme lorsqu'il lâche à Emmanuelle : *« Hey, j'ai payé ta rançon, t'as le droit de me répondre. »* Flippant.

Prose protocolaire

Je tente l'aventure en inversant les genres. Inscrite sur Tinder avec mon profil personnel de femme, j'échange avec des hommes hétérosexuels en utilisant uniquement ChatGPT. Surprise : l'interface se montre cette fois très prude. Lorsque Morgan me propose un *« plan cul »*, ChatGPT répond pour moi : *« Je comprends ta perspective, mais je suis personnellement plus intéressé(e) par une connexion émotionnelle plus profonde et une relation qui peut évoluer dans le temps. Donc, je ne pense pas que ce soit ce que je recherche actuellement. Je préfère prendre le temps de faire connaissance et voir si nous avons des affinités au-delà de l'aspect physique. »*

Cette prose protocolaire finit de me dégoûter. Maintenant je peux bien vous l'avouer : je suis une épistolière, fidèle à ces mots de Roland Barthes : *« Le langage est une peau : je frotte mon langage contre l'autre. C'est comme si j'avais des mots en guise de doigts, ou des doigts au bout de mes mots. Mon langage tremble de désir. »* ●

Internet ressemble de plus en plus à *The Truman Show*, et alors ?

Avec la prolifération d'intelligences artificielles capables de générer textes et images, Internet est en train de devenir un trompe-l'œil géant rempli de simulations et de contrefaçons. Mais est-ce vraiment si dramatique de vivre dans un monde où prolifèrent des contenus plus ou moins bien imités par des machines ?

Propos recueillis par
Millie Servant

Dans le ciel, le soleil semble briller ; en réalité, c'est un projecteur imitant sa couleur. Des passants semblent vaquer naturellement à leurs occupations ; sauf que ce sont des figurants. Le paysage semble ordonné par des années d'évolution humaine ; mais c'est un vulgaire décor en carton-pâte. Cet univers, c'est celui de Truman Burbank, innocent citoyen piégé dans l'univers 100 % contrefait du show de télé-réalité dont il est – malgré lui – le seul protagoniste. Voilà le scénario du film *The Truman Show*, de Peter Weir, sorti en 1998.

Tous ensemble dans le show

Vingt-cinq ans plus tard, le cas Truman refait surface. Après la publication de fausses photos du pape en doudoune, de Macron en éboueur ou encore d'une vidéo de Joe Biden chantant « Baby Shark » – toutes générées par des IA –, on crie un peu partout à la rupture de confiance. Sous-entendu : on ne pourrait plus croire aujourd'hui ce qui semblait hier si fiable. Mi-mai 2023, dans le groupe de discussion « Singularity » du réseau social Reddit, un utilisateur se livre cash : *« L'arrivée de l'IA a été la goutte d'eau qui a fait déborder le vase. Ça ne colle plus, il y a quelque chose de faux avec la réalité. Je ne peux pas me débarrasser de ce "Truman Show feeling", la différence étant que nous sommes tous ensemble dans ce show. »* Sur Twitter, un Chief AI Officer surenchérit : *« Les nouveaux progrès de l'intelligence artificielle commencent à "trumaniser" les gens. »*

Mais les progrès de l'intelligence artificielle révolutionnent-ils vraiment le domaine de la tromperie ? Certes, le générateur d'images du lab Midjourney est désormais capable de produire des images hyperréalistes à même de duper l'œil humain. Mais est-ce pire que ce qu'un individu peut déjà faire avec Photoshop et quelques minutes devant lui ? Certes, le robot conversationnel ChatGPT est apte à créer des plaidoiries originales à la demande d'un avocat, tout en y glissant des fautes. Mais est-ce vraiment différent des erreurs qui se nichent déjà dans Wikipédia, ou des multiples *fakes news* disséminées par des individus peu scrupuleux ? Certes, le recours aux intelligences artificielles a permis de générer d'horribles contenus pédopornographiques à la volée. Mais que dire des humains qui tournent ces contenus « pour de vrai » ? Si l'argument du « on fait pire par ailleurs » ne tient pas, on peut s'interroger : vivons-nous vraiment un mensonge aussi gros que celui subi par le personnage incarné par Jim Carrey ? Pas certain, non plus, qu'on subisse davantage les supercheries lorsqu'elles sont générées par des machines. Ou qu'il y ait plus de fous chez les humains ou les machines. Enfin, on peut s'étonner du tapage suscité par un faux pape en doudoune créé par une machine, alors qu'on s'offusque mollement devant des mensonges humains bien plus graves. Finalement, c'est comme si l'on demandait aux machines une chose que l'on n'exige même pas de nos pairs : être *parfaitement* fiables.

La confiance, une affaire de risque

La principale différence entre le monde du film et le nôtre, c'est que nous sommes prévenus. Quand le héros de *The Truman Show* partage ses doutes naissants à son ami sur la véracité du monde qui l'entoure, ce dernier lui répond: *« Je suis ton meilleur ami depuis l'âge de 7 ans, Truman, il n'y aurait rien de pire à mes yeux que de te trahir.»* À l'inverse, qui demandera à ChatGPT s'il peut mentir se verra opposer une réponse claire: *« Il est possible que je puisse fournir des informations incorrectes ou fondées sur des connaissances obsolètes.»* Les choses sont dites.

Quant aux contenus textes, images ou vidéos qui circulent en ligne, il a toujours été entendu qu'ils pouvaient comporter une part de faux. Qu'apporte donc, au fond, le fait de savoir que c'est un humain ou une machine qui a généré tel ou tel contenu? Après tout, l'essentiel est de déterminer si le contenu s'appuie sur des faits réels ou non – et ça, nous avons déjà des manières de le vérifier: en se penchant sur la fiabilité de la source.

Comme l'explique le sociologue allemand Niklas Luhmann, la confiance, de manière générale, *« présuppose une situation de risque »*. Et la vie est remplie de situations où la confiance entre deux parties est rompue: *« Vous pouvez acheter ou ne pas acheter une voiture d'occasion qui se révélera être une* "épave". *Vous pouvez engager ou ne pas engager une baby-sitter pour la soirée et lui confier votre appartement sans surveillance, et cela pourra aussi être une* "*catastrophe*"*.»*

On retrouve bien là les mêmes travers qu'avec les contenus générés par intelligence artificielle: un avocat peut utiliser ChatGPT pour rédiger sa plaidoirie, mais le texte produit pourra être truffé d'erreurs; un citoyen peut consulter des contenus conçus par IA pour s'informer, mais il risquera de tomber sur des *fake news*... À ce sujet, Luhmann dirait sûrement la même chose qu'à propos de la confiance en général: *« Vous pouvez éviter de prendre le risque, mais seulement si vous acceptez de renoncer aux avantages associés.»*

Doute raisonnable

D'ici à 2026, 90 % du contenu en ligne sera généré ou transformé par des intelligences artificielles, d'après l'agence Europol. Et il y a fort à parier que toutes ces informations, qu'il s'agisse de textes, d'images ou autres, ne seront plus vraiment distinguables des contenus créés par des humains. Face à ce constat, on peut choisir de ramer à contre-courant: c'est ce que

L'essentiel est de déterminer si le contenu s'appuie sur des faits réels ou non - et ça, nous avons déjà des manières de le vérifier.

faisait, début avril 2023, le commissaire européen au marché intérieur Thierry Breton en annonçant la prochaine mise en place d'une mention sur les contenus générés par intelligence artificielle. Ou ce qu'essayait, fin mai, le ministre de l'Économie et des Finances Bruno Le Maire en demandant qu'un bandeau d'alerte soit apposé sur ces mêmes visuels. Ou enfin ce que Microsoft, bon élève, tentait en annonçant l'intégration d'un filigrane dans les images produites par ses logiciels de génération d'images.

Mais il faudrait être bien crédule pour croire que tous les générateurs d'images vont se plier à ces règles. En premier lieu parce qu'il est peu probable que l'ensemble des humains aux commandes suivent les consignes. Dès lors, il faudra faire avec les contenus générés par IA ce qu'on fait déjà avec n'importe quel contenu ou information: accorder une confiance limitée, ajustée – pas aveugle, donc – avant de pouvoir vérifier la crédibilité de sa source. Autrement dit: arrêter de douter des intelligences artificielles, et continuer à douter aussi raisonnablement qu'avant des humains qui les utilisent. ●

Rêve de machines

Engoncés dans des sociétés ultra connectées, assistés par des technologiques à qui nous léguons la charge de nos souvenirs, sommes-nous tous devenus des machines fantômes ? Si les robots peuvent rêver et les hommes réfléchir en *prompts*, quels contours dessinent nos humanités ? La question du rêve et des machines traverse l'œuvre d'Olivier Paquet. Dans ses nouvelles (« La Première Œuvre », 1998, « Synesthésie », 2000) comme dans ses romans (*Les Machines fantômes*, 2019, *Composite*, 2022), l'auteur français multiprimé dynamite les tropes de la SF occidentale.

Exit l'approche manichéenne de l'IA, l'anthropomorphisation des machines et les robots vengeurs à la HAL 9000 (2001, *L'Odyssée de l'espace*). Olivier Paquet pose la question de la coévolution. Pour *Usbek & Rica*, il signe une nouvelle inédite, *Rêve de machines*, où une employée de la Caf ploie sous le carcan d'un monde corseté par les 0 et les 1, et où les intelligences artificielles réenchantent le monde.

Texte
Olivier Paquet

Rien n'est jamais acquis à l'homme : ni sa force ni ses rêves. Il fallait du courage pour rester assise matin et soir face à un écran, à répondre aux inquiétudes d'usagers de la Caf, écouter leurs voix hésitantes, butant sur les mots dans l'espoir d'être compris. Tout se brisait comme les vagues sur une digue, puisque les seules réponses qu'Eugénie Orr pouvait sortir provenaient de l'ordinateur devant elle.

[*En effet, nous allons prélever 45 euros sur votre RSA pour récupérer le trop-perçu. Nous allons vous envoyer un échéancier par mail.*]

« En effet, lut Eugénie d'un ton neutre, nous allons prélever 45 euros sur votre RSA pour récupérer le trop-perçu. Nous allons vous envoyer un échéancier par mail.

— Mais c'est vous qui vous êtes trompés ! Quand j'avais demandé, on m'a dit que j'avais droit à une API et maintenant on me dit que c'était le RMI. Alors pourquoi je dois tout rembourser, et pas seulement la différence entre les deux ? »

[*Vous n'avez pas envoyé de recommandé lorsque vous avez constaté l'erreur, ce qui aurait suspendu la procédure.*]

« Vous n'avez pas envoyé de recommandé lorsque vous avez constaté l'erreur, ce qui aurait suspendu la procédure.

— Mais c'est vous qui m'avez dit que j'avais ces droits. Je pouvais pas savoir que vous faisiez une erreur. J'ai besoin de payer la nounou, et je peux pas à cause de votre merde. »

[*Veuillez rester polie, madame Rambert, nous cherchons à trouver une solution à votre problème.*]

« Veuillez rester polie, madame Rambert, nous cherchons une solution à votre problème. Au besoin, je vous conseille de contacter le service de conciliation dont je peux vous envoyer les coordonnées.

— Encore des gens qui vont m'embrouiller. Je commence à bosser à 6 h 30, moi. J'en ai ras le bol. »

[*Nous sommes désolés, nous allons vous aider, nous vous le promettons.*]

« Nous sommes désolés, nous allons vous aider, nous vous le promettons.

— Laissez tomber. J'ai un ami avocat, on va vous attaquer. C'est injuste ce que vous nous faites. »

La conversation téléphonique se coupa sèchement, avant que le logiciel de réponse génère une phrase de conclusion. Un score de 92 % s'afficha en haut de l'interface pour certifier qu'Eugénie avait bien suivi les procédures pilotées par algorithme. Tant qu'elle restait au-dessus des 90 %, qu'elle ne déviait pas, ses supérieurs ne la convoqueraient pas. Eugénie était jugée comme un bon élément du groupe. À quel prix ? En fin de session, elle se sentait aspirée par l'écran, vidée, réduite au clignotement du curseur qui cochait les cases et les options. Dès qu'elle s'effondrait sur son lit, ses nuits sombraient dans une veille noire, sans rêves. À force, son visage avait pris une teinte de néon et tous les sons lui semblaient étouffés, avec ou sans son casque d'opératrice. C'était ça être un « bon élément » ? Enfant, elle avait connu les balades en forêt, l'odeur de l'herbe coupée et de la pierre après la pluie, pourquoi était-elle devenue couleur de ville, rivée à un ordinateur ? Un imprévu dans le système qui avait sélectionné son CV plutôt qu'un autre.

La jeune femme regarda l'heure en haut du moniteur, il était temps de couper sa ligne et de partir à son rendez-vous. C'était intégré à son agenda, communiqué à ses supérieurs au titre des impératifs médicaux. Son absence ne serait donc pas défalquée automatiquement de son salaire. Il n'y aurait rien à débourser, à part un ticket de métro. La Sécurité sociale et sa mutuelle s'étaient mises d'accord pour qu'Eugénie n'avance rien de sa poche, les dossiers avaient déjà été transmis électroniquement pour s'assurer que le traitement, expérimental, corresponde aux protocoles admis par les autorités de santé.

Elle était obligée de se déplacer, car la téléconsultation n'était pas envisageable. Le cabinet se situait à cinq stations d'ici, avec un changement, autant dire que l'aventure se limitait à un petit périmètre. Aucune secrétaire ne l'accueillit, des panneaux dirigeaient vers la salle d'attente pendant qu'une musique douce était diffusée par des haut-parleurs. Très vite, un homme en blouse blanche vint la chercher pour l'emmener dans une pièce qui ressemblait à celle d'un dentiste.

« Vous pouvez vous asseoir, détendez-vous », dit le médecin d'un ton rassurant.

À côté du fauteuil basculant, un appareil grand comme une photocopieuse clignotait tel un arbre de Noël. Une sorte de casque était négligemment posé sur le capot.

« Vous êtes venue parce que...

— Je suis fatiguée. Pourtant je dors, je dors comme une masse, mais je me traîne toute la journée.

— Le travail, ça va ?

— On fait aller. Je me dis que je devrais sortir, voir des gens, mais je n'ai pas la force quand je rentre le soir.

— Comment soignez-vous cette dépression ?

— Je prends mes médicaments, cela me permet d'aller travailler, c'est tout. Je fonctionne. »

Le médecin pianotait sur une tablette pendant qu'Eugénie parlait, mais il prenait le temps de la regarder quand il s'adressait à elle.

« Quels sont vos rêves ?

— Mes rêves, je ne m'en souviens pas. Je vous l'ai dit, je m'endors tout de suite.

— Si vous êtes venue me voir, c'est que votre traitement habituel ne suffit pas.

— Cette vie m'étouffe, voilà. »

Eugénie soupira de soulagement en lâchant cette phrase, comme si elle l'avait retenue depuis de longs mois.

« Vous désiriez quoi ?

— J'ai oublié. Tout le monde au bureau fait semblant d'avoir choisi cette existence, pas moi. Je mérite autre chose, mais quoi, je l'ignore.

— Alors vous avez bien fait de venir ici. Le docteur Ha-Bert est tout à fait indiqué pour vous.

— Je n'ai pas... »

Le médecin pointa du doigt le bloc clignotant à côté du fauteuil.

« Je veux être soignée par un humain, j'en ai assez des robots.

— L'intelligence artificielle n'est que le traitement. C'est moi qui vous poserai les questions...

— La machine va me voler des choses. »

Le médecin généraliste d'Eugénie lui avait expliqué que le protocole d'onirothérapie incrémentale était innovant, sans en détailler la démarche. Sans doute avait-il anticipé la résistance possible de sa patiente.

« Ici, on va combler des vides, pas en créer. Cependant, vous devez partager un peu de vous pour que l'IA vous nourrisse. Alors de quoi avez-vous peur ? »

Eugénie hésita, mais le sourire du praticien la détendit.

« Je suis comme tout le monde, j'ai peur du changement climatique, des canicules, de la violence dans les rues. Seulement, je n'arrive plus à supporter cette angoisse, je m'y noie.

— Un exemple ?

— Il y a une semaine, j'ai jeté un pot de confiture vide dans le bac en bas de l'immeuble et une voisine m'a engueulée parce que j'avais laissé le couvercle. Elle avait raison, mais je me suis sentie mal toute la soirée. Je ressassais ça en me disant que j'étais négligente, irresponsable, destructrice. Ce n'était qu'un couvercle, pourtant.

— Et au travail ?

— Dans mon groupe de collègues, on fait attention à tout, tout le temps. Hier, Denis a raconté une blague de mauvais goût, mais ça m'a fait sourire. Claire l'a repris, assez durement, et j'ai regretté ce que j'avais ressenti. Je n'étais même pas visée. Il faut que je me contrôle.

— Pourquoi ?

— Pour ne pas blesser, pour ne pas faire le mal… du mal. »

Le médecin hocha la tête, mais ne pointa pas le lapsus.

« Continuez.

— Je suis notée par une machine et c'est pareil dans ma vie courante. Je dois bien me comporter pour que mon évaluation ne diminue pas chez mes collègues. Mais moi…

— Oui ?

— Je ne sais pas.

— Ha-Bert va ouvrir des portes, et vous conduira sur le chemin des réponses que vous cherchez. Cette machine est nourrie d'œuvres d'art, de musique, de films, de livres, de peintures, et je vais lui provoquer des hallucinations – c'est le terme technique – à partir de ce que vous me dites. La rencontre entre votre vie et ses fragments de stimulation engendrera des rêves qui vous appartiendront.

— Je ne supporte plus de vivre ainsi. Il y a pire que moi, mais je n'ai jamais rêvé de ça. »

Le médecin invita Eugénie à se saisir du casque à électrodes qui diffuserait les données de la machine dans son cerveau. Il injecta ensuite un produit pour placer la jeune femme en sommeil paradoxal et lui conseilla de se détendre et de se laisser porter par les sensations.

Plongée dans le noir, Eugénie Orr se sentit perdue par Ha-Bert. Elle commença par entendre la mer, l'océan, un ressac, un souffle de vent sur une lande. Cela se bousculait sans ordre. Soudain, des images se formèrent, crevasses et pointes, vastes masses de granite vues depuis le ciel, pentes de glace, séracs sur le point de basculer dans le vide. Est-ce qu'Eugénie volait ou gravissait ces montagnes ? Malgré les reflets du soleil sur les glaciers, on distinguait la Voie lactée dans la nuit scintillante. Le monde était grand, le monde était pesant, immuable, aimable. Oui, on pouvait aimer ce monde, c'est ce qui s'insinuait dans l'esprit de la jeune femme, à force de fantasmer sur ces étendues, sur ces forêts denses et riches qu'elle parcourait sans s'arrêter, sans aucun obstacle.

Il y avait de la couleur dans ces visions, des bleus intenses, un jaune doré sur les dunes. Parmi les sapins, une maison ouvrit ses volets rouge vif, cela criait, cela éclatait de rire, des chiens aboyaient. Impossible d'identifier les visages, mais aucun n'était sévère. Ces inconnus marchaient d'un pas alerte à sa rencontre, la dépassaient, puis continuaient leur route vers un village en contrebas. Eugénie se retrouvait seule, mais il y avait le vent dans les feuilles, les nuages se déformaient doucement dans le ciel. Elle était convaincue d'être acceptée si elle partait rejoindre ces personnes joyeuses.

« Fin de la séance, dit le médecin en réveillant sa patiente.

— Mais c'était court !

— Vingt minutes. Il faudra revenir, si vous le souhaitez.

— Oui ! »

Et dans cette exclamation qui lui échappa, Eugénie comprit. La machine lui avait réappris des songes simples, mais qui disaient que la joie était possible, que sa vie pouvait être défendue dans ce monde gris. Chaque séance nouvelle repousserait les limites, la guiderait sur des chemins intrépides et sulfureux, pour qu'un jour enfin ces rêves se déversent dans sa réalité. ●

Intelligence artificielle : les engagements d'*Usbek & Rica*

Dans quelles circonstances, et sous quelle forme, un média – surtout lorsqu'il promet d'« explorer le futur » – peut-il s'emparer d'outils comme ChatGPT ou Midjourney, qui permettent de publier des textes ou des images en s'appuyant sur l'intelligence artificielle ? À date, voici nos convictions et nos engagements en la matière.

Texte
La rédaction d'*Usbek & Rica*

Usbek & Rica est l'un des premiers médias, en France, à s'être intéressé de près aux intelligences artificielles génératrices de textes ou d'images.

En février 2019, nous évoquions déjà sur notre plateforme les avancées de *« GPT2 »*, l'ancêtre de « Chat », dont les concepteurs venaient de bloquer la publication du code d'apprentissage, car ils redoutaient que ce dernier ne tombe entre de mauvaises mains. Fin 2022, quand le monde a finalement découvert les performances de la nouvelle version de ChatGPT, nous nous sommes empressés de tester la chose dans un format éditorial amusant : une interview de l'IA conçue par la société OpenAI pour connaître ses prédictions pour l'année 2023 (où il était question, notamment, des fans de Céline Dion et de *« la découverte d'une forme de vie extraterrestre intelligente et avancée »*, rien que ça).

En parallèle, en interne, nous avons mené d'autres expériences en nous appuyant sur ChatGPT et d'autres outils du même genre pour différentes tâches (présentations clients, gestion de projet, juridique, etc.). Bref, l'ensemble de l'entreprise s'est engagé dans cet apprentissage pour comprendre cette vague plutôt que la subir, tenter de dompter l'outil plutôt que suivre bêtement le mouvement ou faire semblant de ne pas le comprendre.

Depuis, et c'est la partie visible pour vous, lecteurs, nous avons généré une poignée d'images pour illustrer des articles qui méritaient mieux, sur le plan visuel, qu'une photo-prétexte (« Et si on créait un ministère de la sécheresse ? ») ou des formats de fiction délibérément humoristiques (« Prédictions », la dernière page de notre revue trimestrielle).

Nous avons toujours porté un regard curieux sur ces outils, tout en ayant en tête notre responsabilité, en tant que média, de ne pas alimenter la production, déjà vertigineuse par ailleurs, d'images et de textes « fabriqués » de toutes pièces ou contribuant à la diffusion de fausses informations. Par ailleurs, nous avons à cœur de préverser l'ADN d'*Usbek & Rica* qui, depuis treize ans, consiste à proposer des visions singulières du monde de demain, que celles-ci passent par les mots ou les illustrations.

Après cette première phase d'expérimentations avec l'IA (dont le résultat n'a pas toujours été bluffant, reconnaissons-le, même si le potentiel existe), nous y voyons plus clair sur l'usage éditorial que nous souhaitons faire de ces outils. Il nous a semblé pertinent, chers lecteurs, de vous partager ces convictions. Voici donc les engagements qu'*Usbek & Rica* prend aujourd'hui en la matière pour l'ensemble de ses publications :

Usbek & Rica s'engage...

— **à ne pas publier d'article ou de texte généré par un outil d'intelligence artificielle (même une brève d'actualité) sans supervision humaine.** Nous nous réservons en revanche le droit de citer quelques lignes générées par un tel outil dans le cadre, par exemple, d'un article portant sur les performances de l'intelligence artificielle en matière d'écriture (à condition qu'un tel article soit bien rédigé et édité par un journaliste d'*Usbek & Rica*). Nous nous réservons également le droit, à l'occasion, de faire appel à un outil comme ChatGPT en tant qu'interlocuteur (sur le modèle de son interview sur la meilleure façon de créer une religion publiée dans les pages de notre numéro d'avril 2023).

— **à ne pas publier d'images générées par des outils d'intelligence artificielle mettant en scène des êtres humains identifiables**, qu'ils soient vivants ou morts. Autrement dit, dans le cadre de la génération d'une image par une IA, nous nous engageons à ne pas rédiger de *prompt* contenant le nom d'une personne « réelle » (d'autant plus si cette personne est célèbre), du genre : *« Mel Gibson déguisé en cow-boy à califourchon sur un cactus »*.

— **à ne pas publier d'images générées par des outils d'intelligence artificielle « dans le style de »**, afin de préserver au maximum la singularité du travail de chaque créateur d'images et de vidéos, quel que soit son secteur d'activité. Par exemple, nous nous engageons à ne pas rédiger de *prompt* de ce type : *« Des pingouins mangeant des concombres dans un décor de film à la Wes Anderson »*.

— **à toujours créditer les outils d'intelligence artificielle sollicités pour produire une image ou un texte de la façon la plus complète et transparente possible** (notamment en précisant le nom de l'outil utilisé et en détaillant le *prompt* créé pour générer une image).

Enfin, une dernière précision. Il nous semble assez présomptueux pour un média de prétendre figer définitivement l'usage qu'il compte avoir de l'IA pour l'assister dans la génération de textes ou d'images alors même que cette technique n'est disponible que depuis quelques mois. Ces outils sont appelés à évoluer, tant sur le plan technique qu'en termes d'accessibilité et surtout de cadre juridique, ce qui pourrait nous amener, à l'avenir, à mettre à jour les engagements énoncés ci-contre ou à en prendre de nouveaux. Mais notre philosophie et notre démarche éditoriale resteront en tout cas celles présentées plus haut. ●

« La femme de l'an 2000 mesurera 1,80 mètre »

Au milieu du siècle dernier, la journaliste américaine Dorothy Roe présentait la femme du prochain millénaire comme une géante aux cheveux courts, aussi culturiste qu'ambitieuse. Le tournant du millénaire lui a-t-il donné raison ?

Texte
Étienne de Metz
Illustration
Robert Gibson Jones,
Amazing Stories,
septembre 1951

Le fantasme de l'an 2000 a eu la peau dure. On connaît ses mensurations. Dans un article daté de 1950, Dorothy Roe, rédactrice en chef du service « Femmes » à l'agence Associated Press, se demandait à quoi pourrait bien ressembler la femme du XXIe siècle. Elle prédisait alors l'avènement d'une *« Diane démesurée »* de *« plus de 1,80 mètre »* (*« six feet tall »* en VO), avec *« des épaules de lutteur »* et *« les muscles d'un chauffeur de camion »*. La recette miracle de cette nouvelle femme occidentale *« aux proportions d'Amazone »* ? La journaliste comptait sur la science pour mettre au point *« une ration équilibrée de vitamines, protéines et minéraux »*, probablement répartis dans des *« capsules alimentaires »* qui remplaceraient *« la viande et les pommes de terre »*.

Au risque de brider l'enthousiasme de feu Dorothy Roe – elle a quitté ce monde en 1985, bien avant de pouvoir vérifier la crédibilité de sa prophétie –, le hamburger-frites semble avoir encore de beaux jours devant lui, et l'immense majorité d'entre nous n'ingurgite pas de mixture énergisante en guise de repas complet. La prédiction de la journaliste n'en demeure pas moins intéressante. D'abord, elle n'écrit pas de nulle part : dans les États-Unis de l'après- Seconde Guerre mondiale, on fait des bébés en masse, on s'imagine vivre sur Pluton, et le plein-emploi est une réalité pour des classes moyennes qui voient leur pouvoir d'achat grimper en flèche. En bref, on a foi dans le futur.

« Discrimination silencieuse »

Pour Farid Chenoune, historien et professeur à l'Institut français de la mode, *« Dorothy Roe incarne une avant-garde américaine à un moment où la silhouette des femmes… se reféminise »*. Les années 1950 consacrent le talon aiguille et réimposent le corset, dont on s'était débarrassé quatre décennies plus tôt : *« À cette époque, la femme redevient objet et bijou, son corps n'est pas libre »*, précise l'universitaire.

Les décennies qui suivent la prophétie de Dorothy Roe lui donnent en partie raison : le pantalon qu'elle appelait de ses vœux rejoint le vestiaire féminin, et les femmes n'hésitent plus à participer à *« toutes sortes de sports »*, du *« football au base-ball »* en passant par *« les sports de combat et la lutte »*. Au tournant du siècle, les salles de gym font même plus d'adeptes que les tailleurs : *« La fabrique du corps n'est plus seulement régie par le vêtement : le sport et la diététique servent aussi à remodeler la silhouette »*, explique l'historien de la mode. Les défilés des années 1990 se peuplent de mannequins monumentaux, *« aux épaules architecturées qui écrivent un nouveau standard »*, poursuit Farid Chenoune.

Mais ces modèles ne descendent pas de leurs podiums. *« Les femmes de très grande taille sont appréciées en tant que mannequins, pas en tant que partenaires »*, observe Priscille Touraille, socio-anthropologue au CNRS, qui parle d'une *« mise à*

« On peut suivre tous les régimes que l'on veut, la génétique joue un rôle dans la définition finale de la taille d'un individu. »

Priscille Touraille, socio-anthropologue au CNRS

l'écart des petits hommes et des grandes femmes sur notre marché matrimonial». «*Quand une norme s'installe, elle fabrique des perdants*», abonde Farid Chenoune. Cette «*discrimination aussi puissante que silencieuse*» constituerait une «*pression de sélection au niveau évolutif, puisque dans nos sociétés occidentales, les couples hétérosexuels dont l'homme est plus grand ont plus d'enfants*», confirme Priscille Touraille. Pour rejoindre l'idéal de Dorothy Roe, il faudrait donc que le «*couple idéal*» cesse de procréer et laisse les autres prendre la relève.

Privation de viande

En un siècle, l'humanité a gagné 7 centimètres en moyenne, d'après les données du réseau scientifique NCD-RisC. Pas assez, toutefois, pour atteindre le mètre quatre-vingts prédit par Dorothy Roe: en 2006, la taille moyenne des Françaises se stabilisait autour du mètre soixante-deux, selon une note de l'Insee. «*Sur un laps de temps aussi court que la période 1950-2000, il n'est pas raisonnable de penser que la morphologie des femmes ait pu évoluer si drastiquement*», appuie Priscille Touraille, dont la thèse est consacrée aux différents facteurs influençant l'écart de stature entre hommes et femmes.

«*Les femelles* Homo sapiens *devraient être plus grandes que les mâles – c'est un avantage certain pour des accouchements facilités, par exemple –, mais toutes les sociétés observées par les ethnologues ont mis en place des restrictions alimentaires assez monstrueuses sur les femmes*», constate Priscille Touraille, dont les travaux de recherche se penchent notamment sur les possibles privations de viande (et donc de protéines) qui pourraient expliquer la différence entre les silhouettes mâle et femelle. Publiée en 2008, son étude controversée a été ciblée par les activistes les plus conservateurs – preuve qu'une guerre idéologique se joue bien sur le terrain du genre. Le consensus est plus évident sur la capacité des régimes et autres astuces diététiques à transformer le corps humain. «*Une bonne croissance est certes liée aux conditions nutritionnelles*», admet Priscille Touraille, mais «*on peut suivre tous les régimes que l'on veut, la génétique joue un rôle dans la définition finale de la taille d'un individu*».

Au-delà du genre

Si on laisse valdinguer le mètre ruban, Dorothy Roe rêvait surtout d'une femme qui aurait «*un travail d'homme*». En invoquant une Artémis musclée, immense, costaude, la journaliste appelait de ses vœux l'émergence d'une égale de l'homme, qui se donnerait le droit de l'ambition et du pouvoir.

À moins que cette femme nouvelle ne soit le parangon d'une conception moins binaire du monde? Dans les années 1950, au temps où la journaliste américaine rêvait de femmes oblongues, la comédienne française Coccinelle devenait l'une des premières femmes transgenres connues du grand public. «*Nous serons les femmes de l'an 2000!*», affirmait cette blonde élégante et fardée à la télévision. La comédienne entendait par là qu'être femme est aussi une construction sociale, au-delà du genre. La femme de l'an 2000, celle de Roe comme celle de Coccinelle, est peut-être celle dont la taille et l'apparence physique ne sont plus un sujet. ●

L'homme du futur selon Primo Levi

En 1966, l'auteur de *Si c'est un homme* publie, sous le pseudonyme de Damiano Malabaila, un recueil de nouvelles intitulé *Histoires naturelles*, puis récidive cinq ans plus tard avec *Vice de forme*. Oscillant entre philosophie humaniste et science-fiction, ces trente-six récits méconnus de Primo Levi sondent les tréfonds de l'âme des hommes d'hier et de demain.

Texte
Julien Amic

Lorsqu'il écrit *Histoires naturelles* et *Vice de forme* (réédités en un seul et même ouvrage en 1994 par Gallimard), ses deux recueils de nouvelles, Primo Levi a déjà vécu l'horreur. Déporté à Auschwitz en 1944, à l'âge de 25 ans, il a raconté le cauchemar des camps dans un livre autobiographique paru trois ans plus tard. Ce n'est qu'au début des années 1960 qu'il se remet à écrire, terminant *La Trêve* – récit du retour des rescapés d'Auschwitz – et entamant conjointement *Histoires naturelles*. Libéré de tout conformisme littéraire, l'auteur y révèle par petites touches ce qui, tout au long de sa vie, le poussera à *« survivre et témoigner »* de tous les aspects du genre humain.

Convertir la douleur en joie

Le traumatisme des camps de concentration est toujours palpable dans « Papillon angélique », sidérante nouvelle où un avatar du docteur Josef Mengele expérimente sur quatre juifs le traitement qui permettra à l'être humain de quitter son état larvaire et de se laisser pousser des ailes. En sa qualité de chimiste – sa formation universitaire et encore son métier à cette époque –, il imagine ce qui se passerait si, à l'aide de la *« versamine »*, on pouvait *« convertir en joie même les douleurs les plus insupportables et les plus longues : la douleur d'une absence, d'un vide autour de soi, la douleur d'un échec non réparable, la douleur de se sentir fini »*.

Pour faire ressurgir à volonté les jours heureux de notre enfance, tout en gardant sous clé les noires mémoires, Primo Levi propose que nos souvenirs puissent être conservés sous forme de fragrances synthétiques, les *« Mnémagogues »*, enfermées dans de petits flacons scellés. Une réflexion sur l'usage des amphétamines en temps de guerre qui montre que l'auteur italien n'a rien oublié de son passé. *« Pour Primo Levi qui avait connu la réduction à l'animalité, rien de ce qui était en l'homme, ni ses tentations d'apprenti sorcier, ni la guerre, ni la faim, n'était ennemi. Le mal lui sembla toujours nécessaire, et parfois positif »*, écrivait en 1994 Michka Assayas, alors journaliste à *Libération*.

L'ancêtre du *prompt*

Alors l'écrivain survivant crée, il invente la technologie du futur à travers une multitude de récits d'anticipation mettant en scène les innovations de la firme imaginaire NATCA. Parmi celles-ci, le *« Mimeto »*, sorte d'imprimante 3D parfaite, dont il s'agit de réglementer l'usage, car *« il n'y a pas d'imagination plus en éveil que celle des hommes amoureux du lucre »*. Mais qu'arrivera-t-il si l'utilisateur se met en tête de dupliquer sa femme ou son mari ?

Primo Levi anticipe aussi les usages contemporains en matière d'intelligence artificielle. Dans « Computing Machinery and Intelligence », un article publié en 1950, Alan Turing posait les fondations du concept d'IA. Dans « Le versificateur », l'écrivain adapte ces principes à la question de l'automatisation de l'écriture : il suffit au manipulateur d'entrer l'idée générale, ce que nous appellerions aujourd'hui un *prompt*, et l'engin fait le reste. ChatGPT n'a qu'à bien se tenir, et comme le dit la machine à versifier : *« Où n'arrive pas la raison, Est bien arrivé l'électron. »*

Dans « La censure en Bithynie », l'intelligence artificielle s'occupe plutôt de normaliser l'art et d'établir une *« mesure de la beauté »* en utilisant comme étalon les figures de la mode ou bien… l'utilisateur lui-même ! *Vanitas vanitatum*… L'auteur visionnaire imagine même dans « Cladonia rapida » des automobiles à conduite autonome infectées par un lichen et qui déclenchent des carambolages à l'insu du conducteur, à l'instar de la firme Tesla qui a rappelé 360 000 véhicules en février 2023 pour un risque analogue.

Enfin, l'innovation ultime est sans aucun doute celle qui offre « Une retraite sereine » et qui, en combinant réalité virtuelle et métavers, permet à l'usager de faire plusieurs fois l'expérience de la mort, histoire de s'y habituer…

Risque zéro et normes indigestes

Si ces expérimentations, que le journaliste Olivier Barrot qualifiait en 1995 dans son émission « Un livre, un jour » de *« nouvelles cybernétiques »*, explorent les futurs possibles de la haute technologie issue des années d'après-guerre, d'autres récits paraissent plus intimes. « Quaestio de Centauris », nouvelle fantastique digne d'Edgar Allan Poe, est une allégorie puissante de la violence du sentiment amoureux contrarié, alors que « La Vilmy » décrit un animal domestique dont le lait, consommé par les humains, provoque une intense dépendance, évocation de l'attachement à la figure maternelle.

Et que dire d'« Un travail créatif », où un écrivain rencontre son personnage, venu tout droit du *« Parc national »* dans lequel il vit en compagnie d'autres figures de la littérature ? Pour rejoindre ce panthéon merveilleux, il doit écrire un récit autobiographique, se dit-il dans une mise en abyme de la propre vie de Primo Levi. Et peu importe s'il sait qu'il deviendra diaphane lorsqu'on l'oubliera puisqu'il se métamorphosera *« en vent et en lumière »*.

Les *Histoires naturelles* de Primo Levi racontent avant tout la nature humaine. C'est bien elle qui semble passionner celui qui en a pourtant expérimenté les plus abjectes difformités. Ainsi, l'être humain aurait dû être un oiseau gracieux si dans « Le sixième jour » l'assemblée des dieux grecs n'avait été prise de court par un autre dieu, qui préféra celui-là composer un vulgaire amas de terre glaise. Le rapport à la religion occupe d'ailleurs une place à part dans l'étrange histoire intitulée « Le serviteur », où Primo Levi réécrit la célèbre légende du golem de Prague, créé par le rabbin Judah Loew ben Bezalel pour protéger la communauté juive des pogroms.

Non sans un certain cynisme, l'auteur raille dans « La protection » une société où prévaut le risque zéro, bardée d'interdictions dans « Les petites lumières rouges », écrasée de normes indigestes dans « Nos belles spécifications », et où l'on se fait tatouer des publicités lucratives dans « Écrit sur le front ». Le *skinvertising* de ce début de XXIe siècle, Primo Levi l'avait déjà inclus dans son analyse prospective de la société des années 1960.

Rendre ce monde meilleur

La science-fiction de Primo Levi côtoie ainsi le merveilleux, et la dystopie moqueuse évolue en utopie radieuse entremêlée de poésie joviale. « Le psychophante » figure la psyché humaine sous forme d'œuvres abstraites et éphémères, alors que dans « La révolte » la nature reprend ses droits lorsque les arbres décident de quitter les villes pour redevenir sauvages. Sans doute Primo Levi avait-il foi en l'homme et en l'avenir. C'est ce qu'il raconte avec ses « Agents d'affaires », qui ont compris que *« les plans terrestres présentent une faille, un vice de forme »*, et qui ont commencé à envoyer les âmes les plus capables incarner sur Terre les corps de ceux qui, peu à peu, rendront ce monde meilleur.

Lors de la réédition en 1987 de ses *Histoires naturelles*, Primo Levi écrit une lettre à son éditeur dans laquelle il exprime son ressenti : *« Rien ne s'est effondré, et il y a, au contraire, des signes timides d'une situation mondiale fondée, sinon sur le respect réciproque, du moins sur la crainte réciproque. Malgré les effrayants arsenaux endormis, la peur d'une "Dissipatio Humani Generis"* (comme l'imagine l'écrivain italien Guido Morselli dans son roman *Dissipatio H. G.*, qui relate la disparition soudaine des êtres humains sur terre, ndlr)*, mettant en scène, à tort ou à raison, s'est subjectivement atténuée. Où en sont objectivement les choses, personne ne le sait.* » Au bout du compte, Primo Levi a su identifier avec une belle subtilité, dans ces histoires qui mêlent le souvenir et l'anticipation, ce vers quoi nous ne voulons pas aller, éclairant *de facto* le chemin qui nous mènera peut-être vers un avenir radieux. ●

2070 : Les nouveaux imaginaires énergétiques

Dossier Usbek & Rica x EDF

Édito

Dossier coordonné par
Émilie Degrace, Ninon Douhard, Pierre-Olivier Cazenave
Illustrations du dossier
Un Œil Sur Tout

Nous vivons une époque charnière. L'actualité nous rappelle régulièrement que le dérèglement climatique n'est plus une hypothèse. C'est désormais un point de départ à partir duquel nos choix, notamment énergétiques, vont esquisser la courbe de notre avenir en tant que civilisation.

Avoir chaud en hiver (même la nuit), *binger* des séries, recharger son smartphone… On a tendance à l'oublier, car on a souvent cherché à le cacher, mais l'énergie, et plus particulièrement l'électricité, est la pierre angulaire de notre société. Alors comment l'économiser sans nous défaire de nos habitudes, de notre confort ? Comment la préserver sans revenir en arrière ?

Associée aux pénuries, au rationnement, aux restrictions, aux périodes sombres de notre histoire, la sobriété énergétique n'est pas, au premier abord, un concept très séduisant. Pourtant, elle peut être synonyme non pas d'austérité, mais plutôt d'une utilisation raisonnée et durable des ressources dont nous disposons. Elle suppose alors des mesures qui ne se limitent pas à la privation, mais nécessitent de considérer les biens et services mis à disposition des citoyens sous un jour coopératif. Penser la sobriété énergétique, c'est une occasion inédite d'imaginer des modes de vie agréables, plus apaisés mais pas moins complexes, qui s'intègrent dans de nouveaux usages innovants, choisis, et heureux au quotidien. Et ce à l'échelle de toute la société.

Partant de ce constat, nous avons décidé d'explorer avec EDF les différents futurs énergétiques qui se dessinent. Autoproduction, nouveaux paysages urbains, mobilités revisitées, rapports territoriaux renversés, utilisation des métavers… À travers ce dossier et une mini-série de six fictions vidéo, nous restituons quelques mondes possibles que nous avons imaginés pour 2070, à partir des grandes tendances en germe en matière de production et de consommation d'énergie. Désirables et crédibles, conçus sans angélisme et s'appuyant sur le savoir scientifique, ces mondes sont indépendants les uns des autres. Mais tous ont vocation à donner à voir un futur où notre rapport à l'énergie sera plus sobre. Non pas sous la contrainte mais grâce à des choix individuels et collectifs vertueux.

Nous n'avons pas choisi 2070 par hasard. La date peut sembler lointaine, mais cet horizon permet de projeter la réflexion suffisamment loin pour rester dans le domaine de la fiction tout en ouvrant des imaginaires vraisemblables sur le monde qui vient. Ces imaginaires, nous en avons cruellement besoin. Il ne s'agit plus de marteler aux citoyens qu'il faut changer nos manières de faire – ils l'ont compris –, il s'agit de s'extraire de l'urgence et des injonctions court-termistes pour passer l'hiver. Il s'agit de contrebalancer les scénarios dystopiques et les *breaking news* alarmistes avec des images concrètes de ce à quoi pourrait ressembler un futur sobre mais heureux. Pour prouver que ces deux adjectifs sont compatibles. Pour retrouver le courage d'innover, de se parler, de changer. Car, lorsqu'on ferme les yeux le soir, avant de passer à un nouveau jour, ce sont les histoires que l'on a entendues, les scènes que l'on a vues, qui résonnent. Et il est temps que ces scènes-là soient belles. ●

***Aurélien Pernot**, responsable du pôle Marque & Publicité chez* EDF
***Fabrice Giarmana**, chef de projet communication chez* EDF
***Blaise Mao**, rédacteur en chef*

2070, l'énergie autrement

Nous avons regroupé les signaux faibles et tendances qui émergent aujourd'hui pour en déduire les usages qui pourraient devenir la norme en matière de production et de consommation d'énergie en 2070. Prêt pour un saut dans le futur ?

L'énergie, maître des horloges

On nous a déjà prévenus : l'époque où l'énergie était permanente et constante est sans doute révolue. L'électricité de 2070 deviendra intermittente, c'est-à-dire fluctuante en fonction de l'énergie disponible. Et elle risque bien, par conséquent, de changer notre rapport au temps. D'abord au temps qu'il fait, puisque le solaire et l'éolien, qui auront une part plus importante dans le mix énergétique, dépendent directement des caprices de la météo. Pour le dire autrement, sans soleil ni vent, plus de production d'électricité… Nous serons, demain, liés à une météo énergétique qui fixera les moments de la journée où nous pourrons consommer, que ce soit pour nous divertir ou pour travailler, avec à la clé un vrai retour en grâce de l'oisiveté. Un changement du temps tel que nous l'employons, ensuite. Le principe d'intermittence est incompatible avec la notion même d'heure de pointe. Les journées de travail et les moments de loisirs seront désormais rythmés par l'énergie disponible plutôt que par les rythmes du métro-boulot-dodo. Plus question de se caler sur la semaine de 35 heures ou sur 5 semaines de congés payés, il faudra apprendre à travailler les nuits de grand vent et à jouer au *Uno* lorsque le temps est calme et pluvieux. Une flexibilité des usages marquée par un nouveau respect des cycles énergétiques naturels, qui signale peut-être la fin du train-train quotidien et le début d'une nouvelle vie aux heures creuses. Un moyen de mettre (enfin) fin aux cadences robotiques de la vie active ?

L'énergie, au centre des nouvelles solidarités

Avec le développement des micro-éoliennes et des panneaux solaires individuels, la production d'électricité pourrait, demain, être en grande partie relocalisée à l'échelle du quartier, voire du bâtiment. En conférant une nouvelle responsabilité à l'individu : celle de gérer sa consommation personnelle. Vous possédez un panneau solaire sur le toit de votre immeuble et un morceau de potager ? Gérez vos ressources sur l'année ! Dans le même temps, la relocalisation devrait favoriser un mouvement inverse de solidarité énergétique. Les zones rurales étant les premières à montrer le chemin. En 2070, on pourra traverser des fermes éoliennes, solaires agricoles… et un peu tout ça à la fois. Gérés par des exploitants agricoles ou par des communautés temporaires, ces espaces utiliseront toutes les technologies disponibles (de l'agrivoltaïque à la méthanisation des résidus organiques) pour produire leur propre énergie, mais aussi alimenter les villes alentour. Résultat : une redistribution du pouvoir de production en grands pôles énergétiques et une solidarité territoriale et locale nouvelle. En ville, les bâtiments à énergie positive combineront la fonction d'habitation avec celle de production d'énergie. Les constructions pourront non seulement être autosuffisantes, mais alimenter également les parties communes à l'échelle d'un écoquartier. L'énergie ne sera alors plus une question de consommation individuelle, mais bien de responsabilité collective dont la communauté sera garante. Avec pour bénéfice principal l'émergence d'une conscience collective de la valeur de l'énergie.

L'énergie, cartographe des territoires

Entre la décentralisation des moyens de production et la restructuration autour du renouvelable et du nucléaire, les avancées en matière d'énergie vont transformer en profondeur l'organisation politique de la France de 2070 et soulever des questions inédites en matière de gouvernance et de souveraineté. La répartition naturelle des ressources énergétiques renouvelables voit l'émergence inexorable du pouvoir économique et politique des biorégions particulièrement bien servies en ressources naturelles, au détriment d'autres moins chanceuses. Un déséquilibre contrebalancé par la création d'une entité régulatrice de l'énergie à l'échelle d'une Europe élargie, dotée d'un pouvoir de réglementation et de sanction. Avec, pour mission, la mise en place d'une politique de répartition équitable de l'énergie sur l'ensemble du territoire fondée sur l'ouverture et la transparence en matière de

données. L'idée étant de stimuler l'innovation pour permettre un pilotage de plus en plus fin de la répartition entre les territoires et, le cas échéant, de pallier les défaillances par des énergies non intermittentes comme le nucléaire. Première décision : une régulation radicale des puits énergétiques comme les mondes virtuels, devenus les principaux consommateurs d'énergie. De nouvelles frontières énergétiques qui fixent les contours de la géopolitique internationale.

L'énergie, instrument d'égalité

Le souci d'économiser l'énergie conduit peu à peu à une classification inédite de la consommation. En 2070, chauffer l'eau de sa douche ne revient pas du tout au même prix que chauffer celle de sa piscine. Dans le premier cas, on est clairement dans l'accomplissement d'un besoin essentiel. Dans le second, beaucoup moins. La mise en place d'une réglementation énergétique s'est ainsi bâtie sur un système ingénieux et égalitaire de hiérarchisation des besoins énergétiques, façon pyramide de Maslow, qui rend impossible d'utiliser ses privilèges financiers pour échapper à l'effort commun. Exit les open bars réservés aux riches dans le métavers, alors que les personnes moins aisées devraient se priver de vacances pendant toute une année. Au cœur de la démarche : l'instauration d'un score carbone individuel, une sorte d'index personnel évaluant l'impact de chacune de nos actions sur les émissions de gaz à effet de serre. Ainsi, choisir de chauffer son domicile à 18 °C aux heures creuses reviendrait à améliorer son score alors que passer une soirée connecté sur un métavers propulsé par des serveurs hébergés à l'autre bout du monde conduirait à le dégrader. Le prix de chaque geste gourmand en énergie ne serait pas déduit de sa fortune personnelle, mais d'un score égal pour tous les citoyens, remis à zéro à chaque début d'année, et dépensable à la discrétion de chacun sur 365 jours. Un système vertueux conduisant à se concentrer sur l'essentiel, tout en évitant de se sentir coupable si l'on fait un écart, puisque l'on sait que l'on va pouvoir compenser.

L'énergie, de nouveaux imaginaires en action

Et si la frugalité devenait tendance ? Si, au lieu de s'imposer par la restriction ou la menace, les modes de vie modérés entraient dans la *hype* ? Une transformation dans laquelle les imaginaires se révèlent cruciaux. Au même titre que les grands récits avaient réussi à déconstruire l'image du fumeur de clope cool et du cow-boy *badass*, leur rôle dans la représentation de la consommation d'énergie raisonnée est devenu crucial en 2070. Anciens alliés de la surconsommation et de l'outrance, une grande partie des médias numériques se sont convertis, poussés par une audience devenue allergique aux excès. Les modèles de frugalité y règnent désormais en maîtres. L'autoproducteur d'énergie, le cycliste, le végan, le jardinier, le randonneur sont devenus les nouveaux héros de récits portés par des valeurs d'abnégation et de courage. Les nouveaux influenceurs sont ceux qui grattent leur potager collectif et parviennent à inspirer leur audience de manière aussi cool que ceux qui se montrent aujourd'hui au volant d'un bolide énergivore ou alanguis sur une plage du bout du monde. Les imaginaires sont à l'œuvre. Non par les leviers de la propagande, mais par le réalisme des situations. Il s'agit, dans ces représentations, non plus de renoncer à quoi que ce soit, mais de chercher à entrer dans les nouvelles conventions sociales vertueuses. Probablement le moteur le plus puissant pour faire changer les mentalités et passer à l'action collective. •

« L'imaginaire est une matière première qui nourrit la pensée »

Nos imaginaires semblent aujourd'hui portés par des réalités scientifiques qui empêchent d'envisager un avenir serein sur le plan énergétique. Sont-ils encore capables de faire jaillir des récits dans lesquels on devine un avenir désirable ? Nous avons posé la question à l'historien et chercheur spécialiste de l'énergie Alain Beltran et au physicien et philosophe des sciences Étienne Klein.

ÉTIENNE KLEIN

ALAIN BELTRAN

USBEK & RICA **Quelle est selon vous la fonction des imaginaires dans notre société ?**

ÉTIENNE KLEIN Ils sont ce sur quoi nous pouvons agir pour influencer ou déterminer certaines de nos actions. L'imaginaire est une sorte de matrice fondamentale qui fait naître des idées et surgir des questionnements féconds, par exemple du type : *« Que se passerait-il si… ? »* C'est ainsi qu'il fournit parfois des clés qui aident à mieux comprendre la réalité. Je renvoie à ce propos au philosophe Gaston Bachelard, qui notait : *« Il faut que l'imagination prenne trop pour que la pensée ait assez. »* Autrement dit, l'imaginaire est bel et bien la matière première de la pensée.
ALAIN BELTRAN J'apprécie que vous parliez d'imaginaires au pluriel, car il n'existe pas d'imaginaire universel. Ce sont des conceptions qui varient en fonction des cultures, des environnements et des époques dans lesquels nous vivons. Il y a eu un imaginaire 1900, un imaginaire de l'an 2000. On peut donc penser qu'il y aura un imaginaire 2070. Ils nous servent à façonner un monde différent. Ceux qui m'intéressent, ce sont les imaginaires positifs car ce sont eux qui permettent de bâtir un avenir, même si on sait que cet avenir sera toujours différent de celui attendu. Les autres ne sont souvent que des outils de manipulation par la peur.

USBEK & RICA **Pensez-vous que notre époque soit particulière en matière de projection et de représentation ?**

ÉTIENNE KLEIN Toutes les époques sont singulières et, en un sens, incommensurables. La nôtre a ceci de particulier que nous avons pleinement pris conscience que la suite de l'histoire va crucialement dépendre de ce que nous allons faire. Nous nous savons donc « responsables », et cela peut engendrer une certaine angoisse.
ALAIN BELTRAN Il faut rappeler qu'au début du XXe siècle, ces imaginaires étaient fortement corrélés à une croyance dans le progrès, dans la science. Le passé encore récent était marqué par les découvertes. Il y avait des conquêtes à faire, des terres à explorer, des mondes à comprendre. On a aujourd'hui le sentiment que tout a été découvert. Tout est désormais cartographié. Même Mars n'est désormais plus un mystère. Par conséquent, on a le sentiment d'un monde fini. On nous dit que la Terre elle-même a des

limites et que nos ressources sont finies. Pour les imaginaires, c'est catastrophique.

USBEK & RICA Pensez-vous qu'il soit possible de redynamiser aujourd'hui ces imaginaires ?

ALAIN BELTRAN Oui, mais la première des choses à faire est de laisser le temps aux gens. L'histoire des techniques a toujours été corrélée à la vitesse. Celle des mentalités et des sensibilités, c'est autre chose. Elle est beaucoup plus longue, plus lente à se modifier. Pour beaucoup d'entre nous, la croissance et la consommation d'énergie sont intimement liées. On ne sort pas de cet imaginaire-là en quelques mois. Il faut une génération. Nous sommes actuellement dans cette période de contradictions et de tensions, tiraillés entre deux époques. Ça a toujours été le cas des grandes transformations. Je pense pour ma part que le changement des imaginaires se fera de manière forcée, lorsque l'on sera confronté à la réalité d'une énergie non renouvelable devenue indisponible ou hors de prix. C'est inexorable.
ÉTIENNE KLEIN Lorsque j'observe les débats sur l'énergie, je m'aperçois que ses différentes formes sont appréciées non pas à partir d'une connaissance objective et matérielle de ce qu'elles sont, mais plutôt à partir de leur « halo symbolique », c'est-à-dire du type de récits dans lesquels on les a insérées : le nucléaire a son halo particulier, qui diffère de celui de l'éolien, etc. C'est par ce biais qu'on les juge, positivement ou négativement. Je constate par ailleurs que nous parlons souvent mal de l'énergie, sans rendre justice à ce qu'elle est. Par exemple, nous parlons de « production » ou de « consommation » d'énergie. Or, l'énergie étant une grandeur qui se conserve, on ne peut ni en produire à partir de rien, ni en consommer : l'énergie qui était contenue dans le litre d'essence grâce auquel vous avez roulé 12 kilomètres n'a nullement disparu ; elle s'est simplement transformée en chaleur… « Consommer » de l'énergie, c'est donc ne rien consommer, seulement créer de l'entropie.

N'y a-t-il pas aussi une nécessité à redonner de la visibilité à l'énergie dans ces récits ? À rappeler qu'elle n'est pas quelque chose de magique ?

ALAIN BELTRAN Lorsque l'on parle d'accès à l'énergie, on a en effet le sentiment d'une source d'eau qui coulerait à volonté. Or, aujourd'hui, on s'aperçoit que cette source peut se tarir. On assiste à ce moment de conscience que l'énergie n'est pas magique. Beaucoup pensent que nous allons vers une ère d'autoconsommation, d'autoproduction à partir d'unités indépendantes. Cela ne sera qu'une partie de la solution et il faudra prendre conscience que les grands systèmes techniques vont perdurer (et s'adapter).
ÉTIENNE KLEIN La modernité, si confortable, a en effet contribué à ce que nous perdions tout lien « charnel » avec la notion d'énergie, qui est d'ailleurs, en physique, une notion tout à fait abstraite. Mais il existe une notion qui aide à la rendre plus concrète : c'est celle d'« esclave énergétique ». Chaque jour, le corps humain a besoin de 2,4 kWh pour alimenter son métabolisme. Dès lors, chaque soir, vous pouvez vous amuser à diviser par 2,4 la quantité totale d'énergie (en kWh) que vous avez utilisée dans la journée pour travailler, vous chauffer, vous déplacer, etc. Vous obtenez alors le nombre de corps humains fictifs qui se sont dépensés pour vous. Pour un Français, cela donne en moyenne 220. Ces esclaves sont des machines, des voitures, des grille-pain, des outils électroniques, des chaudières. Ce genre de comparaison a le mérite de rendre les choses plus tangibles.

USBEK & RICA Quels seraient selon vous les grandes transformations nécessaires pour faire changer les perceptions ?

ALAIN BELTRAN Ce ne sont pas les ingénieurs ou les historiens qu'il faut écouter, mais les poètes et les créateurs. Ils parviennent à se détacher suffisamment de la réalité pour penser l'avenir sans entrave. Certains écrivains ont senti avant tout le monde ce qui allait se passer. Les problèmes de pollution ou de surpopulation étaient déjà identifiés.
ÉTIENNE KLEIN L'époque est passionnante. Je suis curieux de voir comment l'humanité va négocier ce virage crucial : la consommation va-t-elle s'homogénéiser ou les inégalités en la matière vont-elles au contraire s'amplifier ? Chacun va-t-il chercher à sauver sa peau ou deviendrons-nous plus solidaires ? À mes yeux, ces questions demeurent ouvertes, donc fécondes pour nos imaginaires. •

Le cabinet de curiosités du futur

La transformation énergétique est une question de changement de comportements, mais pas seulement. Elle repose aussi sur des objets, des dispositifs et des technologies innovantes. Nous en avons sélectionné six qui, demain, peupleront peut-être notre quotidien.

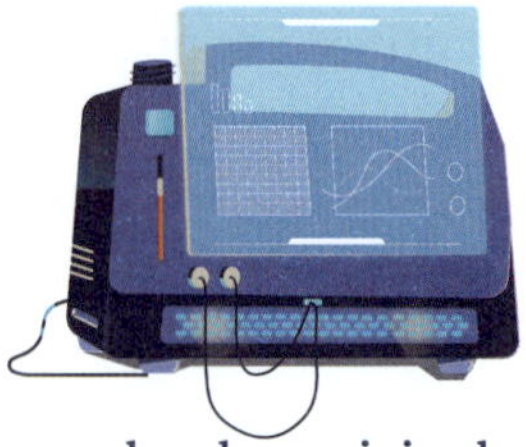

Météo énergétique

S'il reste l'actualité quotidienne la plus suivie, le bulletin météo a bien changé en 2070. On y parle bien moins de la pluie et du beau temps que des implications des événements climatiques sur la production d'énergie, et notamment d'énergies renouvelables. La météo énergétique sert donc à anticiper les plages d'ensoleillement et de vent pour livrer une estimation en continu de l'état du réseau région par région, quartier par quartier, et ainsi à réguler la production industrielle. À l'échelle mondiale, elle est au centre d'un système de gouvernance piloté par une intelligence artificielle qui permet de répartir équitablement l'énergie entre les pays où la ressource est la plus disponible et ceux qui en sont dénués, temporairement ou durablement. Une information qui régit bien évidemment toute la vie de la cité. On le comprend puisque c'est elle qui fixe en temps réel les périodes propices à la consommation et les tarifs qui en découlent. Autant dire qu'elle est scrutée de près pour connaître les périodes de travail, choisir les modes de mobilité et, plus globalement, organiser la société tout entière. Dans les cas extrêmes, de plus en plus fréquents en raison de la multiplication des épisodes climatiques violents, ce sont les sources d'énergie autonomes ou les dispositifs de stockage, batteries ou hydrogène, qui prennent le relais.

Score carbone

C'est bien connu, on ne pilote efficacement que ce qu'on sait évaluer. C'est plus que jamais le cas en 2070, où le score carbone individuel permet à tout un chacun de connaître l'impact de son mode de vie en termes d'émissions de CO_2. Déterminé selon les produits consommés, les services utilisés ou les moyens de locomotion utilisés, ce score évolue en fonction de chacune de nos actions, mesurées par un algorithme dont plus personne ne parvient cependant à décrypter le mode de fonctionnement. Des déplacements quotidiens à vélo ? Votre score passe au vert. Une alimentation trop carnée ? C'est le malus. Un voyage en avion ? Là, c'est carrément la relégation. Renouvelé chaque année, ce score carbone a des retombées individuelles très concrètes puisque, s'il est positif, il vient directement alléger le montant de la feuille d'imposition. De quoi créer des vocations. À mi-chemin entre passeport climatique et permis de polluer, ce score est surtout une manière de prendre conscience de l'impact de nos modes de vie, d'équilibrer la consommation à l'échelle nationale et de s'offrir des vacances sans se sentir coupable, à condition d'avoir accumulé suffisamment de points !

Train à hydrogène

Et si, parmi les transports de 2070, le train à hydrogène était le plus hype ? Les progrès technologiques ont permis de lever les derniers points de blocage à son développement. À savoir la difficulté à produire un hydrogène bleu, issu d'une énergie décarbonée. La sortie progressive des combustibles fossiles a réglé la question. Restait encore à trouver une solution pour améliorer le rendement des piles à combustible. Un système de production d'électricité par électrolyse, combinant l'hydrogène stocké dans leurs réservoirs avec l'oxygène de l'air directement embarqué sur les trains. Un rendement désormais assuré par les progrès accomplis en matière de stockage, de récupération et d'efficacité énergétique, qui font du train à hydrogène le comble de la sophistication tech. Il en résulte un transport propre, silencieux, sans émission de polluants dans l'atmosphère et autonome, le train à hydrogène ayant l'immense avantage de produire sa propre énergie et donc de pouvoir circuler sur n'importe quelle voie, y compris celles qui ne sont pas équipées de caténaires. Ce qui en fait le mode de transport le plus répandu au monde désormais. Les derniers modèles de motrices sont parvenus à battre le précédent record de 230 km/h en vitesse de pointe, sur une distance de 1 500 kilomètres sans ravitaillement. La grande vitesse, c'est fini. Place au confort, au silence et à la durabilité.

Dispositifs haptiques

Les industries du sport et du spectacle ont traversé une crise historique. Avec, au cœur de la réflexion, une équation difficile à résoudre : comment réduire son empreinte carbone sans renoncer à ce qui constitue l'ADN de cette industrie ? À savoir le spectaculaire, le démesuré et l'expérience immersive. En 2070, les dispositifs haptiques apportent des solutions pour les grands rassemblements festifs et les espaces de divertissement. Couplés au métavers, ces équipements, qui vont du simple casque de réalité virtuelle jusqu'à la combinaison kinesthésique intégrale ou la cabine immersive pour les plus fortunés, permettent de profiter des sensations de spectacles entièrement créés en chambre depuis n'importe où. De tels dispositifs n'empêchent pas les rassemblements, mais on le fait désormais moins loin, moins nombreux. Plus de déplacements. Plus de grands espaces réservés. Plus de dispositifs scéniques gourmands en énergie. En revanche, la possibilité de personnaliser son spectacle, de voler au-dessus de la scène ou de courir aux côtés de son équipe préférée. Les capacités créatives n'ont désormais plus de limites que celles de l'imagination. Tout est une question d'options qui font évoluer le prix d'accès aux spectacles et, le cas échéant, grèvent son score carbone.

Bâtiments hybrides

La question de la consommation énergétique et de l'impact climatique des bâtiments a été résolue, en 2070, par le développement de bâtiments hybrides, qui ont accompagné le mouvement d'urbanisme énergétique. On ne parle plus désormais de simple bâti, mais de constructions recyclables qui intègrent dès leur conception des fonctions multiples. À commencer par l'adaptation à l'hybridation des modes de vie eux-mêmes, les espaces mixtes de travail et de télétravail côtoyant ceux d'habitation et permettant une optimisation de l'occupation et de l'usage des bâtiments. Ces lieux de vie se combinent aussi avec de véritables centrales autonomes de récupération et de production d'énergie, les édifices hébergeant panneaux photovoltaïques et éoliennes individuelles dans chaque espace resté libre sur les toitures et les entresols. Les bâtiments intègrent des dispositifs de stockage, notamment par le biais des véhicules électriques, dont les batteries sont chargées au renouvelable en heures creuses et utilisées comme réserve aux heures pleines. La généralisation de la récupération des déchets organiques à l'échelle du pâté de maison permet de généraliser la production d'un biométhane domestique alimentant des turbines individuelles et venant en complément du reste. Il en résulte des bâtiments à énergie positive, pilotés par une intelligence artificielle qui optimise la répartition énergétique en fonction des besoins, communiquant avec le réseau électrique de la ville pour participer à l'alimentation des espaces publics, à l'éclairage des rues ou encore à la recharge des véhicules électriques mutualisés. Une hybridation qui donne un nouveau visage à la ville. •

Ce soir on danse… dans le métavers

Et si demain nous devions organiser nos fêtes, nos concerts ou nos événements sportifs dans le métavers, pour économiser de l'énergie ? C'est le scénario que nous avons développé dans l'un des épisodes de notre série « 2070. Les nouveaux imaginaires énergétiques ».

Pour voir cet épisode et le reste de la série, c'est par ici :
https://usbeketrica.com/fr/company/edf

En 2070, le contexte numérique est celui d'un « splinternet » : un patchwork de territoires numériques concurrents et conflictuels, organisé autour de grandes puissances étatiques ou commerciales. Le développement des mondes virtuels a progressé, mais cela suscite des dissensions : accéder à un métavers pour une heure est dix fois plus coûteux que de s'éclairer sur la même durée. Alors que certains se refusent par principe à les utiliser, pour des raisons idéologiques et énergétiques, d'autres s'épanouissent dans ces nouveaux mondes immersifs… mais ils sont peu nombreux. Compte tenu des prix expansifs du métavers, où se passent tous les événements divertissants, les inégalités sont très marquées quant à l'accès aux besoins d'accomplissement sociaux. À l'intérieur même des mondes virtuels, les différences sont aussi présentes, entre ceux qui peuvent se payer des avatars hyper customisés et ceux qui doivent se contenter d'avatars low-tech.

Bientôt 2 heures. Adam enfile son manteau, puis quitte les cuisines. Voilà deux ans qu'il a ouvert Chez Irène & Bernard. Sans le moindre regret : avoir son propre restaurant était son rêve depuis tout petit. Mais, après une journée comme celle-ci, tout ce qui lui fait envie, c'est de décompresser, et vite.

ON IMAGINE QU'EN 2070, LA CONSOMMATION ÉNERGÉTIQUE SERA RÉGULÉE PAR UN SCORE CARBONE DÉPENSABLE EN POINTS POUR CHAQUE CITOYEN

Un message s'affiche sur sa montre. C'est Léa :
— Tu fais quoi ce soir ?
— Il y a le concert de Kibo !
— Amuse-toi bien dans ton monde virtuel alors, on se verra une autre fois dans le monde réel ;)

Ce soir, Kibo joue dans le Mansaverse, l'un des nombreux métavers nés en Afrique de l'Ouest. C'est là que ça se passe en ce moment. Léa, les mondes virtuels, très peu pour elle ; elle n'y voit qu'un gaspillage d'énergie. D'ailleurs, il faut qu'Adam vérifie qu'il lui reste assez de points énergétiques ce mois-ci pour payer son billet ! Il ouvre son application France Carbone et consulte son solde.

Mince, ça va être juste… Il va devoir y aller avec le groupe électrogène, ou avec sa réserve de biocarburant… En tout cas, il faudra faire attention le reste du mois. Qu'à cela ne tienne : Kibo n'attend pas.

Enfin ! Adam arrive dans son salon. Il verse un peu de biocarburant dans le réservoir de son groupe électrogène et le démarre. Niché dans son canapé, il fixe son dispositif haptique.

CRÉÉ AVEC LES RÉSIDUS DE SON POTAGER INTÉRIEUR :)

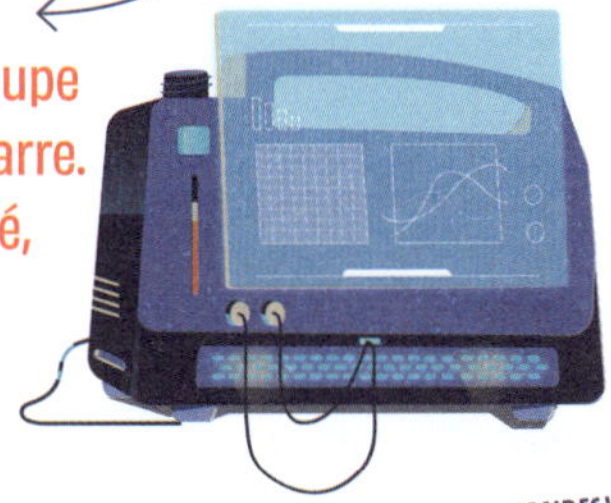

ON IMAGINE QUE LES MONDES VIRTUELS POURRONT ÊTRE PROJETÉS DIRECTEMENT SUR LA RÉTINE, PERMETTANT DES ÉCHANGES TRÈS FLUIDES ENTRE LES MÉTAVERS ET LE MONDE RÉEL

Quelques secondes plus tard, Adam ouvre les yeux. Bingo ! Droit devant lui, Kibo est déjà en train de mixer ses sons les plus expérimentaux.

QUE. DU. BONHEUR.

Tiens, il y a Mei, la nouvelle star de l'éco-tech. Ces avatars pixellisés low-tech coûtent un bras, tous les *méta-designers* de luxe se sont mis à en produire cette saison. Encore un truc que Léa trouverait ridicule, ce « sobri-washing »... Au loin, Adam aperçoit ses collègues et court les rejoindre.

5 H 12...

Efficaces, ces shots de disjonction neuronale. Voilà dix minutes qu'Adam a marché sur le pied de cette créature magnifique et qu'il cherche par tous les moyens possibles à faire durer la conversation. Soudain, son avatar se met à clignoter et passe en niveaux de gris. Adam vient de basculer en mode économie d'énergie.

(NOTE POUR PLUS TARD : CHANGER DE MODÈLE DE GROUPE ÉLECTROGÈNE !!!).

Un avatar vient à sa rencontre. Sans un mot, il entrouvre son vêtement et Adam voit de petites fioles scintiller, accrochées dans les coutures intérieures. Sur chacune d'elles est indiquée une durée : +15 min, +30 min, +2 h, +3 h, +24 h... Adam hésite. C'est sûrement de l'énergie carbonée, un truc qui vaut une fortune, illégal et qui ne tiendra pas longtemps... Tant pis pour cette fois-ci. Adam refuse poliment et retourne sur la piste profiter de ses quinze dernières minutes d'autonomie.

DANS NOTRE SCÉNARIO, L'ÉNERGIE CARBONÉE EXISTE TOUJOURS... MAIS ILLÉGALEMENT ! ELLE EST DEVENUE L'ÉQUIVALENT DE L'OPIUM.

Les métavers consomment moins qu'avant, mais les méta-fêtes restent coûteuses en énergie. Alors autant savourer jusqu'aux derniers instants !

Loteries

#BIODIVERSITÉ

Il y a des projets qui peuvent faire la différence, qui peuvent avoir un impact positif réel et accélérer les transitions nécessaires. Avec nos loteries, nous vous proposons d'y prendre part grâce à des expériences hors du commun (tenter la vie *low-tech* dans une *tiny house*, passer une journée en immersion avec les cétacés, etc.) afin de les tester, de les documenter et de les propulser. Comment ça marche ? Tentez votre chance en vous inscrivant (à partir de 1 euro) et croisez les doigts pour être tiré au sort, via un processus *blockchain*, afin d'expérimenter le futur, en vrai. Accompagné par l'un de nos journalistes, vous deviendrez alors un explorateur du futur. Et chacun présentera son propre projet à la communauté pour, à terme, en faire naître des milliers.

Retour sur notre loterie « Mission sauvetage du corail » avec l'ONG Ocean Quest

Notre planète a perdu 14% de ses récifs coralliens en 10 ans. Pour tenter d'agir, l'ONG Ocean Quest a développé une méthode naturelle de restauration du corail afin de préserver la biodiversité marine. Joséphine, lectrice et gagnante de la loterie *Usbek et Rica*, est partie 5 jours rejoindre l'équipe d'Ocean Quest en Guadeloupe afin d'apprendre cette technique de réhabilitation de corail. Objectif : replanter 1 500 colonies de corail. Retrouvez ce reportage sur notre plateforme en scannant le QR code !

Pour découvrir les loteries d'*Usbek & Rica* et y participer, rendez-vous sur usbeketrica.com.

S.O.S.

#ENTREPRISE #TRAVAIL

Nous avons tous besoin d'aide et nous pouvons tous aider. Besoin d'un coup de pouce pour végétaliser votre quartier ? Envie d'en savoir plus sur le potentiel des ordinateurs quantiques ? Coincé dans un mémoire de fin d'année sur le transhumanisme ? Hésitant sur une idée de business innovant ? Dans le flou sur une proposition politique ? Sur la plateforme usbeketrica.com, chacun peut lancer un s.o.s. pour demander l'avis ou l'aide de la communauté. Aidons-nous les uns les autres, pour que chacun se sente épaulé afin d'affronter les grands défis qui se présentent à nous. Dans cet espace d'entraide, vous ne serez plus jamais seul. À vous de créer de belles histoires.

[DÉBAT] Si vous aviez du temps pour faire du bénévolat, quel domaine vous intéresserait et pourquoi ?

Pierre Salomé

La protection de la vie privée et l'usage du numérique.

En partie car cela peut faire appel à des compétences et des connaissances que je maîtrise. Aussi parce que je pense qu'une part importante de notre vie se passe dans le numérique et qu'il est important d'en discuter, de faire prendre conscience au public des risques existants et des moyens pour les prévenir.

répondre 0

So Phie

Je donnerais du temps à une structure d'écoute ou d'aide/accompagnement aux femmes victimes de violences conjugales.

répondre 0

Usbek & Rica Magazine

Vous aimez lire *Usbek & Rica* ? Abonnez-vous à notre magazine ! Au menu chaque trimestre : 176 pages de rencontres avec des personnalités iconoclastes, de débats d'idées excitants, de reportages dans des lieux où s'invente l'avenir, etc. Le bonus : avec votre accès à la version en ligne, vous pourrez retrouver gratuitement l'ensemble de nos anciens numéros depuis 2018. Pour toute question, veuillez nous envoyer un mail à l'adresse suivante : **usbeketrica@abomarque.fr**

Je choisis mon offre :

Formule numérique

2,90 € par mois
Magazine et archives 100 % en ligne.
Prélèvement mensuel sans engagement de durée.

Formule liberté

19,90 € par trimestre
1 numéro papier + version numérique.
Prélèvement trimestriel sans engagement de durée.

Formule fidélité

79 € par an
1 an/4 numéros papier + version numérique.
Prélèvement annuel résiliable chaque année.

Je souscris en ligne :

1. Je me rends sur **www.usbeketrica.com**

2. Dans le « menu burger », tout en haut à gauche, je clique sur « S'abonner » dans la rubrique « Magazine ».

J'accède directement à la boutique en scannant le QR code suivant :

Prochain numéro à paraître : octobre 2023

L'équipe d'*Usbek & Rica*

Présidente et directrice de publication
Valérie Salomon

Fondateur et directeur général
Jérôme Ruskin

Rédacteur en chef
Blaise Mao

Cofondateur et journaliste
Thierry Keller

Directeur de la stratégie digitale
Matthieu Vergote

Directrice de production
Florie Debailleux

Directeur commercial
Romain Bourcier

Chief of staff
Zoé Ducournau

Studio
Alice Carnec, Pierre-Olivier Cazenave, Maud Cloix, Émilie Degrace, Ninon Douhard, Sarah Jacob, Adeline Murier, Julien Mussat, Cassandra Paléologue, Alice Pézerat, Julien Reynaud, Pierrick Rousset-Rouvière, Alice Seninck, Emma Viallet – avec Olivia Alexandre, Mayssane Feniche Belkhiri, Elise Hatton

Rédaction
Émilie Écharoux, Pablo Maillé, Mathilde Simon – avec Étienne de Metz

Social media manager
Chloé Diquero

Cheffe de produit média
Johanna Finkelstein – avec Edgar Vigier

Product owner junior
Guillaume Kervran

Comptable
Marion Rhoum

Ont contribué à ce numéro

Direction artistique
The Shelf Company

Rédactrice en chef adjointe magazine
Élisa Thévenet

Secrétaires de rédaction
Nathalie Capiez et Sophie Loubier – avec Jeanne El Ayeb

Journalistes
Julien Amic, Fabien Benoit, Clémence de Blasi, Vincent Bresson, Claire Chalan, Louise Cognard, Julien Descalles, Pauline Ferrari, Clément Girardot, Christelle Granja, Benoît Hervieu-Léger, Sophie Kloetzli, Victor Mottin, Fabien Palem, Valentine Panchaud, Thibault Prévost, Laurent-David Samama, Éric Senabre, Millie Servant, Constance Vilanova

Création graphique
Marine Benz et Florent Texier

Illustrateurs
Vincent Broquaire, Michael Byers, Stefan Große Halbuer, Nicolas Ridou, Candice Roger, Un Œil Sur Tout

Illustration de couverture
The Shelf Company

Illustration de 4e de couverture
Vincent Broquaire

Photographie
Joshua Benmore, Lauren Lee McCarthy, Gabriel Noguez, Fabien Palem

Impression
Aubin Imprimeur, Chemin des Deux-Croix
86240 Ligugé, France

Papier : origine Portugal, certifié PEFC
Encres : impression avec des encres certifiées Blue Angel
Colles : utilisation de colles éco-compatibles

Diffusion
Librairie : Pollen
(pleotard@pollen-diffusion.com)
Abonnement : AboMarque
(usbeketrica@abomarque.fr)

Usbek & Rica
51, rue de Turbigo, 75003 Paris
(contact@usbeketrica.com)

CPPAP : 0921 I 91602
ISSN : 2112-44-42
ISBN : 978-2-9581568-6-2
Dépôt légal : juin 2023
Date de publication : juin 2023

Crédits photographiques
p. 8 : © Keystone/Epa US Navy/US Department of Defense Handout SDA-ATS, © Neuralink ; p. 9 : Warner Bros, © Andreas Rentz | Getty Images ; p. 10 : © The Bulimia Project ; p. 10 : © Julie Jacobson/AP/SIPA ; p. 14 : © Alex Vog ; p. 15 : © travelview ; p. 16 : © Reuters ; p. 17 : © Fabio Principe ; p. 50 : © Ciby 2000 (Francis Bouygues) - New Line Cinema ; p. 51 : © Chartoff-Winkler Productions ; p. 158-159 : © Gabriel Noguez ; p. 174 : © DR ; p. 194 : © ESB Professional, © slowmotiongli.
Malgré toute notre bonne volonté, il ne nous a pas été possible de retrouver les propriétaires ou ayants droit de certaines images. S'ils souhaitent nous contacter, nous sommes à leur disposition.

PEFC 10-31-1601 Certifié PEFC pefc-france.org

Prédictions

La dédicace de Novak Djokovic, le nouveau clip de Gims, le yacht de Françoise Bettencourt Meyers… Voici un avant-goût de l'actualité du trimestre à venir. Garantie sur facture.

5 juillet

Olivier Minne fait son come-back médiatique en lançant Les Soulèvements de l'haltère, une association de défense de *« l'écologie musculaire »*.

14 juillet

Gênance à Wimbledon : juste avant de quitter le court après sa victoire en demi-finale, Novak Djokovic dédicace la caméra de la BBC avec ces mots : *« La Serbie s'étend de l'Oural à l'Atlantique. »*

19 juillet

Sortie du film *Barbie*, de la réalisatrice Greta Gerwig. *« Encore une Greta ? Ça sera sans moi ! »*, tweete Nadine Morano.

20 juillet

Grosse affluence à Strasbourg pour la première édition d'« AgriBashung », le concert organisé par Cookie Dingler et Arsène Wenger, dont la recette sera intégralement reversée aux agriculteurs alsaciens les plus précaires.

22 juillet

Le vide-grenier nocturne de Cessenon-sur-Orb (Hérault) aura bien lieu samedi 22 juillet au Plan Jean Moulin (places limitées à partir de 3 euros).

23 juillet

Arrivée du Tour de France à Paris. Véronique Genest, en T-shirt Cochonou et casquette Ricard, claque la bise à Thibaut Pinot, 4e au général pour son ultime Grande Boucle.

28 juillet

Hacké par les Anonymous, ChatZ, le *chatbot* d'Éric Zemmour, propose de changer la devise de la République française en « Minorités, inclusivité, non-mixité ».

9 août

Le clip de « Gizeh », le nouveau single de Gims, devient le plus *streamé* de France. On y voit le chanteur momifié se lever de son sarcophage avant d'allumer l'interrupteur de son tombeau.

16 août

Cette fois, plus de doute : les orques s'en prennent aux riches ! Dans le détroit de Gibraltar, un cétacé a bondi sur le yacht de Françoise Bettencourt Meyers, croqué sa jambe gauche, puis dessiné sur le ponton le message « Rends l'argent ! » en lettres de sang.

25 août

Le best-seller de la rentrée littéraire, c'est *Deviens qui tu es*, l'ouvrage de développement personnel coécrit par Benjamin Millepied, Marc Dufumier et Mickaël Gelabale, et dédié à Thierry Le Luron. ●